Parodie, Pastiche und Karikatur – Urheberrechte und ihre Grenzen

SCHRIFTENREIHE ZUM
URHEBER- UND KUNSTRECHT

Herausgegeben von Thomas Hoeren

BAND 15

PL ACADEMIC RESEARCH

Tudor Vlah

Parodie, Pastiche und Karikatur – Urheberrechte und ihre Grenzen

Eine rechtsvergleichende Untersuchung des deutschen und spanischen Urheberrechts

PL ACADEMIC RESEARCH

Bibliografische Information der Deutschen Nationalbibliothek
Die Deutsche Nationalbibliothek verzeichnet diese Publikation in der Deutschen Nationalbibliografie; detaillierte bibliografische Daten sind im Internet über http://dnb.d-nb.de abrufbar.

Zugl.: Heidelberg, Univ., Diss., 2014

D 16
ISSN 1860-076X
ISBN 978-3-631-66268-7 (Print)
E-ISBN 978-3-653-05433-0 (E-Book)
DOI 10.3726/978-3-653-05433-0

PL Academic Research ist ein Imprint der Peter Lang GmbH.

Peter Lang – Frankfurt am Main · Bern · Bruxelles ·
New York · Oxford · Warszawa · Wien

Diese Publikation wurde begutachtet.

www.peterlang.com

Vorwort

Die vorliegende Arbeit wurde im Wintersemester 2014 von der Juristischen Fakultät der Ruprecht-Karls-Universität Heidelberg als Dissertation angenommen. Literatur und Rechtsprechung wurden, soweit möglich, bis August 2014 berücksichtigt. Die Vereinbarkeit der Lösung mit der danach ergangenen EuGH-Entscheidung Vrijheidsfonds/Vandersteen konnte eingearbeitet werden.

Meinem verehrten Doktorvater, Herrn Prof. Dr. Dr. h.c.mult Erik Jayme, danke ich sehr herzlich für die hervorragende Betreuung der Arbeit und für die zahlreichen angenehmen Gespräche und Anregungen. Herrn Prof. Winfried Tilmann danke ich für die zügige Erstellung des Zweitgutachtens. Frau Dipl.-Übersetzerin Ingrid Lesch gebührt mein Dank für ihre vorbildliche Unterstützung sowie ihre freundlichen, ermunternden Worte. Dem DAAD danke ich für die großzügige finanzielle Förderung dieses Vorhabens durch das DAAD Doktorandenstipendium.

Mein größter Dank gilt meiner Mutter, meiner Schwester und meiner Frau Lydie, die mich stets in meinem Vorhaben bestärkt und moralisch unterstützt haben. Meiner Schwester, Frau Syndikusanwältin Ioana Mota, LL.M., danke ich zudem für die zahlreichen Gespräche und für die unermüdliche Hilfe bei den Korrekturen des Manuskriptes. Ohne sie wäre das Gelingen dieser Arbeit nicht möglich gewesen. Ihnen widme ich diese Arbeit.

Frankfurt, im Dezember 2014 Tudor Vlah

Inhaltsverzeichnis

Abkürzungsverzeichnis 15

1. Kapitel: Einleitung 21

A) Einführung 21
B) Die Parodie im Rahmen der Wiederholungskunst 24
I. Die Tradition der Wiederholungskunst 24
II. Der Bruch mit der Tradition im Zeitalter der Moderne 25
III. Die Wiederbesinnung zur Wiederholungskunst in der Postmoderne 25
C) Einführender Fall: TV-Total 31
D) Offene Fragen 33
E) Fragestellung der Arbeit 38
F) Methode der Untersuchung 39
G) Gang der Untersuchung 40

2. Kapitel: Die Parodie im deutschen Urheberrecht 43

A) Grundlagen 43
I. Die wesentlichen Merkmale einer Parodie 43
1. Die Nachahmung einer Vorlage 44
2. Der Kontrast 44
a) Kontrast zur Vorlage bzw. dem Umfeld der Vorlage (direkte Parodie) 44
b) Kontrast zu sonstigem Bezugsgegenstand (indirekte Parodie) 45
3. Die Erkennbarkeit der Vorlage und des Kontrastes 46
a) Erkennbarkeit der Vorlage 46
b) Erkennbarkeit des Kontrastes 46
c) Voraussetzung und Beurteilungsperspektive 47
aa) Der notwendige Bezug zu den Eigenheiten der Vorlage 47
bb) Die maßgebliche Beurteilungsperspektive 47
4. Die humoristische Wirkung 48
II. Abgrenzung – Pastiche, Satire, Karikatur 48
1. Nach der Vorlagengattung 49
2. Nach der Vorlagenart 49
3. Nach dem angegriffenen Bezugsgegenstand 49
III. Exkurs: Das Plagiat 50
IV. Zusammenfassung 50

B) Werkschutz ... 51
I. Freie Benutzung, § 24 UrhG ... 51
1. Sinn und Zweck ... 51
2. Abgrenzung zu verwandten Rechtsfiguren ... 52
3. Voraussetzungen nach § 24 I UrhG ... 53
a) Benutzung des Werkes eines anderen und Schaffung eines neuen Werkes ... 54
b) Freie Benutzung des Originalwerks und Selbstständigkeit des neuen Werks ... 54
aa) Grundsätzliches zur Beurteilung der freien Benutzung ... 55
bb) Die ursprüngliche, bis heute unveränderte Auslegung durch die Rechtsprechung ... 56
cc) Grundsätzliche Probleme bei der Anwendung des § 24 I UrhG auf die Parodie ... 57
dd) Anpassung der Bewertungsmaßstäbe durch die Rechtsprechung – Abschwächung des Verblassensbegriffs ... 58
(1) Erforderlichkeitskriterium ... 59
(2) Verblassen im uneigentlichen Sinne - innerer Abstand ... 59
(3) Innerer Abstand der Parodie durch antithematischen Bezug ... 60
(4) Gegenstand der antithematischen Behandlung nicht nur das Originalwerk ... 60
ee) Zustimmung zur Rechtsprechung und Sonderlösungen in der Literatur ... 61
(1) Berücksichtigung wirtschaftlicher Kriterien? ... 61
(2) „Freie Bearbeitung" nach § 23 UrhG ... 63
c) Stellungnahme ... 63
4. Ausnahme für Werke der Musik: der „starre Melodienschutz" nach § 24 II UrhG ... 66
a) Entstehungsgeschichte ... 66
b) Rechtfertigung einer Sonderregelung für Melodien? ... 67
c) Die Melodie als Rechtsbegriff ... 68
d) Erkennbare Entnahme und Zugrundelegung ... 69
e) Stellungnahme ... 70
5. Vereinbarkeit mit dem Dreistufentest ... 71
a) Anwendbarkeit des Dreistufentests auf § 24 I UrhG ... 72
b) 1. Stufe: Bestimmter Sonderfall ... 72
c) 2. Stufe: Keine Beeinträchtigung der normalen Verwertung ... 73
d) 3. Stufe: Keine ungebührliche Verletzung berechtigter Interessen ... 73
II. Zitat, § 51 UrhG ... 74
1. Sinn und Zweck, Systematik ... 74

2. Allgemeine Voraussetzungen nach § 51 S. 1 UrhG 75
a) Zitatobjekt: Veröffentlichtes Werk 76
b) Zitatsubjekt: Selbstständiges Werk 76
c) Zitatzweck (besonderer Zweck) 78
aa) Belegfunktion 79
bb) Mittel künstlerischen Ausdrucks und künstlerischer Gestaltung 80
d) Zitierumfang 81
aa) Zitatzweck 81
bb) Ganze Werke, Stellen oder einzelne Stellen eines Werks 82
cc) Anständige Gepflogenheiten 82
e) Vervielfältigung, Verbreitung oder öffentliche Wiedergabe 83
3. Zusätzliche Voraussetzungen des Kleinzitats nach § 51 S. 2 Nr. 2 UrhG 83
a) Stellen 83
b) Sprachwerk 84
4. Zusätzliche Voraussetzungen des Musikzitats nach § 51 S. 2 Nr. 3 UrhG 84
a) Einzelne Stellen 85
b) Erschienenes Werk der Musik 85
c) Besonderheiten bezüglich der Selbstständigkeit 85
5. Änderungsverbot nach § 62 UrhG 85
6. Quellenangabe nach § 63 UrhG 86
7. Stellungnahme 87
III. Schutz vor Entstellungen des Originalwerks, § 14 UrhG 89
1. Sinn und Zweck 89
2. Abgrenzung Urheberpersönlichkeitsrecht - allgemeines Persönlichkeitsrecht 90
3. Voraussetzungen 91
a) Entstellung oder andere Beeinträchtigung des Werkes eines anderen 93
b) Eignung zur Gefährdung der geistigen oder persönlichen Interessen 94
c) Berechtigung der Interessen – Interessenabwägung 95
C) Leistungsschutz am Beispiel des Tonträgerhersteller- und Filmherstellerrechts 97
I. Sinn und Zweck, Systematik 98
II. Freie Benutzung des Ton- und Filmträgers, § 24 I UrhG 100
1. Analoge Anwendbarkeit 100
a) Planwidrige Regelungslücke 101

b) Vergleichbare Interessenlage ... 103
aa) Argumente gegen eine vergleichbare Interessenlage ... 103
bb) Argumente für eine vergleichbare Interessenlage ... 104
cc) Keine analoge Anwendung, wenn der Benutzer die entlehnte Tonfolge selbst herstellen kann ... 105
2. Voraussetzungen und ihre analoge Anwendung ... 107
a) Benutzung des Werks eines anderen ... 107
aa) Benutzung des immateriellen Guts ... 107
bb) Benutzung auch kleinster Teile umfasst? ... 108
(1) Argumente für den Schutz kleinster Teile ... 108
(2) Argumente gegen den Schutz kleinster Teile ... 109
(3) Stellungnahme ... 110
b) Schaffung eines neuen Werks ... 112
c) Freie Benutzung des Originalwerks und Selbstständigkeit des neuen Werks ... 114
aa) Anwendung der herkömmlichen Kriterien für Werke ... 114
bb) Anwendung alternativer Kriterien, die wirtschaftlich orientiert sind ... 115
(1) Notwendigkeit alternativer Kriterien ... 115
(2) Übertragung der Grundsätze der Germania 3-Rechtsprechung zum Zitatrecht ... 116
(3) Übertragung des Rechtsgedankens des § 87b I UrhG - Wesentlichkeit ... 117
(4) Stellungnahme ... 118
3. Der starre Melodienschutz, § 24 II UrhG beim Tonträgerherstellerrecht ... 120
III. Zitierung des Ton- oder Filmträgers, § 51 UrhG ... 120
1. Analoge Anwendung ... 121
2. Die Voraussetzungen und ihre analoge Anwendung ... 121
a) Zitatobjekt: veröffentlichtes Werk ... 121
b) Zitatsubjekt: selbstständiges Werk ... 121
c) Zitatzweck ... 123
d) Zitierumfang ... 123
aa) Anständige Gepflogenheiten ... 123
bb) Stellen oder einzelne Stellen nach § 51 S. 2 Nr. 2, 3 UrhG? ... 124
(1) Anwendung des § 51 S. 2 Nr. 2 UrhG beim Zitieren aus Filmträgern? ... 124
(2) Anwendung des § 51 S. 2 Nr. 3 UrhG beim Zitieren aus Tonträgern? ... 126
e) Änderungsverbot und Quellenangabe ... 127

IV. Schutz vor Entstellungen und Kürzungen des Filmträgers, § 94 I 2 UrhG ... 128
1. Rechtsnatur ... 129
2. Sinn und Zweck ... 129
3. Voraussetzungen ... 130
a) Entstellung oder Kürzung des Bild- oder Bild- und Tonträgers ... 130
b) Eignung zur Gefährdung der berechtigten Interessen ... 131

3. Kapitel: Die Parodie im spanischen Urheberrecht ... 133

A) Werkschutz ... 133
I. Die Schranke der Parodie, Art. 39 LPI ... 133
1. Entstehungsgeschichte ... 133
2. Sinn und Zweck ... 134
3. Auslegung in Übereinstimmung mit dem Dreistufentest, Art. 40bis LPI ... 135
a) 1. Stufe: Bestimmter Sonderfall ... 136
b) 2. Stufe: Keine Beeinträchtigung der normalen Verwertung ... 137
c) 3. Stufe: Keine ungebührliche Verletzung berechtigter Interessen ... 137
4. Voraussetzungen nach Art. 39 LPI ... 138
a) Vorliegen einer Parodie i.S.d. Art. 39 LPI ... 138
aa) Nachahmung einer Vorlage ... 140
bb) Kontrast zur Vorlage (direkte Parodie) oder zu einem sonstigen Bezugsgegenstand (indirekte Parodie) ... 140
cc) Erkennbarkeit der Vorlage und des Kontrastes ... 143
(1) Erkennbarkeit der Vorlage ... 143
(2) Erkennbarkeit des Kontrasts ... 144
dd) Humoristische Wirkung ... 144
b) Verwendung eines veröffentlichten Werks ... 145
aa) Sinn und Zweck ... 145
bb) Benutzung eines fremden Werks ... 146
cc) Veröffentlichung ... 147
c) Fehlen einer Verwechslungsgefahr ... 147
aa) Sinn und Zweck ... 148
bb) Objektive Änderungen der entlehnten Werkteile oder ihres Zusammenhangs ... 148
(1) Änderung der entlehnten Werkteile ... 149
(2) Änderung des Zusammenhangs – Zulässigkeit wörtlicher Entlehnungen ... 149
cc) Unterscheidung durch Antithematik ... 151

dd) Erkennbarkeit der Unterschiede ... 151
ee) Begrenzung auf erforderliche Entlehnungen? ... 154
ff) Originalität/Werkeigenschaft der Parodie ... 155
d) Fehlen eines Schadens für das Originalwerk oder dessen Urheber ... 156
aa) Sinn und Zweck ... 156
bb) Allgemeines zum Schadensbegriff ... 157
(1) Auslegung gemäß dem Dreistufentest, Art. 40bis LPI ... 157
(2) Nachteile aufgrund der Kritik nicht umfasst ... 158
(3) Fehlende Vergütung durch den Parodisten ist kein Schaden ... 158
cc) Schaden des Originalwerks ... 158
(1) Fehlen einer wirtschaftlichen Konkurrenz ... 159
(2) Zusammenhang mit dem Merkmal der Verwechslungsgefahr ... 160
(3) Berücksichtigung kommerzieller Parodierzwecke? ... 160
dd) Schaden des Originalurhebers ... 161
5. Musikalische Parodien ... 163
II. Recht auf Achtung der Werkintegrität, Art. 14 Nr. 4 LPI ... 164
1. Sinn und Zweck ... 165
2. Voraussetzungen ... 165
a) Entstellung, Änderung, Verfälschung oder Angriff auf das Werk ... 165
b) Beeinträchtigung der berechtigen Interessen oder Rufgefährdung ... 166
aa) Beeinträchtigung der berechtigten Interessen ... 166
bb) Gefährdung des Rufs ... 169
B) Leistungsschutz am Beispiel des Rechts des Tonträgerherstellers und des Herstellers audiovisueller Aufnahmen ... 170
I. Sinn und Zweck, Systematik ... 170
II. Parodie des Tonträgers und der audiovisuellen Aufnahme, Art. 132, 39 LPI ... 171
1. Ausdrückliche Anordnung der Analogie in Art. 132 LPI ... 171
2. Voraussetzungen und ihre analoge Anwendung ... 172
a) Vorliegen einer Parodie i.S.d. Art. 39 LPI und Verwendung eines veröffentlichten Werks ... 172
b) Fehlen einer Verwechslungsgefahr ... 173
c) Fehlen eines Schadens für das Originalwerk oder dessen Urheber ... 174
aa) Schaden des Originalwerks ... 174
bb) Schaden des Originalurhebers ... 175

4. Kapitel: Rechtsvergleichung ... 177

A) Methode ... 177
B) Die wesentlichen Merkmale einer Parodie im Vergleich ... 178

C) Die rechtliche Bewertung der Parodie im Vergleich 179
I. Die Kriterien zur Beurteilung der Zulässigkeit von Parodien 180
1. Verwendung einer Vorlage 180
2. Umfang der Entlehnungen – Erforderlichkeit? 181
a) Werk 181
b) Ton- oder Filmträger 181
3. Werkeigenschaft der Parodie 182
a) Werk 182
b) Ton- oder Filmträger 182
4. Ausreichende Entfernung zur Vorlage 182
a) Werk 182
b) Ton- oder Filmträger 184
5. Kritik des Originalwerks 185
6. Berücksichtigung wirtschaftlicher Auswirkungen der Parodie 185
a) Werk 185
b) Ton- oder Filmträger 186
7. Schutz der Werkintegrität? 187
a) Werk 187
b) Ton- oder Filmträger 187
II. Kritische Bewertung 187

5. Kapitel: Die Parodie de lege ferenda 193

A) Notwendigkeit einer Neuregelung 193
B) Eigener Entwurf de lege ferenda 194
I. Regelungsvorschlag 195
II. Begründung des Änderungsvorschlags 195
1. Ergänzung des Parodiezwecks 195
2. Kodifizierung der anständigen Gepflogenheiten 196
a) Keine unzumutbare Beeinträchtigung der Verwertung 196
b) Keine Verwechslungsgefahr 197
3. Entfernung des Umfangs der Nutzung 198
4. Entfernung des Änderungsverbots und des Gebots der Quellenangabe 198
5. Abschaffung der bisherigen Regelbeispiele 199
III. Vereinbarkeit des Regelungsvorschlags mit der EuGH-Entscheidung Vrijheidsfonds/Vandersteen 199
1. Übereinstimmungen 200
a) Parodiedefinition 200
b) Werkeigenschaft der Parodie 200
c) Quellenangabe und Umfang der Entlehnungen 200

2. Unterschiede ... 200
a) Indirekte Parodien ... 200
b) Keine notwendige Zuschreibung an eine andere Person ... 201
c) Allgemeine Interessenabwägung im Einzelfall ... 201

Literaturverzeichnis ... 203

Abkürzungsverzeichnis

a.A.	anderer Ansicht
a.F.	alte Fassung
AfP	Archiv für Presserecht
Art.	Artikel
Aufl.	Auflage
Bd.	Band
BGBl.	Bundesgesetzblatt
BGH	Bundesgerichtshof
BOE	Boletín Oficial del Estado (spanisches Pendant des Bundesgesetzblatts)
BT-Drs.	Bundestagsdrucksache
BVerfG	Bundesverfassungsgericht
bzw.	beziehungsweise
CE	Constitución Española (spanische Verfassung)
CPI	Code de Propriété Intellectuelle (französisches Urheberrechtsgesetz)
Datenbank-RL	Richtlinie 96/9/EG des Europäischen Parlaments und des Rates vom 11. März 1996 über den rechtlichen Schutz von Datenbanken
EuGH	Europäischer Gerichtshof
FAZ	Frankfurter Allgemeine Zeitung
ff.	folgende
Fn.	Fußnote
FS	Festschrift
GG	Grundgesetz für die Bundesrepublik Deutschland
GRUR	Gewerblicher Rechtsschutz und Urheberrecht
GRUR-Prax	Gewerblicher Rechtsschutz und Urheberrecht, Praxis im Immaterialgüter- und Wettbewerbsrecht
GRUR-RR	Gewerblicher Rechtsschutz und Urheberrecht, Rechtsprechungs-Report
GRUR Int	Gewerblicher Rechtsschutz und Urheberrecht, Internationaler Teil
Hrsg.	Herausgeber
i.S.d.	im Sinne des
i.V.m.	in Verbindung mit

jurisPR-WettbR	Juris PraxisReport Wettbewerbs- und Immaterialgüterrecht
JZ	Juristenzeitung
Kap.	Kapitel
KUG	Gesetz betreffend das Urheberrecht an Werken der bildenden Künste und der Photographie
LDA	Loi du droit d'auteur (belgisches Urheberrechtsgesetz)
Leg.P.I.	Legea de proprietate intelectuală (rumänisches Urheberrechtsgesetz)
LG	Landgericht
LMK	Kommentierte BGH-Rechtsprechung Lindenmaieröhring
LO 1/1982	Ley Orgánica 1/1982, de 5 de mayo, de protección civil del derecho al honor, a la intimidad personal y familiar, y a la propia imagen (Gesetz zum zivilrechtlichen Schutz des Rechts der persönlichen Ehre, des Rechts auf persönliche und familiäre Intimität und des Rechts am eigenen Bild, Übersetzung des Verf.)
LPI	Ley de Propiedad Intelectual (Real Decreto Legislativo 1/1996, de 12 de abril, por el que se aprueba el Texto Refundido de la Ley de Propiedad Intelectual, regularizando, aclarando y armonizando las disposiciones legales vigentes sobre la materia)
LUG	Gesetz betreffend das Urheberrecht an Werken der Literatur und der Tonkunst
MarkenG	Markengesetz
m.E.	meines Erachtens
Multimedia-RL	Richtlinie 2001/29/EG des Europäischen Parlaments und des Rates vom 22. Mai 2001 zur Harmonisierung bestimmter Aspekte des Urheberrechts und der verwandten Schutzrechte in der Informationsgesellschaft
m.w.N.	mit weiteren Nachweisen
NJW	Neue Juristische Wochenschrift
OLG	Oberlandesgericht
PeI	Revista de Propiedad Intelectual
RBÜ	Revidierte Berner Übereinkunft zum Schutz von Werken der Literatur und der Kunst
RegE	Regierungsentwurf
RGD	Revista General de Derecho
RL	Richtlinie der EU

Rn.	Randnummer
RPI	Reglamento de Propiedad Intelectual (Real Decreto de 3 de septiembre de 1880, por el que se aprueba el Reglamento para la ejecución de la Ley de 10 de enero de 1879 sobre Propiedad Intelectual)
RPJ	Revista del Poder Judicial
SAP	Sentencia de la Audiencia Provincial
SJM	Sentencia del Juzgado de lo Mercantil
STS	Sentencia del Tribunal Supremo Civil
TRIPS	Übereinkommen über handelsbezogene Aspekte der Rechte des geistigen Eigentums
TS	Tribunal Supremo Civil (Oberstes Spanisches Zivilgericht)
UFITA	Archiv für Urheber- und Medienrecht (vormals: Schriftenreihe des Archivs für Urheber-, Film-, Funk- und Theaterrecht (UFITA))
UrhG	Gesetz über Urheberrecht und verwandte Schutzrechte
Verf.	Verfasser
vgl.	vergleiche
WCT	WIPO Copyright Treaty
WPPT	WIPO Performances and Phonograms Treaty
WRP	Wettbewerb in Recht und Praxis
ZEuP	Zeitschrift für Europäisches Privatrecht
ZGE	Zeitschrift für Geistiges Eigentum
zit.	zitiert

„Die feinste Satire ist die,
deren Spott mit so wenig Bosheit
und so viel Überzeugung verbunden ist,
dass er selbst diejenigen zum Lächeln nötigt, die er trifft."
Georg Christoph Lichtenberg

1. Kapitel: Einleitung

A) Einführung

Humoristische Kunstformen (Parodie, Pastiche, Satire und Karikatur) animieren zum Lachen, wollen aber auch provozieren. Sie sind keineswegs eine neue Erscheinung. So karikierte im Jahre 1832 Honoré Daumier den damaligen König Louis-Philippe als Gargantua (Romanfigur von François Rabelais) – ein unersättlicher Fresser und Säufer. Dies führte zu scharfen Zensurmaßnahmen sowie zu Strafprozessen gegen Daumier und seinen Verleger Philipon wegen Beleidigung des wegen seines Birnenkopfes verhöhnten Königs.[1]

Honoré Daumier – Gargantua

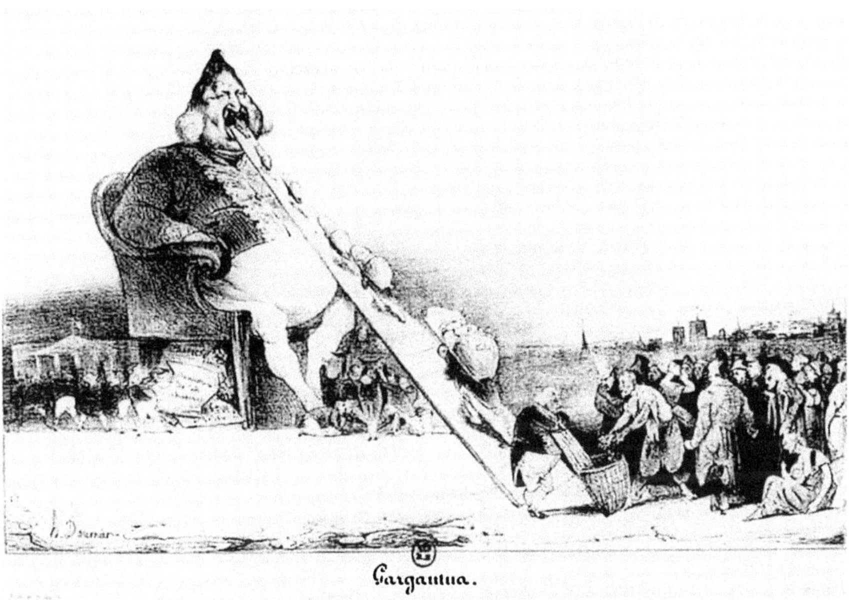

1 Würtenberger, NJW 1982, 610 m.w.N; vgl. zu diesem Rechtsproblem Simon, Persönlichkeitsschutz gegen herabsetzende Karikaturen in Deutschland und Frankreich; Senn, Satire und Persönlichkeitsschutz sowie die rechtsübergreifende Darstellung bei Gärtner, Was die Satire darf; Bild abrufbar unter http://www.artble.com/artists/honore_daumier/drawings/gargantua.

Die möglichen Vorlagen und Gegenstände humoristischer Auseinandersetzung sind ebenso vielfältig wie die sich daraus ergebenden rechtlichen Fragestellungen. Nicht abschließend und beispielhaft genannt seien als mögliche Vorlagen, über das soeben dargestellte Bildnis hinaus, Namen, Marken, Werke und Laufbilder.

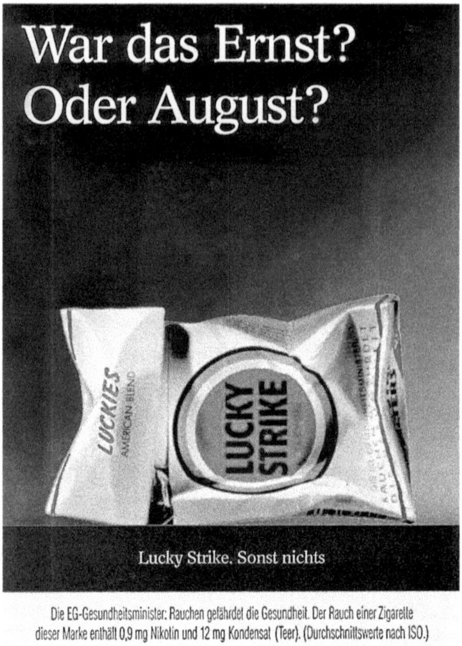

Durch einen prominenten Namen stellte ein Zigarettenhersteller erfolgreich öffentlichkeitswirksame Werbung für seine Produkte her.[2] Unter der Darstellung einer zerknitterten Zigarettenschachtel stand die Frage: „War das Ernst? Oder August?“ in Anspielung auf tätliche Auseinandersetzungen des Prinzen Ernst August von Hannover. Hier stellte sich die Frage nach der Rechtfertigung des Eingriffs in das Namensrecht aus § 12 BGB und das allgemeine Persönlichkeitsrecht des Namensträgers. Der BGH bejahte die Zulässigkeit der kommerziellen Namensverwendung. Es werde nicht der Image- oder Werbewert des Genannten ausgenutzt und auch nicht der Eindruck erweckt, dass der Betroffene sich mit

2 BGH GRUR 2008, 1124 ff. – Zerknitterte Zigarettenschachtel; vgl. auch BGH WRP 2008, 1527 ff. – Schau mal, Dieter.

dem Produkt identifiziere oder es empfehle.[3] Für die Werbeindustrie bietet diese Rechtsprechung eine willkommene Möglichkeit, die hohen Kosten für prominente Werbeträger zu sparen.[4]

Neben Namen bleiben auch Marken vor ihrer humoristischen Verwendung nicht verschont. So wurden die Farbmarke „Lila“ sowie die Marke „Milka“ verwendet und dadurch die bekannte lila „Milka-Kuh“ durch die nebenstehende, lilafarbene Postkarte, die mit „Rainer Maria Milka“ signiert ist, ins Lächerliche gezogen.[5]

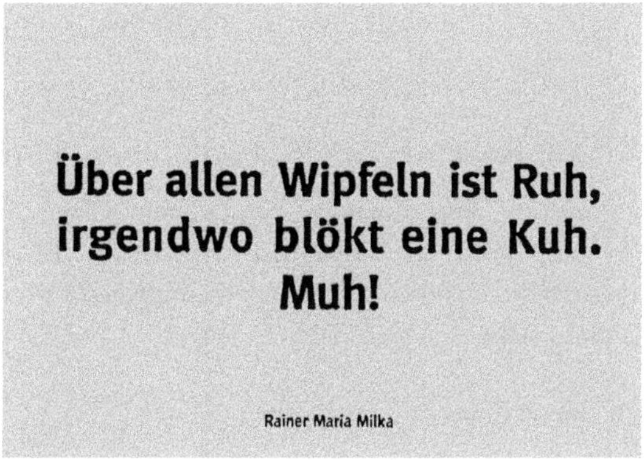

Der BGH verneinte die geltend gemachten Ansprüche auf Unterlassung, Schadensersatz und Auskunft aus § 14 II Nr. 3, V, VI MarkenG, § 242 BGB. Zwar liege eine markenmäßige Benutzung nach § 14 II Nr. 3 MarkenG sowie die Ausnutzung der Unterscheidungskraft der Marken vor.[6] Jedoch sei keine Unlauterkeit der Markenbenutzung nach § 14 II Nr. 3 MarkenG gegeben, da hier der Kunstfreiheit aus Art. 5 III GG gegenüber dem Eigentumsrecht aus Art. 14 I 1 GG Vorrang einzuräumen sei.[7]

Auch urheberrechtlich geschützte Werke der bildenden Kunst nach § 2 I Nr. 4 UrhG wie der abgebildete Gies-Adler[8] sowie aller anderen Werkgattungen können als Vorlagen parodistischer Kritik dienen.

---

3 BGH GRUR 2008, 1124, 1126 – Zerknitterte Zigarettenschachtel.
4 Vgl. dazu FAZ, 15.08.2009, Nr. 188, S. 10.
5 BGH GRUR 2005, 583 ff. – Lila-Postkarte.
6 BGH GRUR 2005, 583, 584 – Lila Postkarte.
7 BGH GRUR 2005, 583, 584 f. – Lila Postkarte.
8 BGH GRUR 2003, 956 ff. – Gies-Adler.

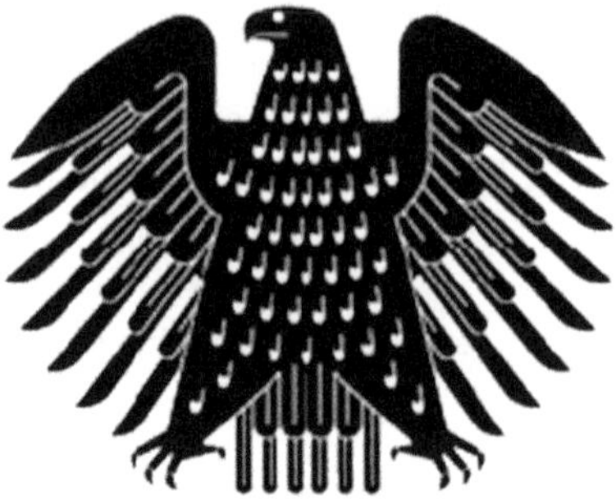

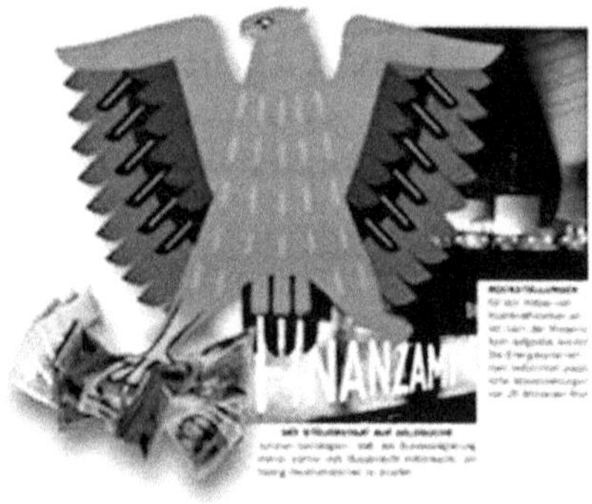

B) Die Parodie im Rahmen der Wiederholungskunst

Wesentliches Merkmal der Parodie ist die Nachahmung einer Vorlage. Die Parodie gehört damit zur Wiederholungskunst. Typisch für die – nicht notwendigerweise humoristische – Kunst der Wiederholung ist, dass die Vorlage im Zweitwerk erkennbar bleibt.

I. Die Tradition der Wiederholungskunst

Bis zum 19. Jahrhundert war es üblich, Kopien von Werken zu erstellen und diese zu verbreiten, da das Original nur von einem begrenzten Personenkreis genossen werden konnte.[9] Die Erfindung der druckgrafischen Techniken Holzschnitt, Kupferstich und Radierung führten dazu, dass die Kopie schneller möglich wurde.[10] Kunstsammler begannen, Kopisten damit zu beauftragen, andere Werke für sie zu kopieren. Künstler wie Rubens beschäftigten eigene Kupferstecher, die ihre Werke vervielfältigten.[11] Es wurden auch eigene Kopienmuseen geschaffen.[12] Zudem gehörte es zur klassischen Ausbildung, zunächst

9 Betz, Déjà-vu, Verbreitung von Kunst durch Reproduktionen, S. 86; vgl. Jayme, Kunstersatzprodukte im Kaufrecht, S. 121.

10 Vgl. eingehend zu den Drucktechniken Kettner, Graphik als Spiegel der Malerei, Innovation durch Reproduktion, S. 15 ff.; vgl. auch Benjamin, Das Kunstwerk im Zeitalter seiner technischen Reproduzierbarkeit: durch die Reproduktion verkümmere die Aura des Originals.

11 Mensger, Déjà-vu, Von Kopien und anderen Originalen, S. 38.

12 Vgl. hierzu Mensger, Déjà-vu, Von Kopien und anderen Originalen, S. 40 f.

fremde Künstler nachzuahmen,[13] um sich anschließend einen eigenen Stil zu erarbeiten.[14]

II. Der Bruch mit der Tradition im Zeitalter der Moderne

Die Moderne führte zu einem Bruch. Die jahrhundertelange Tradition, in der künstlerischen Ausbildung Werke kopieren zu lassen, wurde aufgegeben.[15] Künstler sollten sich von Anfang an komplett von allen äußeren Einflüssen befreien und nur aus sich selbst heraus schaffen.[16] Der Schöpfer wurde damit zu einer gottähnlichen Person, die aus dem Nichts etwas schaffen konnte.[17] Die Überbetonung des Schöpfergenies[18] sowie das Autonomie- und Originalitätsdogma[19] waren charakteristisch für die Moderne.

Die Moderne erlaubte den Künstlern jedoch, Werke zu zitieren oder frei abzuwandeln, um die eigene Originalität und Selbstständigkeit zu belegen.[20] Spiegelbildlich dazu lässt das UrhG die Verwendung fremden Materials durch das Zitatrecht nach § 51 UrhG und die freie Benutzung nach § 24 I UrhG nur zu, wenn eine ausreichend hohe Originalität vorliegt (§ 2 II UrhG) und das neu geschaffene Werk selbstständig ist, § 24 I, § 51 S. 2 Nr. 1–3 UrhG. Erst die Selbstständigkeit und die eigene Originalität rechtfertigte in der Moderne die Inanspruchnahme fremder Leistung. Das Urheberrechtsgesetz ist somit ein Kind der Moderne.[21]

III. Die Wiederbesinnung zur Wiederholungskunst in der Postmoderne

Mit dem Beginn der Postmoderne in den 1960ern erlebte die Wiederholungskunst eine Renaissance.[22] Da die Ausdrucksformen der Moderne erschöpft

13 Mensger, Déjà-vu, Von Kopien und anderen Originalen, S. 39 f.; Seipel, Original – Kopie – Fälschung, S. 9.

14 Dürer empfahl: „Aus wem ein großer, kunstreicher Maler werden soll, der muss von guten Meistern viel kopieren, bis er eine freie Hand erlangt.“, Dürer, Schriftlicher Nachlass, Bd. 2, Berlin 1966, S. 99, zit. nach Mensger, Déjà-vu, Von Kopien und anderen Originalen, S. 39.

15 Mensger, Déjà-vu, Von Kopien und anderen Originalen, S. 42; Ullrich, Déjà-vu, Rituale der Wiederholung, S. 140.

16 Ullrich, Déjà-vu, Rituale der Wiederholung, S. 140.

17 Ullrich, Déjà-vu, Rituale der Wiederholung, S. 139.

18 Dreier, Déjà-vu, Original und Kopie, S. 150.

19 Ullrich, Déjà-vu, Rituale der Wiederholung, S. 140.

20 Ullrich, Déjà-vu, Rituale der Wiederholung, S. 140.

21 Blume Huttenlauch, Appropriation Art, S. 49 f.

22 Ullrich, Déjà-vu, Rituale der Wiederholung, S. 142.

waren, wurde Vorhandenes variiert.[23] Alles Nicht-Authentische, Abgeleitete und Transformierte wie Zitate und Parodien fand neue Beachtung.[24] Die Postmoderne widersetzte sich damit dem Originalitätszwang und kritisierte durch die Wiederholung die „moderne Idee des Originals".[25] Die Wiederholung dient auch dazu, die Bedeutung und die ungenutzten bildnerischen Ideen[26] und die Potenziale des Originals auszuschöpfen.[27] Gleichzeitig belegt sie die Substanzhaltigkeit des Originals,[28] die eine Wiederholung lohnenswert macht.

Nicht mehr das Original zählt heute, sondern das Bild als Medium. Dabei geht es vorrangig um die Verbreitung einer Bildidee, die häufig mit einem Medienwechsel verbunden ist.[29] Bereits die Kupferstecher mussten die wesentlichen Merkmale des Werkes erfassen und hervorheben, da die Übernahme der kompletten Bildinformationen technisch nicht möglich war und die Reproduktion zudem schwarz-weiß erfolgte.[30] Wie einst der Medienwechsel vom Gemälde zum Kupferstich eine Reinterpretation und eine Transferleistung voraussetzte, gilt Gleiches für die heutigen Medienwechsel.[31] Kopien sind damit keine reinen Surrogate mehr,[32] sondern entwickeln ein Eigenleben. In der Postmoderne erfährt das Original eine Aktualisierung an neue Verhältnisse.[33] Diese Transferleistung des Kopisten verdient Anerkennung.[34]

---

23 Jayme, UFITA 2011/II, 590.
24 Müller-Tamm, Déjà-vu, Kunst der Wiederholung, S. 21.
25 Müller-Tamm, Déjà-vu, Kunst der Wiederholung, S. 22.
26 Ullrich, Déjà-vu, Rituale der Wiederholung, S. 138.
27 Ullrich, Déjà-vu, Ein Original vom Original, S. 26.
28 Ullrich, Déjà-vu, Ein Original vom Original, S. 27; Seipel, Original – Kopie – Fälschung, S. 9.
29 Müller-Tamm, Déjà-vu, Kunst der Wiederholung, S. 22.
30 Vgl. Brakensiek, Graphik als Spiegel der Malerei, Maler und ihre Stecher, S. 145 f.
31 Vgl. Arnecke, Déjà-vu, Reflexion über das Original, S. 300.
32 Müller-Tamm, Déjà-vu, Kunst der Wiederholung, S. 22.
33 Ullrich, Déjà-vu, Rituale der Wiederholung, S. 139.
34 Müller-Tamm, Déjà-vu, Kunst der Wiederholung, S. 22.

Edouard Manet – Le déjeuner sur l'herbe

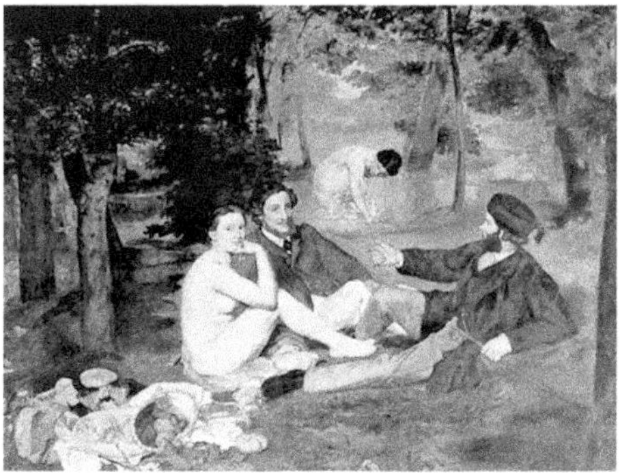

Alain Jacquet – Le déjeuner sur l'herbe

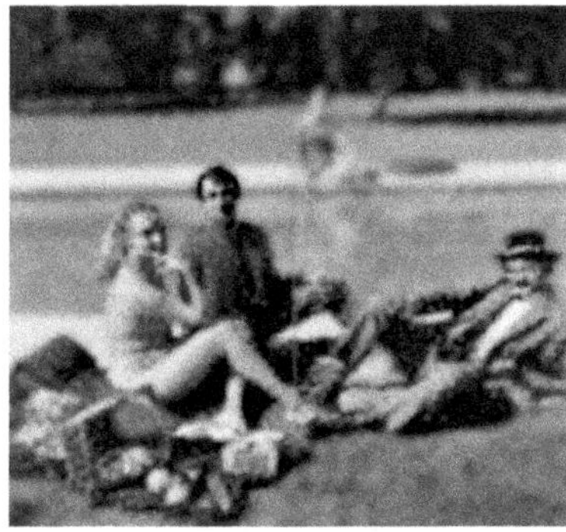

Ein Beispiel zahlreicher Reinszenierungen bildet „Le déjeuner sur l'herbe" von Manet.[35] Neben den in bürgerlicher Kleidung sitzenden Herren ist eine nackte Frau abgebildet, was damals zu einem Eklat führte. Alain Jacquet stellte die Szene 1964 fotografisch nach.

John Seward Johnson II – Déjeuner Déjà-vu

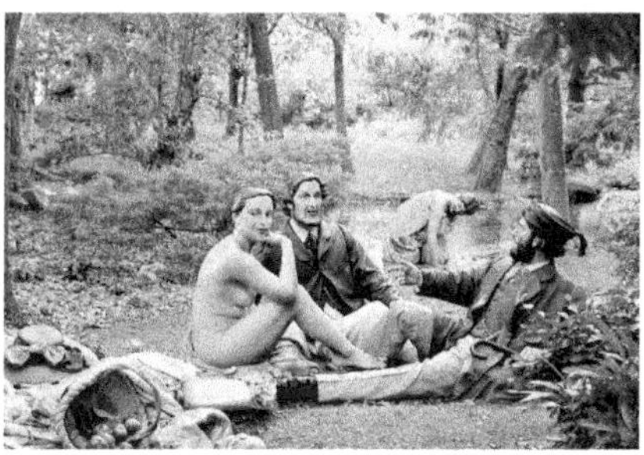

Mario Sorrenti – Yves Saint Laurent Spring Summer

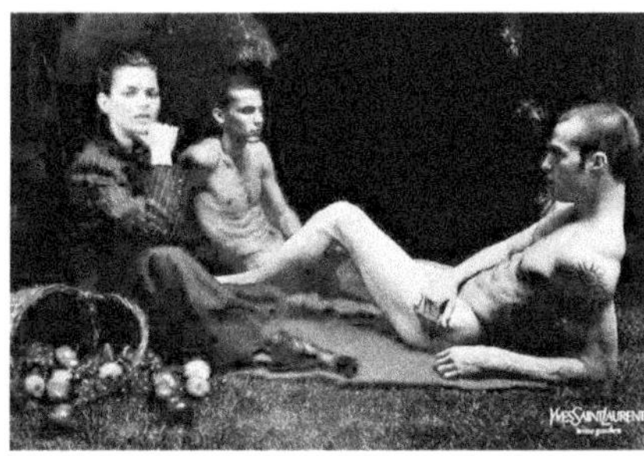

John Seward Johnson II erstellte 1994 eine dreidimensionale Version davon durch entsprechend angeordnete Skulpturen. Mario Sorrenti reinszenierte 1998 das Gemälde als Fotografie, in dem nur die Frau bekleidet ist.

---

35 Die nachfolgend genannten Beispiele sind nicht abschließend. Die Bilder sind unter http://daily-norm.com/2012/03/14/persistently-mysterious-indubitable-genius-manets-le-dejeuner-sur-lherbe/ abrufbar. Monet malte seine eigene, bürgerliche Version. Auch Picasso malte mehrere Variationen des Bildes. Das Original Manets stellt wiederum nur eine Reinszenierung eines Ausschnittes des Gemäldes „Urteil des Paris" von Raffael dar.

Rip Hopkins – Cyrille et le déjeuner sur l'herbe

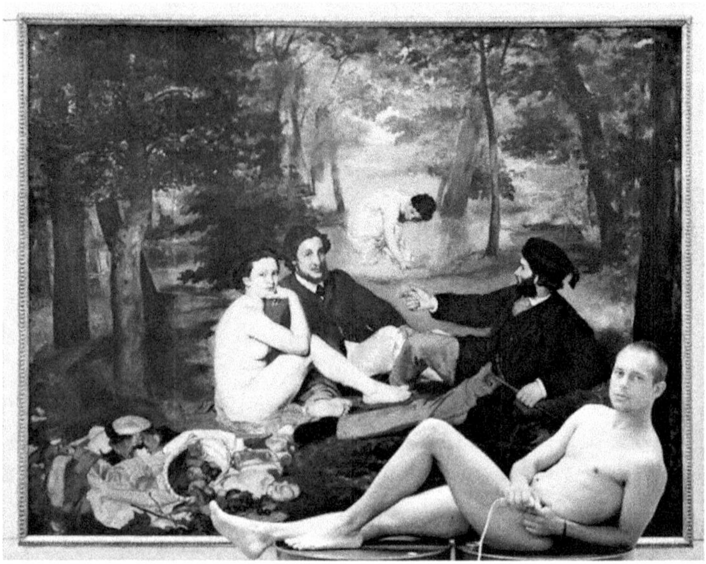

Im Jahre 2006 fotografierte Rip Hopkins einen Sicherheitsbeamten des Musée d'Orsay nackt vor dem Gemälde als Ergänzung desselben,[36] und schaffte es dadurch, wie einst Manet, einen Eklat auszulösen.

Ein weiteres Beispiel einer Reinszenierung bildet „La rivoluzione siamo Noi" von Joseph Beuys. Die vergilbte Fotografie Beuys erinnere an den Effekt des Goldgrundes der mittelalterlichen Malerei und gebe Beuys die Aura einer Ikone.[37] In der Reinszenierung durch die Künstlergruppe G.R.A.M. schaue die Person stirnrunzelnd über die Kamera hinweg und verharre unentschlossen vor der Hütte.[38] In seinen Gummistiefeln erinnere er eher an einen biederen Bauern als den geistlichen Guerillo.[39] Durch die Reinszenierung werde die oft überbewertete Ikone der Kunst ihrer Lächerlichkeit überführt.[40]

---

36 Bild abrufbar unter http://www.riphopkins.com/works/13.

37 Krätschmer, Déjà-vu, Reinszenierung, S. 270 zu den dort abgedruckten Fotos.

38 Krätschmer, Déjà-vu, Reinszenierung, S. 270.

39 Krätschmer, Déjà-vu, Reinszenierung, S. 270.

40 Vgl. Krätschmer, Déjà-vu, Reinszenierung, S. 270.

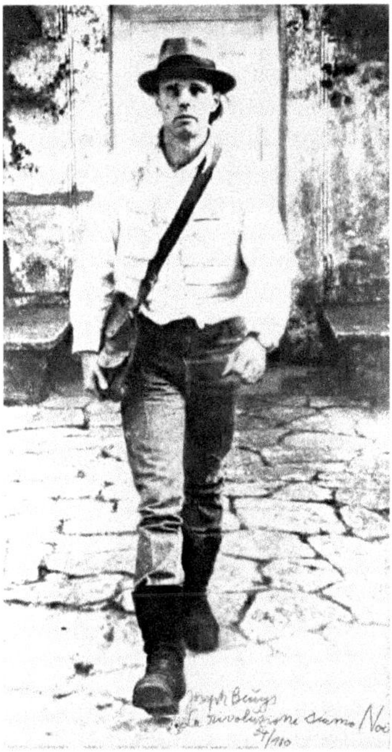

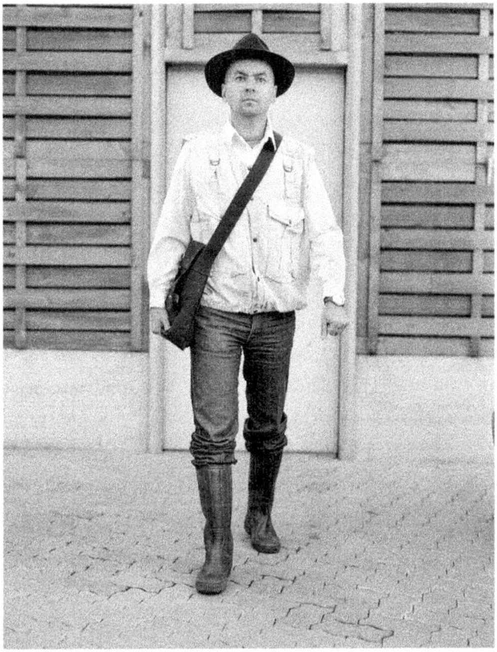

Heute stellen sich die Rechtsfragen in etwas anderer Weise. Die klassische Frage, wie der Schöpfer der Vorlage gegen die missbräuchliche Verwendung seines Werks geschützt werden soll, ist geblieben. Hinzu tritt aber das Problem, ob nicht auch die Parodie einen Eigenwert entfaltet, der rechtlich stärker zu verankern ist. Die Renaissance der Wiederholung führte zu einer Aufwertung der Reproduktion[41] und damit zu einer Umwertung ihres hierarchischen Verhältnisses zum Original.[42] Diese Akzentverschiebung hängt auch damit zusammen, dass die Kunstwissenschaft durch die Ausstellungspraxis das „Eigenrecht und die Eigenlogik"[43] der Aneignungskunst[44] entdeckt hat, die alte Meister in neuem Kontext wiederbelebt hat.[45] Dieses Eigenrecht wird

41 Ullrich, Déjà-vu, Ein Original vom Original, S. 26.

42 Müller-Tamm, Déjà-vu, Kunst der Wiederholung, S. 21.

43 Müller-Tamm, Déjà-vu, Kunst der Wiederholung, S. 22.

44 Vgl. zum Begriff der Appropriation Art eingehend Blume Huttenlauch, Appropriation Art, S. 22 ff.

45 Zur Wiederholungskunst mehren sich die Ausstellungen: Déjà-Vu (Staatliche Kunsthalle Karlsruhe, 2012), Culture(s) of Copy (Edith-Russ-Haus, Oldenburg, 2010/2011),

zunehmend auch in der Rechtswissenschaft akzeptiert, teilweise aber immer noch abgelehnt.[46]

Die Lösung kunstrechtlicher Interessenkonflikte kann nur durch einen fortlaufenden Dialog zwischen Recht und Kunst zufriedenstellend gelöst werden.[47] Dieser interdisziplinäre Dialog muss auch die Veränderungen einbeziehen, denen die Kunstwissenschaft unterworfen ist.[48]

Im Gegensatz zur Kunstwissenschaft hat das UrhG und die Auslegung desselben die Weiterentwicklung zur Postmoderne (noch) nicht vollzogen.[49] Die postmoderne Kunstpraxis ist damit nicht vereinbar.[50] Ein Dialog zwischen der Kunst- und Rechtswissenschaft findet nicht statt. Vielmehr wird schlichtweg der Vorrang des Rechts postuliert.[51] Diese Sichtweise verkennt, dass zwischen dem gesellschaftlichen Verhalten und den Rechtsregeln eine Wechselwirkung besteht.[52] Indem das Urheberrecht bestimmt, wann geschütztes Material zustimmungsfrei verwendet werden darf, regelt es den wirtschaftlichen Wettbewerb der Kunstproduktion und Kunstverwertung.[53] Umgekehrt wirkt die Kunstpraxis auf die Auslegung der rechtlichen Regeln zurück.[54]

Der kulturelle Imperativ des Urheberrechts verlangt, optimale Rahmenbedingungen für künstlerische Schöpfungen zu schaffen.[55] Die wichtigste Aufgabe des Urheberrechts besteht in der Aufrechterhaltung des Schöpfungszyklus.[56] Dieser wird aber unterbrochen, wenn starre Rechtsregeln auf veränderte postmoderne Denkformen treffen. Insgesamt geht es also um die Aufwertung des Zweitwerks.

Kunst nach Kunst (Neues Museum Weserburg Bremen, 2002), Originale echt – falsch ((Neues Museum Weserburg Bremen, 1999), Copier-Créer. De Turner à Picaso (Louvre, 1993), Creative Copies (Drawing Center, New York, 1988), Bilder nach Bildern (Westfälisches Landesmuseum Münster, 1976), vgl. Müller-Tamm, Déjà-vu, Kunst der Wiederholung, S. 20.

46 Ablehnend etwa: Schack, FS Nordemann, S. 107 f.: Appropriation Art sei ungenierter geistiger Diebstahl; zustimmend etwa: Blume Huttenlauch, Appropriation Art, S. 18: hinter Appropriation Art stecke kein parasitäres Motiv.

47 Vgl. Jayme, Original und Fälschung, S. 23.

48 Jayme, Original und Fälschung, S. 24.

49 Vgl. Dreier, Déjà-vu, Original und Kopie, S. 150.

50 Blume Huttenlauch, Appropriation Art, S. 50.

51 Dreier, Déjà-vu, Original und Kopie, S. 153 ff.

52 Dreier, Déjà-vu, Original und Kopie, S. 146; vgl. Jayme, Original und Fälschung, S. 24.

53 Dreier, Déjà-vu, Original und Kopie, S. 150.

54 Dreier, Déjà-vu, Original und Kopie, S. 146.

55 Senftleben, Kunst im Markt, S. 76.

56 Senftleben, Kunst im Markt, S. 81.

C) Einführender Fall: TV-Total

Zunehmend werden nicht nur Werke, sondern auch leistungsschutzrechtlich geschützte Vorlagen für Parodien verwendet.[57] Dies mag am abnehmenden Niveau unserer Medien liegen, deren Produkte zwar nicht immer die erforderliche Schöpfungshöhe nach § 2 II UrhG erreichen, aber etwa im Falle von Fernsehsendungen Leistungsschutz als Laufbilder nach § 95 UrhG genießen. Unseren wohl berühmtesten Literaturkritiker Reich-Ranicki verleitete der vermeintlich fehlende Anspruch des Fernsehprogramms dazu, den ihm verliehenen „Deutschen Fernsehpreis" nicht anzunehmen, was zu einem Eklat führte.[58]

Stefan Raab schuf die Sendung TV-Total, um die „zunehmende Niveaulosigkeit des deutschen Fernsehprogramms als Spiegelbild der Gesellschaft" zu illustrieren.[59] Die BGH-Entscheidung vom 20.12.2007 hat diese Sendung zum Gegenstand. Ihr liegt folgender Sachverhalt zugrunde.

Ein Reporter führt ein Interview mit einer Passantin, in dem er sie fragt, wie spontan sie auf einer Skala von eins bis zehn sei. Die Frau antwortet „Ach, schon spontan, zehn, neun". Anschließend klärt der Reporter die Frau auf, sein Thema sei „Spontan-Jodeln" und beginnt, den Takt mit „... drei, vier" anzuzählen, um sie zum Jodeln zu veranlassen. Anstatt zu jodeln, antwortet die Frau jedoch mit „drei", da sie dies als Frage versteht, wie gut ihre Fähigkeiten zum Spontanjodeln auf einer Skala von eins bis vier seien.[60]

Der genannte Sendeausschnitt aus dem Hessischen Rundfunk vom 02.09.2001 wurde in der Sendung TV-Total von Stefan Raab auf Pro Sieben am 04.09.2001 wie folgt anmoderiert und anschließend wiedergegeben: „Da ist ein Mann, der interviewt eine Frau, und die gibt erst mal eine Antwort, die ist ganz korrekt – und dann die zweite Antwort, die die Frau gibt, ist so was von unmöglich, das ist die größte anzunehmende Unwahrscheinlichkeit, die da passiert. Ich glaube, wir haben selten einen irreren Ausschnitt gehabt. Schauen Sie es sich einfach mal an.".

Die Verwertungsgesellschaft nahm die Rechte des Hessischen Rundfunks wahr und klagte auf Unterlassung, Auskunftserteilung, Feststellung der Schadensersatzpflicht und Zahlung von Lizenzgebühren. Nachdem das LG die Beklagte antragsgemäß verurteilte,[61] wurde die Berufung zurückgewiesen und

57 Vgl. BGH GRUR 2000, 703 ff. – „Mattscheibe" sowie BGH GRUR 2008, 693 ff. – TV-Total zur Verwendung von Laufbildern zur Erstellung einer Parodie.

58 Vgl. FAZ, 13.10.2008, Nr. 239, S. 33.

59 BGH GRUR 2008, 693, 696 – TV-Total.

60 BGH GRUR 2008, 693 – TV-Total.

61 LG Frankfurt a.M., ZUM 2004, 394 ff.

die Lizenzgebühren auf die Hälfte herabgesetzt.[62] Die Revision der Beklagten blieb ohne Erfolg.

Der BGH bejahte die geltend gemachten Ansprüche nach §§ 97 I 1, II 1 i.V.m. §§ 95, 94 I 1 UrhG. Es liege ein Eingriff in das ausschließliche Recht des Filmherstellers am Filmträger aus § 94 I 1 UrhG vor, der weder durch die freie Benutzung nach § 24 I UrhG noch durch das Zitatrecht nach § 51 Nr. 2 UrhG a.F. oder das Recht zur Berichterstattung über Tagesereignisse nach § 50 UrhG gerechtfertigt sei.[63]

Da der Laufbildschutz die organisatorische und wirtschaftliche Leistung und den unternehmerischen Aufwand des Filmherstellers schütze, seien auch kleinste Teile geschützt, da auch diese einen wirtschaftlichen Wert hätten.[64]

Im Rahmen des § 24 I UrhG bestätigte er zunächst seine Rechtsprechung für Werke, um sie anschließend auf Laufbilder anzuwenden: Eine Selbstständigkeit wird demnach bejaht, wenn das neue Werk einen ausreichenden Abstand zu den entlehnten eigenpersönlichen Zügen des älteren Werks einhalte, was voraussetze, dass die entlehnten eigenpersönlichen Züge des älteren Werks verblassten.[65] Auch Laufbilder müssten einen so großen inneren Abstand zur Vorlage einhalten, dass sie ihrem Wesen nach als selbstständig anzusehen seien, wobei ein strenger Maßstab bei der unveränderten Übernahme gelte.[66] Dem stehe nicht entgegen, dass Laufbilder einen begriffsnotwendig geringeren eigenschöpferischen Gehalt aufwiesen als Werke.[67]

Ein innerer Abstand sei nicht gegeben, da die übernommene Sequenz von dem Moderator in keiner Weise kritisiert, parodiert oder karikiert werde, sondern sie allein durch die ihr innewohnende Komik wirke.[68]

Auch bei der analogen Anwendung des § 24 I UrhG sei die Schaffung eines Werks erforderlich.[69] Nur dann werde das kulturelle Gesamtgut durch eine neue eigenschöpferische Leistung bereichert und der Normzweck des § 24 I UrhG erfüllt.[70] Dabei müsse der zu beurteilende Ausschnitt der Sendung „TV-Total" inklusive der Moderation bereits ein selbstständiges Werk darstellen. Auf die

62 OLG Frankfurt a.M., ZUM 2005, 477 ff.
63 BGH GRUR 2008, 693 ff. – TV-Total.
64 BGH GRUR 2008, 693, 694 – TV-Total.
65 BGH GRUR 2008, 693, 695 – TV-Total.
66 BGH GRUR 2008, 693, 696 – TV-Total.
67 BGH GRUR 2008, 693, 695 – TV-Total.
68 BGH GRUR 2008, 693, 696 f. – TV-Total.
69 BGH GRUR 2008, 693, 694 – TV-Total.
70 BGH GRUR 2008, 693, 695 – TV-Total.

Werkqualität der gesamten Sendung komme es hingegen nicht an,[71] denn eine parodistische Zielsetzung der gesamten Sendung gebe keinen Freibrief für unfreie Entnahmen durch einzelne Beiträge.[72]

Zudem könne das Zitatrecht nach § 51 Nr. 2 UrhG a.F. die zustimmungsfreie Entnahme nicht rechtfertigen, denn es fehle an einem eigenständigen inneren Beitrag des Moderators, zu dem die übernommene Sequenz in einen inneren Zusammenhang treten könne.[73] Der Ausschnitt sei auch nicht gezeigt worden, um dem Publikum die geringe Qualität der Sendungen zu zeigen, sondern allein, um zum Lachen zu animieren, sodass keine satirische oder kritische Darstellung erfolge.[74]

Schließlich liege keine Berichterstattung über Tagesereignisse nach § 50 UrhG vor, da es hier der Öffentlichkeit nicht auf eine aktuelle Berichterstattung ankomme.[75]

D) Offene Fragen

Der dargestellte Fall wirft eine Reihe rechtlicher Fragen auf.

Wenn der Parodist geschützte Teile eines Werks bzw. einer leistungsschutzrechtlich geschützten Vorlage verwendet, benötigt er hierfür grundsätzlich die Zustimmung des Urhebers des Originalwerks (Originalurheber) oder des Leistungsschutzberechtigten. Da dieser die Zustimmung für die Verhöhnung seines Werks bzw. des leistungsschutzrechtlich geschützten Materials i.d.R. nicht erteilen würde, wäre der Parodist in seiner schöpferischen Freiheit stark eingeschränkt, wenn er diese Zustimmung einholen müsste.[76] Der Parodist ist also darauf angewiesen, dass die Entlehnung durch eine Schranke nach §§ 44a ff. UrhG oder durch die freie Benutzung nach § 24 I UrhG gerechtfertigt ist.

Die freie Benutzung und die Selbstständigkeit nach § 24 I UrhG setzen in Anlehnung an Ulmer[77] das Verblassen der eigenpersönlichen Züge des Originalwerks in der Parodie voraus.[78] Da die Parodie sich erkennbar auf die Vorlage beziehen

71 BGH GRUR 2008, 693, 695 – TV-Total.

72 BGH GRUR 2008, 693, 695 – TV-Total.

73 BGH GRUR 2008, 693, 696 – TV-Total.

74 BGH GRUR 2008, 693, 697 – TV-Total.

75 BGH GRUR 2008, 693, 697 – TV-Total.

76 Vgl. Mauch, Beurteilung von Parodien, S. 24; Wehler, Freie Benutzung, S. 138.

77 So ausdrücklich BGH GRUR 1961, 631, 632 – Fernsprechbuch; Ulmer, Urheber- und Verlagsrecht, S. 275 f.

78 BGH GRUR 1999, 984, 987 – Laras Tochter; BGH GRUR 2002, 799, 800 – Stadtbahnfahrzeug; BGH GRUR 2003, 956, 958 – Gies-Adler; BGH GRUR 2008, 693, 695 – TV-Total; BGH GRUR 2009, 403, 406 – Metall auf Metall.

muss,[79] bereitet die Anwendung des Verblassenskriteriums Schwierigkeiten.[80] Die eigenpersönlichen Züge müssen gerade in der Parodie erkennbar bleiben, damit die zu kritisierende Vorlage erkannt werden kann.

Der BGH hat in seiner langjährigen Rechtsprechung versucht, das Verblassenskriterium anzupassen, um den Besonderheiten der Parodie Rechnung zu tragen.[81] Auch bei unveränderten Übernahmen reiche ein sog. innerer Abstand.[82] Die Parodie distanziere sich dann von der Vorlage, indem sie sich mit ihr auseinandersetze.[83] Der innere Abstand werde durch die Antithematik der Parodie hergestellt.[84]

Die Literatur schließt sich überwiegend der BGH-Rechtsprechung an.[85] Teilweise verweist sie darauf, dass die Parodie nie selbstständig sein könne und ein Verblassen der eigenpersönlichen Züge im Originalwerk daher ausscheide.[86] Eine Problemlösung wird teilweise in der teleologischen Reduktion des § 23 S. 1 UrhG gesucht. Die Parodie sei als „freie Bearbeitung" nach § 23 S. 1 UrhG einzustufen, also als Bearbeitung, die jedoch keiner Zustimmung des Originalurhebers bedürfe.[87] Parodien von Werken der Musik erschwert zudem der sog. starre Melodienschutz des § 24 II UrhG, da die Parodie, wie oben festgestellt wurde, die Erkennbarkeit der Vorlage voraussetzt, § 24 II UrhG aber die erkennbare Übernahme der Melodie im Rahmen einer freien Benutzung nicht zulässt.

Im obigen Beispielsfall TV-Total stellt sich ferner die allgemeine Frage, ob geschützte Laufbilder zustimmungsfrei verwendet werden durften. Als Vorfrage

---

79 Vinck, GRUR 1973, 251, 252; von Olenhusen/Ling, UFITA 2003/III, 695, 714 für die „gelungene" Parodie; Ruijsenaars, GRURInt 1993, 918, 932; Hess, Urheberrechtsprobleme der Parodie, S. 115 ff.; Becker, Parodie und Kommerz, S. 5; Nordemann, GRUR 1971, 590, 591; Platho, GRUR 1992, 360.

80 Vgl. Dreier, Déjà-vu, Original und Kopie, S. 152 f.

81 Zur Entwicklung der Verblassensformel in der Rechtsprechung des BGH vgl. Mauch, Beurteilung von Parodien, S. 39 ff.

82 BGH GRUR 1994, 206, 208 – Alcolix; BGH GRUR 1994, 191, 193 – Asterix-Persiflagen; BGH GRUR 1999, 984, 987 – Laras Tochter; BGH GRUR 2003, 956, 958 – Gies-Adler.

83 BGH GRUR 1994, 206, 208 - Alcolix; BGH GRUR 1994, 191, 193 - Asterix-Persiflagen.

84 BGH GRUR 2003, 956, 958 - Gies-Adler.

85 Dreier/Schulze-Schulze, § 24 Rn. 25; Möhring/Nicolini-Ahlberg, § 24 Rn. 26 ff; Nordemann, GRUR 1971, 590, 591; Rütz, WRP 2004, 323, 330; Schricker-Loewenheim, § 24 Rn. 10 ff.; Wandtke/Bullinger-Bullinger, § 24 Rn. 13 ff.; Vinck, GRUR 1973, 251, 252 ff.

86 Platho, GRUR 1992, 360, 361; Mauch, Beurteilung von Parodien, S. 39; Vinck, GRUR 1973, 252.

87 Platho, GRUR 1992, 360, 362.

ist die analoge Anwendung des § 24 UrhG auf Laufbilder i.S.d. § 95 UrhG zu prüfen, die die Rechtsprechung bejaht. Ferner stellt die Frage, ob Laufbilder überhaupt einen eigenschöpferischen Gehalt besitzen, wie der BGH behauptet. Aus § 95 UrhG ergibt sich, dass Laufbilder und Filmwerke einander ausschließen, da nur bei Letzteren die Voraussetzungen des § 2 II UrhG erfüllt sind. Sofern man Laufbildern eine geringe Schöpfungshöhe unterhalb der kleinen Münze zugesteht, stellt sich die Folgefrage, ob diese überhaupt bei der rechtlichen Bewertung eines Leistungsschutzrechts berücksichtigt werden darf. Laufbilder schützen eine Investition,[88] während Werke nach § 2 II UrhG eine schöpferische Leistung schützen.

Berücksichtigt man dennoch die Schöpfungshöhe der Laufbilder, wäre bei konsequenter Anwendung der Grundsätze auch der einzuhaltende Abstand begriffsnotwendig gering.[89] Nach der ständigen Rechtsprechung sind nämlich an den einzuhaltenden Abstand und das Verblassen umso höhere Anforderungen zu stellen, je stärker die eigenschöpferische Prägung des Originalwerks ist und umgekehrt.[90] Bei konsequenter Anwendung dieser Rechtsprechung wäre ein Verblassen von leistungsschutzrechtlich geschützten Vorlagen also meistens gegeben und der notwendige Abstand eingehalten. Teilweise wird daher in der Literatur die Auffassung vertreten, bei Laufbildern gelte eine Vermutung für eine freie Benutzung.[91]

Es steht außer Frage, dass diese Lösung nicht befriedigen kann und sie eine Missbrauchsgefahr zur Folge hätte. Wie kann aber bei der entsprechenden Anwendung des § 24 I UrhG der Umstand berücksichtigt werden, dass Leistungsschutzrechte – wenn überhaupt – nur eine minimale Schöpfungshöhe aufweisen?

Weiter stellt sich die Frage, ob entsprechend der Auffassung des BGH die Werkqualität der Parodie von Laufbildern bei der analogen Anwendung des § 24 I UrhG Voraussetzung ist. Kann die Kultur tatsächlich nur durch Werke bereichert werden, wie der BGH behauptet? Kann man für die Parodie einen Anspruch und eine schöpferische Qualität nach § 2 II UrhG voraussetzen, die das Original gerade nicht aufweist? Muss die Parodie von etwas Niveaulosem also selbst Niveau besitzen? Die Rechtsprechung ist immer noch von einem

88 BGH GRUR 2008, 693, 694 – TV-Total.

89 Vgl. Schricker-Loewenheim, § 24 Rn. 22, der einerseits erkennt, dass der Abstand bei Leistungsschutzrechten eher als bei Werken hergestellt werden kann, andererseits aber fordert, die freie Benutzung dürfe nicht leichter als bei Werken möglich sein.

90 BGH GRUR 1991, 531, 532 – Brown Girl I; BGH GRUR 1991, 533, 534 – Brown Girl II.

91 Von Becker, NJW 2001, 583; Klatt, AfP 2008, 350, 353.

modernen Vorverständnis geprägt, das durch eine „idealistische Überhöhung des Schöpfergenies" gekennzeichnet ist und die postmodernen Diskurse nicht berücksichtigt.[92]

Auch das Zitatrecht nach § 51 UrhG lässt Fragen offen. Kann die Parodie den notwendigen Zitatumfang nach § 51 S. 2 Nr. 2 UrhG einhalten? Welchen Freiraum belässt das Änderungsverbot nach § 62 UrhG sowie das Gebot der Quellenangabe nach § 63 UrhG dem Parodisten?

Schließlich stellt sich die Frage, ob das Entstellungsverbot nach § 14 UrhG die Benutzung der Vorlage ausschließt.

Die Parodie ist politisch und rechtlich erwünscht. Sie ist eine althergebrachte Kunstform, die schon in der Antike bestand,[93] und stellt eine Ausübung der Meinungsfreiheit nach Art. 5 I 1 GG und im Einzelfall der Kunstfreiheit nach Art. 5 III 1 GG dar.[94] Sie ist ein Ventil der Gesellschaft, eine überspitzte Art der Kritik. Auch die Rechtsprechung erkennt, dass ein unterhaltender Beitrag die Meinungsbildung oft nachhaltiger anregen und beeinflussen könne als sachbezogene Informationen.[95]

Wie kann aber einerseits diese sozial erwünschte Form der Kritik ermöglicht, andererseits das Urheberrecht respektiert werden? Wie kann ein optimaler Ausgleich zwischen den widerstreitenden Interessen des Parodisten und des Originalurhebers erreicht werden? Der Originalurheber wird in der Regel die Verspottung seines Werkes verhindern wollen, während der Parodist sich damit auseinandersetzen will. Gleichzeitig muss der Parodist sich erkennbar auf die Vorlage beziehen und dazu gegebenenfalls urheberrechtlich oder leistungsschutzrechtlich geschützte Teile entlehnen, wenn die Anspielung verstanden werden soll.

Auf europäischer Ebene wurde der Versuch unternommen, einen Freiraum für die Parodie zu schaffen. Nach Art. 5 III k) Multimedia-RL können die Mitgliedstaaten Ausnahmen oder Beschränkungen für das Vervielfältigungsrecht sowie das Recht der öffentlichen Wiedergabe für die Nutzung zum Zwecke von Karikaturen, Parodien oder Pastiches vorsehen.[96] Die Regelung ist Gegenstand

---

92 Dreier, Déjà-vu, Original und Kopie, S. 150.

93 Hefti, Parodie im Urheberrecht, S. 110; vgl. zur Parodie in der Antike: Hess, Urheberrechtsprobleme der Parodie, S. 63 ff. mit Beispielen und m.w.N.

94 Chakraborty, Freie Benutzung, S. 102.

95 BGH GRUR 2007, 527, 528 – Winterurlaub; BGH GRUR 2008, 1124, 1125 – Zerknitterte Zigarettenschachtel.

96 Die Multimedia-RL wurde durch das Gesetz zur Regelung des Urheberrechts in der Informationsgesellschaft in deutsches Recht umgesetzt, BGBl. Nr. 46 vom 12.09.2003, S. 1774 ff., ohne eine entsprechende Urheberrechtsschranke einzuführen.

eines Vorabentscheidungsersuchens im Verfahren Vrijheidsfonds/Vandersteen geworden.[97] Das belgische Gericht stellte die Vorlagefrage, ob die Parodie ein autonomer, unionsrechtlicher Begriff sei.[98] Die Frage, ob ein Begriff autonom oder durch ausdrücklichen oder stillschweigenden Verweis auf die mitgliedstaatlichen Rechtsordnungen gebildet wird, ist durch Auslegung im Einzelfall zu ermitteln.[99] Während beim Primärrecht und bei unmittelbar wirkenden Verordnungen eher eine autonome Begriffsbildung angenommen wird, werden bei Richtlinien in größerem Maße Divergenzen in der Rechtsanwendung hingenommen.[100] In der Multimedia-Richtlinie wird die Parodie nicht definiert. Auch kann der Parodiebegriff nicht unter Rückgriff auf das Gemeinschaftsrecht definiert werden. Dem nationalen Gesetzgeber wird nicht nur die Entscheidung überlassen, ob er eine entsprechende Schrankenregelung erlässt. Die weite Formulierung lässt ihm vielmehr auch in der konkreten Ausgestaltung einen weiten Freiraum. Dies mag daran liegen, dass in den Mitgliedsstaaten aufgrund der verschiedenen kulturellen Identitäten ein unterschiedliches Verständnis von Humor herrscht, denn einen einheitlichen europäischen Humor gibt es ebenso wenig wie eine einheitliche humoristische Tradition. Der Humor ist vielmehr an die nationale Tradition und Geschichte geknüpft. Da ungeachtet aller Definitionsunterschiede[101] jedenfalls Einigkeit darüber besteht, dass Parodie, Pastiche und Karikatur i.S.d. Art. 5 III k) Multimedia-RL humoristische Kunstformen sind, ist eine einheitliche europäische Auslegung des Parodiebegriffs nicht möglich. Zudem soll Europäisches Recht die kulturelle Vielfalt fördern und achten. Dieser Grundsatz gebietet es aber, die Voraussetzungen der Parodie nach nationalem Recht auszulegen. Der Parodiebegriff in Art. 5 III k) Multimedia-RL ist daher ebenso wenig ein autonomer Rechtsbegriff wie der Karikatur- oder der Pastichebegriff.[102]

---

97 EuGH GRUR 2014, 972 – Vrijheidsfonds/Vandersteen; das belgische Urheberrecht verfügt über eine ausdrückliche Parodieregelung: Art. 22 § 1 LDA: Lorsque l'oeuvre a été licitement publiée, l'auteur ne peut interdire: Nr. 6: la caricature, la parodie ou le pastiche, compte tenu des usages honnêtes (Nachdem das Werk rechtmäßig veröffentlicht wurde, kann der Urheber nicht verbieten: Nr. 6: die Karikatur, die Parodie oder den Pastiche, unter Beachtung der anständigen Gepflogenheiten, Übersetzung des Verf.).

98 Vgl. EuGH GRUR 2014, 972, 973 – Vrijheidsfonds/Vandersteen.

99 Scheibeler, Begriffsbildung durch den Europäischen Gerichtshof, S. 288; Martens, Methodenlehre des Unionsrechts, S. 336 m.w.N.

100 Franzen, Privatrechtsangleichung durch die Europäische Gemeinschaft, S. 477 f.

101 Siehe unten 2. Kap. A).

102 A.A. EuGH GRUR 2014, 972 – Vrijheidsfonds/Vandersteen.

E) Fragestellung der Arbeit

Gegenstand der vorliegenden Arbeit ist die urheberrechtliche Beurteilung von Parodien de lege ferenda. Wie muss eine Regelung ausgestaltet sein, die dem Parodisten erlaubt, ein Werk oder eine leistungsschutzrechtlich geschützte Vorlage zu verwenden, ohne die Zustimmung des Urhebers bzw. des Leistungsschutzberechtigten einholen zu müssen und die gleichzeitig die Rechte des Originalurhebers bzw. des Leistungsschutzberechtigten nicht mehr als notwendig einschränkt? Die Regelung soll sowohl bei Werken als auch bei leistungsschutzrechtlichen Vorlagen zu einer widerspruchsfreien Lösung führen und vermeiden, dass geschützte Vorlagen unter dem Vorwand einer Parodie ausgebeutet werden.

Die bisherigen Lösungsansätze der Rechtsprechung und Literatur konnten nicht überzeugen, wie gezeigt werden wird. Die weite Auslegung des § 24 I UrhG überschreitet die Wortlautgrenze, da eine Parodie stets vom Original abhängt und daher nie selbstständig sein kann. Die Anwendung des Zitatrechts aus § 51 UrhG wird durch das Änderungsverbot des § 62 UrhG erschwert, da die Parodie für die Herstellung des erforderlichen Kontrastes zum Original zumeist Veränderungen daran vornehmen muss. Auch das Gebot der Quellenangabe nach § 63 UrhG wird der Parodist nicht erfüllen wollen, da dies schulmeisterlich wirken würde,[103] und der Humor schwindet, wenn man ihn zunächst erklären muss. Die Parodie lebt davon, dass die Anspielung verstanden wird, ohne sie erklären zu müssen.[104]

Bei Leistungsschutzrechten führt die praktisch unveränderte Anwendung der herkömmlichen Kriterien zu einer Missbrauchsgefahr, wie oben festgestellt wurde. Die Lösung der Rechtsprechung überzeugt hier noch nicht, da für die investitionsschützenden Leistungsschutzrechte die Kriterien für Schöpfungen, statt wirtschaftlicher Kriterien, zur Anwendung kommen. Die vorliegende Arbeit hat sich daher zur Aufgabe gemacht, einen Lösungsansatz zu entwickeln, der auch bei Leistungsschutzrechten widerspruchsfrei angewendet werden kann.

Insbesondere zur Parodie leistungsschutzrechtlich geschützter Vorlagen findet sich bisher wenig Literatur. In den Monografien, die die urheberrechtliche Beurteilung der Parodie zum Thema haben, wird die Parodie leistungsschutzrechtlich geschützter Vorlagen nicht thematisiert.[105] Die beiden Entscheidungen

103 Hess, Urheberrechtsprobleme der Parodie, S. 142.

104 Hess, Urheberrechtsprobleme der Parodie, S. 142; Mauch, Beurteilung von Parodien, S. 72.

105 Vgl. etwa Hess, Urheberrechtsprobleme der Parodie, Mauch, Beurteilung von Parodien; Stuhlert, Behandlung der Parodie; Hefti, Parodie im Urheberrecht; Becker, Parodie und Kommerz.

„Mattscheibe“ und „TV-Total“ hatten lediglich eine kritische Auseinandersetzung mit der BGH-Rechtsprechung zur Parodie von Laufbildern in einigen Aufsätzen zur Folge.[106] Da Leistungsschutzrechte fragmentarisch und uneinheitlich geregelt werden, und die Darstellung der Rechtslage aller Leistungsschutzrechte den Rahmen dieser Arbeit überschreiten würde, beschränkt sich die vorliegende Untersuchung auf das Recht des Tonträger- und Filmherstellers.

Das Urheberrechtsgesetz kennt den Begriff der Parodie nicht. Auch die Multimedia-RL erwähnt ihn lediglich, ohne ihn zu definieren. Um eine rechtliche Beurteilung vornehmen zu können, muss zunächst geklärt werden, welche typischen Merkmale die Parodie charakterisieren und wodurch ihre komische Wirkung entsteht.

Die Untersuchung beschränkt sich auf das Urheberrecht. Ausgeblendet werden Fragen der Verwendung anderer Vorlagen wie Marken, Bildnissen oder Namen, da die oben angedeuteten weiteren Rechtsfragen den Rahmen dieser Arbeit überschreiten würden.

F) Methode der Untersuchung

In der vorliegenden Arbeit wird die rechtsvergleichende Methode angewendet, deren oberstes Ziel im Erkenntnisgewinn liegt.[107] Die rechtsvergleichende Argumentation hilft bei der Auslegung des eigenen Rechts und bei der Lückenschließung.[108] Sie bereichert den „Vorrat an Lösungen“.[109] Nicht die Kontroll- und Bestätigungsfunktion der Rechtsvergleichung[110] soll daher vorliegend im Vordergrund stehen, sondern die Verbesserung des nationalen Rechts durch die Nachahmung fremder Modelle.[111] Die Zirkulation von Rechtsmodellen beschleunigt die Rechtsentwicklung.[112] Die postmoderne Rechtsvergleichung forscht zudem nach der unterschiedlichen Reaktion der Rechtssysteme auf postmoderne Werte und Denkstrukturen.[113] Vorliegend ist insbesondere die Reaktion auf die Akzentverschiebung zugunsten der Wiederholungskunst interessant.

Das spanische Urheberrechtsgesetz drängt sich zur rechtsvergleichenden Analyse im Rahmen der vorliegenden Arbeit geradezu auf. Es gilt nicht nur als

---

106 Klatt, AfP 2008, 350 ff.; Vogel, FS Loewenheim, S. 367 ff.
107 Vgl. Sacco, Rechtsvergleichung, S. 13; Zweigert/Kötz, Rechtsvergleichung, S. 14.
108 Reinhart, Festschrift Heidelberg, S. 605.
109 Zweigert/Kötz, Rechtsvergleichung, S. 14.
110 Reinhart, FS Heidelberg, S. 606.
111 Vgl. Sacco, Rechtsvergleichung, S. 25 f.
112 Sacco, Rechtsvergleichung, S. 25.
113 Jayme, Gesammelte Schriften, Band 2, S. 104, 107.

eines der modernsten Urheberrechtsgesetze Europas.[114] Auch seine Systematik entspricht in weiten Teilen der des deutschen Urheberrechtsgesetzes. Im Gegensatz zum deutschen Urheberrecht kennt es zudem nicht die Rechtsfigur der freien Benutzung.[115] Dennoch löst es flexibel die schwierige Abgrenzung zwischen Umgestaltung und „freier" Benutzung eines fremden Werkes,[116] indem es für die Parodie eine ausdrückliche Schrankenreglung in Art. 39 LPI kodifiziert.

Nach Art. 39 LPI gilt die Parodie eines veröffentlichten Werks nicht als Umgestaltung, die der Einwilligung des Urhebers bedarf, wenn sie keine Verwechslungsgefahr hervorruft, und wenn dem Originalwerk oder seinem Urheber kein Schaden zugefügt wird.[117] Durch die Tatbestandsmerkmale der fehlenden Verwechslungsgefahr und des fehlenden Schadens werden die wirtschaftlichen Auswirkungen der Parodie berücksichtigt. Im deutschen Recht werden wirtschaftliche Kriterien im Rahmen des zur Beurteilung herangezogenen § 24 I UrhG hingegen überwiegend vernachlässigt.[118] Insbesondere im Falle der Parodie leistungsschutzrechtlich geschützter Vorlagen bieten sich solche wirtschaftlichen Kriterien an.

G) Gang der Untersuchung

Die Arbeit besteht aus den fünf Kapiteln 1. Einleitung, 2. Die Parodie im deutschen Urheberrecht, 3. Die Parodie im spanischen Urheberrecht, 4. Rechtsvergleichung und 5. Die Parodie de lege ferenda.

Zunächst erfolgt in Länderberichten[119] eine Bestandsaufnahme der bisherigen Lösungsansätze zur Beurteilung der Parodie von Werken sowie von Ton- und Filmträgern im deutschen (2. Kapitel) und anschließend im spanischen Urheberrecht (3. Kapitel).

Im 2. Kapitel werden in einem Grundlagenteil die Wesensmerkmale einer Parodie vorgestellt (A). In Ermangelung einer expliziten Regelung wird die Beurteilung der Parodie als freie Benutzung nach § 24 UrhG und als Zitat nach § 51 UrhG sowie die sich aus dem Entstellungsverbot aus § 14 UrhG ergebenden

---

114 Mauch, Beurteilung von Parodien, S. 192 m.w.N.

115 Marco Molina, Propiedad Intelectual, S. 360; Dietz, Urheberrecht in Spanien und Portugal, S. 35 Rn. 50.

116 So Dietz, Urheberrecht in Spanien und Portugal, S. 36 Rn. 52; Mauch, Beurteilung von Parodien, S. 194; Müller, Das neue spanische Urheberrecht, S. 52.

117 Übersetzung nach Müller, GRURInt 1997, 337 ff., leicht abgeändert durch Verf.

118 Mauch, Beurteilung von Parodien, S. 61; vgl. Rütz, WRP 2004, 323, 325.

119 Vgl. zu den Länderberichten Zweigert/Kötz, Rechtsvergleichung, S. 42.

Einschränkungen für den Parodisten für Werke (B) dargestellt. Schließlich werden die entwickelten Lösungsansätze für Parodien von Ton- und Filmträgern erläutert (C).

Im 3. Kapitel sind die Schranke der Parodie im spanischen Recht nach Art. 39 LPI und die Reichweite ihrer Tatbestandsmerkmale bei Werken (A) sowie Tonträgern und audiovisuellen Aufnahmen (B) darzustellen. Zudem werden die Auswirkungen des Entstellungsverbots aus Art. 14 Nr. 4 LPI bei Werken erläutert. Da der Parodiebegriff im spanischen Urheberrecht ein Rechtsbegriff ist, wird er nicht in einem vorangestellten Grundlagenteil, sondern im Rahmen der Prüfung der Tatbestandsmerkmale des Art. 39 LPI erörtert. Sinnvoll erscheint diese Vorgehensweise auch, weil der Parodiebegriff und die weiteren Tatbestandsmerkmale sich überschneiden, wie aus der Untersuchung hervorgehen wird.

Im 4. Kapitel werden die Gemeinsamkeiten und Unterschiede der Lösungen zunächst rechtsvergleichend herausgearbeitet und anschließend kritisch beleuchtet.

Schließlich sind im 5. Kapitel Schlüsse für das deutsche Recht zu ziehen und eine neue Parodieregelung zu entwickeln, die Werkvorlagen und leistungsschutzrechtlich geschützten Vorlagen in gleicher Weise gerecht wird.

2. Kapitel: Die Parodie im deutschen Urheberrecht

A) Grundlagen

Das deutsche Recht enthält keine ausdrückliche Regelung der Parodie, obwohl der Gesetzgeber bei der Umsetzung der Multimedia-RL Gelegenheit hierzu gehabt hätte.[120] Art. 5 III k) Multimedia-RL erlaubt den Mitgliedstaaten, Ausnahmen und Beschränkungen für die Nutzung zum Zwecke von Karikaturen, Parodien oder Pastiches zu regeln. Diese Regelung geht auf das französische Urheberrecht zurück,[121] die die drei Begriffe auf die drei Werkgattungen bildende Kunst (Karikatur), Musik (Parodie) sowie Literatur (Pastiche) bezieht.[122] Eine nähere Definition der Kunstformen findet sich in der Multimedia-RL hingegen nicht. Die Besonderheiten der Parodie sind aber in der Lehre und Rechtsprechung herausgearbeitet worden, auch wenn die Terminologie nicht einheitlich verwendet wird.

I. Die wesentlichen Merkmale einer Parodie

Die Rechtsprechung hat im Rahmen der urheberrechtlichen Beurteilung der Parodie schon früh betont, dass auf die in der Parodie liegenden Besonderheiten Rücksicht zu nehmen sei.[123] Die Darstellung der rechtlichen Probleme der Parodie setzt also das Verständnis dieser Besonderheiten voraus. Die Wirkung einer Parodie resultiert aus dem Zusammenspiel ihrer konstitutiven Elemente. Diese typischen Merkmale und damit einhergehend die Funktionsweise einer Parodie sind Gegenstand der nachfolgenden Darstellung.[124]

Allein die Bezeichnung als Parodie genügt jedenfalls nicht zur Begründung der Parodieeigenschaft.[125]

---

120 Die Richtlinie wurde durch das Gesetz zur Regelung des Urheberrechts in der Informationsgesellschaft in deutsches Recht umgesetzt, BGBl. Nr. 46 vom 12.09.2003, S. 1774 ff., ohne eine solche Regelung zu schaffen.

121 Bayreuther, ZUM 2001, 828, 836.

122 Colombet, Propriété littéraire et artistique, Rn. 234.

123 BGH NJW 1971, 2169, 2172 – Disney-Parodie; zustimmend: Platho, GRUR 1992, 360.

124 Zum kulturwissenschaftlichen Begriff der Parodie vgl. eingehend Hess, Urheberrechtsprobleme der Parodie, S. 63 ff.

125 BGH NJW 1971, 2169, 2171 – Disney-Parodie.

1. *Die Nachahmung einer Vorlage*

Zwingende Voraussetzung jeder Parodie ist die Nachahmung einer bereits existierenden Vorlage.[126] Man spricht daher auch immer von der Parodie eines Werks, einer Marke oder eines anderen Gegenstandes, den die Parodie als Vorlage benutzt. Aus diesem Grunde wird die Parodie manchmal auch als parasitär bezeichnet.[127] Sie benötigt einen „Wirt“: die Vorlage.

Im Rahmen der vorliegenden urheberrechtlichen Arbeit wird der Parodiebegriff stets auf eine Vorlage bezogen, die urheberrechtlich oder leistungsschutzrechtlich geschützt ist.

2. *Der Kontrast*

Aus der Bedeutung des Begriffs der Parodie, der gewöhnlich aus dem Griechischen mit „Gegensang“ übersetzt wird,[128] ergibt sich ihr zweites Element: der Kontrast. Die Parodie verändert die Vorlage und stellt dadurch einen Kontrast zu ihr her. Sie bedient sich des Kontrastes als Mittel, um sich mit einem bestimmten Bezugsgegenstand auseinanderzusetzen und Kritik daran zu üben. An die Kritik sind keine zu hohen Anforderungen zu stellen.[129] Es darf keine Inhalts- oder Niveaukontrolle stattfinden.[130]

Man kann zwischen Parodien unterscheiden, die das Originalwerk selbst oder dessen unmittelbares Umfeld kritisieren (direkte Parodien) und solchen, die das Originalwerk nur als „Waffe“ benutzen, um andere Gegenstände zu kritisieren (indirekte Parodien).[131]

a) Kontrast zur Vorlage bzw. dem Umfeld der Vorlage (direkte Parodie)

Teilweise wird die Auseinandersetzung mit dem parodierten Werk selbst für zwingend erforderlich gehalten.[132] Eine Auseinandersetzung allein mit der Person

---

126 Mauch, Beurteilung von Parodien, S. 12; Vinck, GRUR 1973, 251; Hefti, Parodie im Urheberrecht, S. 89, 95; vgl. von Becker, GRUR 2004, 104.

127 Mauch, Beurteilung von Parodien, S. 23.

128 Vgl. eingehend zur etymologischen Herleitung des Begriffes der Parodie Hess, Urheberrechtsprobleme der Parodie, S. 63 ff. m.w.N.

129 Hess, Urheberrechtsprobleme der Parodie, S. 97 f.

130 Becker, Parodie und Kommerz, S. 5.

131 Rütz, WRP 2004, 323, 324.

132 Dünnwald, AfP 1972, 274, 275; Nordemann, GRUR 1971, 590, 591; von Becker, GRUR 2004, 104, 106; Schack, Kunst und Recht, Rn. 361; Becker, Parodie und Kommerz, S. 5.

des Urhebers oder mit Dritten sei unzureichend.[133] Die Parodie richte sich gegen die Eigenheiten der Formgebung oder des Inhalts eines einzelnen Werks oder des gesamten Schaffens eines Schriftstellers oder Künstlers.[134]

In Anlehnung an die Rechtsprechung[135] wird teilweise auch die Bezugnahme auf das thematische Umfeld des Originalwerks für ausreichend gehalten.[136] So wurde etwa in der Entscheidung Gies-Adler der sog. Gies-Adler parodiert, das Wappentier des Deutschen Bundestages, um die Kritik nicht gegen den Gies-Adler als Werk, sondern gegen das Verhalten des Bundestages, den der Gies-Adler repräsentiert, zu richten.[137] Bei einer gegen die Vorlage oder ihr Umfeld gerichteten Kritik spricht man von einer Antithematik.[138] Dabei sei es ausreichend, dass die Kritik sich zumindest auch gegen die Vorlage richte.[139] Es genüge, wenn unter mehreren möglichen Interpretationen der Kritik eine auch gegen die Vorlage gerichtete Interpretation möglich sei.[140] Es müssten nicht sämtliche charakteristische Merkmale des Werks antithematisch behandelt werden.[141] Es reiche vielmehr bereits die Verfremdung einiger Merkmale.[142]

b) Kontrast zu sonstigem Bezugsgegenstand (indirekte Parodie)

Eine Parodie kann das Originalwerk auch lediglich verwenden, um einen ganz anderen Gegenstand zu kritisieren, der mit dem Originalwerk überhaupt nicht in Verbindung steht (indirekte/mittelbare Parodien).[143] Diese Formen der Parodie werden teilweise in den Parodiebegriff miteinbezogen.[144] Entscheidend sei lediglich, dass ein abstraktes Interesse an der Parodie bestehe.[145] In diesem Fall dient das Originalwerk lediglich als Mittel zum Zweck und ist austauschbar. Aus diesem

---

133 Schack, Urheberrecht, Rn. 280.

134 BGH NJW 1971, 2169, 2171 – Disney-Parodie; enger: BGH GRUR 1958, 354, 356 - Sherlock Holmes: Parodie sei die antithematische Behandlung des gleichen Stoffes.

135 BGH GRUR 2003, 956, 958 – Gies-Adler; enger zuvor BGH GRUR 1994, 206, 208 – Alcolix: Die Parodie setze sich mit dem Originalwerk auseinander.

136 Dreyer/Kotthoff/Meckel-Dreyer, § 24 Rn. 20.

137 BGH GRUR 2003, 956 ff. – Gies-Adler.

138 Hess, Urheberrechtsprobleme der Parodie, S. 99, 121.

139 Hess, Urheberrechtsprobleme der Parodie, S. 100.

140 Hess, Urheberrechtsprobleme der Parodie, S. 100, 121 f.

141 Hess, Urheberrechtsprobleme der Parodie, S. 122.

142 Hess, Urheberrechtsprobleme der Parodie, S. 122.

143 Becker, Parodie und Kommerz, S. 5 f.; Hess, Urheberrechtsprobleme der Parodie, S. 100 f. verwendet hierbei den Begriff der Kontrafaktur.

144 Vgl. etwa Becker, Parodie und Kommerz, S. 5 f.

145 Von Olenhusen/Ling, UFITA 2003/III, 695, 720.

Grunde wird teilweise für die Parodie zwingend eine Antithematik vorausgesetzt und es wird die indirekte Parodie aus dem Parodiebegriff herausgenommen.[146]

3. Die Erkennbarkeit der Vorlage und des Kontrastes

Die Parodie ist nur verständlich, wenn sowohl die Vorlage als auch der Kontrast erkennbar ist.

Die Erkennbarkeit der Vorlage wird durch ihre Nachahmung, die Erkennbarkeit des Kontrastes durch ihre Veränderung erreicht. Der Parodie muss also ein „Spagat" gelingen, indem sie einerseits durch die Nachahmung die Nähe zum Originalwerk sucht, andererseits durch die Veränderung einen ausreichenden Abstand zum Originalwerk einhält.[147]

a) Erkennbarkeit der Vorlage

Einhellig wird die Erkennbarkeit der Vorlage in der Parodie für notwendig gehalten.[148] Diese Erkennbarkeit kann scheitern, wenn etwa zu wenige Bestandteile des Originalwerks nachgeahmt werden[149] oder der Parodist die Anspielung nicht deutlich genug hervorhebt.

b) Erkennbarkeit des Kontrastes

Gleichzeitig muss der Kontrast zur Vorlage erkennbar sein. Es muss also erkennbar sein, dass es sich nicht um das Originalwerk, sondern um die Parodie desselben handelt.[150] Die fehlende Distanzierung vom Originalwerk und ein zu schwach ausgestalteter Kontrast können dazu führen, dass der Kontrast nicht erkennbar ist.[151] Dann besteht die Gefahr, dass die Parodie mit dem Originalwerk verwechselt wird (Verwechslungsgefahr).[152]

---

146 Hess, Urheberrechtsprobleme der Parodie, S. 121; vgl. BGH NJW 1971, 2169, 2171 – Disney-Parodie: Kennzeichen der Parodie sei in der Regel die antithematische Behandlung.

147 Vgl. Mauch, Beurteilung von Parodien, S. 13.

148 Vinck, GRUR 1973, 251, 252; Schmieder, UFITA 80 (1977), 127, 136; von Olenhusen/Ling, UFITA 2003/III, 695, 714 für die „gelungene" Parodie; Ruijsenaars, GRURInt 1993, 918, 932; Hess, Urheberrechtsprobleme der Parodie, S. 115 ff.; Becker, Parodie und Kommerz, S. 5; Nordemann, GRUR 1971, 590, 591; Platho, GRUR 1992, 360.

149 Hess, Urheberrechtsprobleme der Parodie, S. 116.

150 Rütz, WRP 2004, 323, 324; vgl. Hess, Urheberrechtsprobleme der Parodie, S. 115 f.

151 Vgl. Hess, Urheberrechtsprobleme der Parodie, S. 117.

152 Hess, Urheberrechtsprobleme der Parodie, S. 117.

c) Voraussetzung und Beurteilungsperspektive

aa) Der notwendige Bezug zu den Eigenheiten der Vorlage

Um die Wiedererkennung zu ermöglichen, muss die Parodie sich gerade auf die Eigenheiten des Originalwerks beziehen, die seine künstlerische Identität ausmachen.[153]

Verständlich wird dies, wenn wir an die Karikatur einer Person denken. Hier wird der Karikaturist versuchen, die Eigenheiten der Person, wie etwa eine große Nase oder große Ohren nachzuahmen und zu übertreiben. Bezieht er sich nicht auf die persönlichen Eigenheiten, wird die Wiedererkennung der Person naturgemäß nicht gelingen.

Ebenso verhält es sich mit Werkvorlagen. Der Parodist muss sich auf die Eigenheiten, die Identität, die Essenz des Werkes beziehen und diese verändern oder in einem anderen Zusammenhang darstellen. Gerade hier wird das juristische Problem von Parodien geschützter Werke deutlich: Der Parodist ist gezwungen, die individuellen, eigenschöpferischen Werkteile zu entlehnen, die die Identität des Werkes ausmachen, und die urheberrechtlich geschützt sind.[154] Er kann also nicht darauf verwiesen werden, er könne sich auf ungeschützte Werkteile beziehen, denn dies würde ihm seine Arbeit unmöglich machen.[155]

Zudem will der Parodist sich ja gerade mit dem Eigentümlichen der Vorlage auseinandersetzen.[156]

bb) Die maßgebliche Beurteilungsperspektive

Die Parodie müsse nicht von sämtlichen Personen als solche verstanden werden.[157] Vielmehr sei auf das vom Parodisten bedachte Publikum abzustellen.[158] Ob eine Parodie vorliege, sei im Einzelfall objektiv danach zu entscheiden, ob die antithematische Behandlung für denjenigen erkennbar sei, dem das parodierte Werk bekannt sei und der das für die Wahrnehmung der Parodie erforderliche intellektuelle Verständnis besitze.[159] Die Kenntnis der Vorlage ist

---

153 Vgl. Platho, GRUR 1992, 360; vgl. BGH NJW 1971, 2169, 2171 f. – Disney-Parodie; Ruijsenaars, GRUR Int 1993, 918, 919; Becker, Parodie und Kommerz, S. 7.

154 Platho, GRUR 1992, 360, 361.

155 Hefti, Parodie im Urheberrecht, S. 95; Chakraborty, Freie Benutzung, S. 102; a.A. BGH NJW 1971, 2169, 2172 – Disney-Parodie: es sei nicht immer die Verwendung geschützter Teile des Originalwerks erforderlich.

156 Hefti, Parodie im Urheberrecht, S. 96.

157 BGH GRUR 1971, 2169, 2171 – Disney-Parodie.

158 Ruijsenaars, GRUR Int 1993, 918, 919.

159 BGH GRUR 1971, 2169, 2171 – Disney-Parodie; Hess, Urheberrechtsprobleme der Parodie, S. 116.

notwendig,[160] damit die Adressaten die Anspielung auf dieselbe erkennen.[161] Die Parodie wäre sonst nicht als solche erkennbar, sondern unverständlich.[162]

4. *Die humoristische Wirkung*

Sofern dem Parodisten das oben genannte „Kunststück" gelingt, dass einerseits das Originalwerk in der Parodie wiedererkennbar ist, andererseits der Unterschied zu diesem erkennbar ist, wird der Rezipient die Diskrepanz zwischen der Vorlage und der Parodie erkennen und eine humoristische Wirkung entsteht.[163]

Sofern ihm dieses „Kunststück" hingegen nicht gelingt, ist die Parodie unverständlich und daher misslungen. Die Parodie verfehlt dann ihre beabsichtigte Wirkung und ist nicht komisch.

Die resultierende Komik ist also ein zwingendes Erfordernis der Parodie.[164] Daran sind jedoch keine zu strengen Anforderungen zu stellen.[165]

II. Abgrenzung – Pastiche, Satire, Karikatur

Die oben genannten typischen Merkmale Nachahmung,[166] Kontrast, Erkennbarkeit und humoristische Wirkung sind nicht nur für die Parodie, sondern auch für die anderen humoristischen Kunstformen des Pastiches, der Satire sowie der Karikatur typisch. Diese Merkmale bieten gleichzeitig einen möglichen Anhaltspunkt für eine Abgrenzung. Dabei kann festgestellt werden, dass einerseits die Begrifflichkeiten nicht einheitlich verwendet werden, andererseits keine einheitlichen Abgrenzungskriterien herangezogen werden. Die Beurteilung wird weiter dadurch erschwert, dass zum Teil eine humoristische Kunstform unter Rückgriff auf eine andere definiert wird.[167]

---

160 Ruijsenaars, GRUR Int 1993, 918, 919; Dreier/Schulze-Schulze, § 24 Rn. 25; Vinck, GRUR 1973, 251, 253; Hess, Urheberrechtsprobleme der Parodie, S. 116.

161 Vinck, GRUR 1973, 251, 253; Mauch, Beurteilung von Parodien, S. 12 m.w.N.; Hess, Urheberrechtsprobleme der Parodie, S. 94 f., 116; Rütz, WRP 2004, 323, 324.

162 Vinck, GRUR 1973, 251.

163 Vgl. Hefti, Parodie im Urheberrecht, S. 120.

164 Hefti, Parodie im Urheberrecht, S. 120; Hefti, Parodie im Urheberrecht, S. 91 spricht von einer Kontrafaktur, wenn alle Elemente der Parodie außer der Komik vorliegen.

165 Hefti, Parodie im Urheberrecht, S. 120 spricht von Abstufungen von „milder Komik" bis zu „komischen Knalleffekten".

166 Hess, Urheberrechtsprobleme der Parodie, S. 101 schlägt für die Kunstformen Pastiche, Karikatur, Parodie, Kontrafaktur und Travestie den Oberbegriff der Nachahmung vor.

167 Vgl. etwa Dünnwald, AfP 1972, 274, 275: **Parodie** sei **Satire** mit dem Mittel des Wortes, des Tones, der Mimik oder der Gestik; BGH GRUR 1971, 2169, 2171 –

1. Nach der Vorlagengattung

Ein mögliches Abgrenzungskriterium stellt die (Werk)gattung der Vorlage dar. Wie oben festgestellt wurde, nimmt Art. 5 III k) Multimedia-Richtlinie diese Abgrenzung vor. Die drei Begriffe würden dann nach den drei Werkgattungen bildende Kunst (Karikatur), Musik (Parodie) sowie Literatur (Pastiche) abgegrenzt.[168] Die in der Multimedia-RL genannten Kunstformen werden dabei nur auf Werke oder leistungsschutzrechtlich geschützte Vorlagen bezogen.

2. Nach der Vorlagenart

Teilweise wird eine Abgrenzung nach der Art der Vorlage vorgenommen.[169] Als Vorlage einer Parodie könne ein konkretes Werk aller Kunstgattungen, eine Kunstrichtung, Gattungen und Stil, oder eine „Schule" einer Epoche dienen.[170] Wenn die charakteristischen Merkmale einer Person hingegen nachgeahmt würden, liege eine Karikatur vor.[171] Wenn eine Situation oder Bräuche nachgeahmt würden, liege eine Satire vor.[172]

3. Nach dem angegriffenen Bezugsgegenstand

Der Rechtsprechung lässt sich nicht klar entnehmen, anhand welcher Kriterien eine Abgrenzung zwischen den humoristischen Kunstformen zu erfolgen hat. Teilweise nimmt sie eine Abgrenzung nach dem Bezugsgegenstand der Kritik vor. Während bei der Parodie das ältere Werk selbst Gegenstand einer kritisch-humorvollen, ironischen Auseinandersetzung sei, betreffe die Karikatur nicht das ältere Werk selbst, sondern vielmehr den Gegenstand, der in dem älteren Werk dargestellt werde.[173] In der gleichen Entscheidung behauptet der BGH

Disney-Parodie: Die **Parodie** behalte meist Stil und Manier des Vorbildes bei, schiebe diesem aber einen nicht mehr entsprechenden Inhalt unter, wodurch die angegriffenen Eigenschaften ins Komische oder **Satirische** gezogen werden (Hervorhebungen durch den Verf.).

168 Siehe oben 2. Kap. A).

169 Vgl. demgegenüber Vinck, GRUR 1973, 251: Vorlage einer Parodie könne ein geschichtliches Ereignis, eine bestimmte Person oder ein Werk sein.

170 Hess, Urheberrechtsprobleme der Parodie, S. 95.

171 Hess, Urheberrechtsprobleme der Parodie, S. 95; Hefti, Parodie im Urheberrecht, S. 89, der auch die menschlichen Charaktereigenschaften einbezieht.

172 Hess, Urheberrechtsprobleme der Parodie, S. 95; vgl. BGH GRUR 2008, 693, 696 – TV-Total: satirische Darstellung der zunehmenden Niveaulosigkeit des deutschen Fernsehprogramms.

173 BGH GRUR 2003, 956, 958 – Gies-Adler.

jedoch, die streitgegenständliche Abbildung bediene sich sowohl der Mittel der Parodie als auch der Karikatur,[174] obwohl sie keine Auseinandersetzung mit dem Originalwerk beinhaltete.

III. Exkurs: Das Plagiat

Das Plagiat ist kein Rechtsbegriff.[175] Ein Plagiat aus gemeinfreien Quellen ist urheberrechtlich zulässig.[176] Plagiat sei geistiger Diebstahl und liege vor, wenn fremdes Geistesgut als eigenes ausgegeben werde.[177] Auch der Regierungsentwurf zum UrhG spricht im Rahmen des § 23 UrhG von einem Plagiat, wenn der Verfasser das Ergebnis der Arbeit als eigenes ausgeben wolle.[178]

Im Gegensatz zum Plagiat nehme die Parodie offen[179] und erkennbar auf die Vorlage Bezug.[180] Der Plagiator hingegen verschleiere bewusst die Abhängigkeit vom Originalwerk.[181]

IV. Zusammenfassung

Die Parodie wird durch vier Elemente charakterisiert: die Nachahmung, den Kontrast, die Erkennbarkeit der Nachahmung und des Kontrastes sowie die Komik. Die Komik resultiert daraus, dass sowohl die Anspielung auf die Vorlage als auch der Kontrast durch den Betrachter erkannt und verstanden werden.

Vorliegend soll eine Abgrenzung danach erfolgen, ob eine urheber- bzw. leistungsschutzrechtlich geschützte Vorlage verwendet wird. Dabei wird nur der Begriff der Parodie verwendet. Mit diesem Begriff wird hierbei sowohl die unmittelbare als auch die mittelbare Parodie bezeichnet. Die weitere Unterscheidung zwischen Parodie, Pastiche und Karikatur, wie sie Art. 5 III k) Multimedia-RL vornimmt, erscheint hingegen nicht notwendig, da keine unterschiedlichen Rechtsfolgen daran geknüpft werden.[182] Stattdessen soll – sofern eine Konkretisierung notwendig erscheint – der Begriff der musikalischen, literarischen oder sonstigen Art von Parodie verwendet werden.

---

174 BGH GRUR 2003, 956, 958 – Gies-Adler.

175 Ulmer, Urheber- und Verlagsrecht, S. 273; Schack, Kunst und Recht, Rn. 334.

176 Ulmer, Urheber- und Verlagsrecht, S. 273.

177 Ulmer, Urheber- und Verlagsrecht, S. 273; Dreier/Schulze-Dreier, § 51 Rn. 3.

178 RegE, BT-Drs, IV/270, S. 51.

179 Von Becker, GRUR 2004, 104.

180 Hess, Urheberrechtsprobleme der Parodie, S. 115.

181 Ulmer, Urheber- und Verlagsrecht, S. 272.

182 Art. 5 III k) Multimedia-RL behandelt Parodie, Pastiche und Karikatur gleich.

B) Werkschutz

Das deutsche Urheberrecht enthält für Parodien keine Spezialregelung.[183] Daher ist ihre urheberrechtliche Zulässigkeit danach zu beurteilen, ob eine freie Benutzung nach § 24 I UrhG oder ein Zitat nach § 51 UrhG vorliegt.[184] Auf der anderen Seite kann der Entstellungsschutz des Schöpfers der Vorlage nach § 14 UrhG eine Einschränkung des Parodisten bedeuten.

I. Freie Benutzung, § 24 UrhG

1. Sinn und Zweck

Der Sinn und Zweck des § 24 I UrhG besteht darin, einen Anreiz zu neuen Schöpfungen zu schaffen,[185] die auf vorhandenen Schöpfungen basieren,[186] und den kulturellen Fortschritt dadurch zu fördern.[187] Kulturelles Schaffen wäre ohne ein Aufbauen auf den früheren Leistungen anderer in vielen Fällen undenkbar[188] und unmöglich.[189] Durch die Ermöglichung der freien Benutzung soll dem Benutzer jedoch nicht die eigene schöpferische Arbeit erspart werden.[190]

---

183 BGH NJW 1971, 2169, 2171 – Disney-Parodie; Mauch, Beurteilung von Parodien, S. 34 m.w.N.

184 Es können natürlich auch andere Schranken wie etwa § 50 UrhG im Einzelfall eingreifen.

185 Hefti, Parodie im Urheberrecht, S. 101; BGH GRUR 1958, 500, 502 – Mecki Igel I zur Vorgängerregelung § 16 KUG.

186 Die Vorläuferregelungen fanden sich in § 13 LUG und § 16 KUG und stimmten mit § 24 UrhG inhaltlich überein: so ausdrücklich BT-Drs. IV/270, S. 51; § 13 I LUG bestimmte: „Unbeschadet der ausschließlichen Befugnisse, die dem Urheber nach § 12 Abs. 2 zustehen, ist die freie Benutzung seines Werkes zulässig, wenn dadurch eine eigenthümliche Schöpfung hervorgebracht wird.“, ähnlich die damalige Regelung des § 16 KUG: „Die freie Benutzung eines Werkes ist zulässig, wenn dadurch eine eigentümliche Schöpfung hervorgebracht wird.“

187 Hefti, Parodie im Urheberrecht, S. 101.

188 Mauch, Beurteilung von Parodien, S. 35; Vogel, FS Loewenheim, 367, 371; Rehbinder, Urheberrecht, Rn. 376; Schricker-Loewenheim, § 24 Rn. 2; Loewenheim-Loewenheim, Handbuch des Urheberrechts, § 8 Rn. 9; Vinck, GRUR 1973, 251, 252.

189 Dreier/Schulze-Schulze, § 24 Rn. 1: Werke entstünden meistens nicht in einem luftleeren Raum.

190 BGH GRUR 1958, 500, 502 - Mecki-Igel I zur Vorgängerregelung § 16 KUG; BGH GRUR 1981, 267, 269 - Dirlada.

Zwar kann die Anregung zu kulturellem Schaffen auch Gemeingut entstammen,[191] das urheberrechtlich nicht oder nicht mehr geschützt ist. Oft dienen jedoch geschützte Werke als Inspirationsquelle für neue Werke. Diese neuen Schöpfungen bauen zwar auf geistigem Schaffen anderer auf, enthalten aber ihrerseits ebenfalls eine eigene geistige Leistung und bereichern dadurch das kulturelle Leben.

Schließlich konnte auch der Originalurheber selbst auf bestehende Werke zurückgreifen[192] und sich dabei auf § 24 I UrhG berufen.

2. *Abgrenzung zu verwandten Rechtsfiguren*

Fremde geistige Leistung kann mit verschiedener Intensität in Anspruch genommen werden.

Die stärkste Intensität weist die unveränderte Übernahme auf. Diese ist eine **Vervielfältigung**, deren Herstellung allein dem Originalurheber vorbehalten ist, § 15 I Nr 1 i.V.m. § 16 UrhG.[193]

In geringerem Maße wird bei der **Bearbeitung oder anderen Umgestaltung**[194] nach § 23 S. 1 UrhG fremde geistige Leistung in Anspruch genommen. Hierbei wird das Originalwerk in nicht nur unerheblichem Umfang verändert.[195] Die Veröffentlichung oder Verwertung der Bearbeitung oder Umgestaltung ist grundsätzlich nur mit Zustimmung des Originalurhebers zulässig, § 23 S. 1 UrhG.[196] Das Bearbeitungsrecht stellt ein selbstständiges Verwertungsrecht

---

191 Zum Begriff des frei benutzbaren Gemeinguts vgl. Schricker-Loewenheim, § 24 Rn. 3 ff.

192 Dreier/Schulze-Schulze, § 24 Rn. 1; Schricker-Loewenheim, § 23 Rn. 2 UrhG; Loewenheim-Loewenheim, Handbuch des Urheberrechts, § 8 Rn. 9.

193 Schricker-Loewenheim, § 3 Rn. 5, § 23 Rn. 7 UrhG.

194 Auch die Bearbeitung oder Umgestaltung ist im Grunde eine Vervielfältigung des Originalwerks in abgewandelter Form. Aus Klarheitsgründen sollte aber hier nur von einer Bearbeitung oder Umgestaltung gesprochen werden.

195 Schricker-Loewenheim, § 23 Rn. 7, 13.

196 Der Regierungsentwurf zum UrhG unterscheidet zwischen Bearbeitungen im eigentlichen Sinne und Umarbeitungen, die keine Bearbeitungen im eigentlichen Sinne darstellen. Erstere verfolgen den Zweck, das Werk bestimmten Verhältnissen anzupassen. Hierbei wolle der Bearbeiter die Identität des Ursprungswerks erhalten und nur die Verwertungsmöglichkeiten desselben erweitern. Eine Umarbeitung liege im Falle eines Plagiats oder einer gescheiterten freien Benutzung vor, bei dem der Bearbeiter sich vom Vorbild nicht genügend freimachen könne, RegE, BT-Drs, IV/270, S. 51.

des Originalurhebers dar.[197] Sofern die Umgestaltung eine persönliche geistige Schöpfung i.S.d. § 2 II UrhG ist, erlangt der Bearbeiter ein eigenes, selbstständiges Urheberrecht an der Bearbeitung nach § 3 UrhG, sodass der Originalurheber seinerseits die Bearbeitung nur mit Zustimmung des Bearbeiters verwerten darf.

Die geringste Intensität weist die freie Benutzung nach § 24 I UrhG auf. Dem Grunde nach[198] liegt keine Bearbeitung oder Umgestaltung, sondern eine **freie Benutzung** nach § 24 I UrhG vor, wenn das Originalwerk nicht verändert, sondern nur als Anregung für eigenes Werkschaffen verwendet wird.[199] Die Veröffentlichung und Verwertung des dabei entstehenden Werks bedarf keiner Zustimmung des Originalurhebers, § 24 I UrhG. Für die Herstellung des Werkes ist – im Gegensatz zu § 16 UrhG – grundsätzlich keine Einwilligung erforderlich.[200] Ausnahmsweise ist in den Fällen des § 23 S. 2 UrhG, zu denen u.a. die Verfilmung eines Werkes gehört,[201] bereits für die Herstellung der Bearbeitung oder Umgestaltung die Einwilligung des Originalurhebers notwendig. Auch im Falle des § 23 S. 2 UrhG ist § 24 I UrhG anwendbar. § 24 I UrhG regelt seinem Wortlaut nach zwar nur die Veröffentlichung und Verwertung des Werkes. Wenn aber die Herstellung im Falle einer freien Benutzung bereits der Zustimmung bedürfte, würde die zustimmungsfreie Verwertungs- und Veröffentlichungsmöglichkeit durch die zustimmungspflichtige Herstellung leerlaufen.

3. *Voraussetzungen nach § 24 I UrhG*

Nach § 24 I UrhG kann ein selbstständiges Werk, das in freier Benutzung des Werkes eines anderen geschaffen worden ist, ohne Zustimmung des Urhebers des benutzten Werkes veröffentlicht und verwertet werden.

---

197 So die überwiegende Auffassung: vgl. Schricker-Schulze, § 23 Rn. 9 f. m.w.N.

198 Die komplexen Voraussetzungen und Abgrenzungskriterien der freien Benutzung werden unter 2. Kap. B) I. 3. dargestellt.

199 BGH GRUR 1994, 191, 193 – Asterix-Persiflagen; BGH GRUR 1999, 984, 987 – Laras Tochter; BGH GRUR 2003, 956, 958 – Gies-Adler; Schricker-Loewenheim, § 23 Rn. 8.

200 RegE, BT-Drs. IV/270, S. 51; Schricker-Loewenheim, § 23 Rn. 19 UrhG.

201 Der Entwurf zum Urheberrechtsgesetz führt drei Gründe für die Zustimmungsbedürftigkeit der Verfilmung an: diese erfolge gewöhnlich nicht im privaten Bereich, werde meist von einer gewerblichen Verwertungsabsicht begleitet und sei aufgrund der hohen Herstellungskosten ohnehin wirtschaftlich darauf angewiesen, vor der Herstellung im Voraus die Zustimmung einzuholen, BT-Drs. IV/270, S. 51.

a) Benutzung des Werkes eines anderen und Schaffung eines neuen Werkes

Die Benutzung setzt die Kenntnis vom Originalwerk und das bewusste oder unbewusste Zurückgreifen auf das Originalwerk voraus.[202] Nicht nur das Originalwerk als solches, sondern auch die entlehnten Werkteile müssen urheberrechtlich geschützt sein.[203] Als Werk eines anderen i.S.d. § 24 I UrhG ist auch das eigene Werk des Urhebers anzusehen, an denen Dritten Nutzungsrechte zustehen.[204] Da nach § 23 S. 1 UrhG grundsätzlich deren Einwilligung erforderlich ist,[205] muss der Urheber sich auch auf § 24 I UrhG berufen können, wenn er nicht schlechter gestellt werden soll als ein beliebiger Dritter, der das Werk benutzt.[206]

Die Benutzung eines Werks liegt bei der Parodie vor, da der Parodist das Originalwerk, auf das er sich bezieht, kennen muss und gleichzeitig auf die Übernahme geschützter Elemente des Originalwerks angewiesen ist.[207]

Die freie Benutzung muss ferner dazu führen, dass ein neues Werk geschaffen wird, das den Anforderungen des § 2 UrhG gerecht wird. Dies ist bei der Parodie regelmäßig zu bejahen.[208] Die schöpferische Leistung des Parodisten nach § 2 II UrhG liegt darin, dass er die Schwächen des Originalwerks oder des sonstigen Bezugsobjekts identifiziert und sie „komisierend" herausarbeitet.

b) Freie Benutzung des Originalwerks und Selbstständigkeit des neuen Werks

§ 24 I UrhG verlangt neben der freien Benutzung eines Werkes auch die Selbstständigkeit des dabei entstehenden Werkes. Seinem Wortlaut nach kann man dies so auslegen, dass sich die freie Benutzung auf die Art und Weise, die Selbstständigkeit hingegen auf das Ergebnis der Verwendung des fremden Werkes bezieht. Die Selbstständigkeit bedeutet die Unabhängigkeit vom Originalwerk.[209] In der Regel können die beiden Tatbestandsmerkmale einheitlich ausgelegt werden,

---

202 Hess, Urheberrechtsprobleme der Parodie, S. 35 m.w.N.

203 Dreier/Schulze-Schulze, § 24 Rn. 6; Hess, Urheberrechtsprobleme der Parodie, S. 145.

204 Vgl. Hess, Urheberrechtsprobleme der Parodie, S. 144 m.w.N.; bei der vertraglichen Einräumung von Nutzungsrechten verbleibt das Bearbeitungsrecht im Zweifel dem Urheber, § 37 I UrhG.

205 Dreyer/Kotthoff/Meckel-Dreyer, § 24 Rn. 10 m.w.N.

206 Dreyer/Kotthoff/Meckel-Dreyer, § 24 Rn. 10.

207 Hess, Urheberrechtsprobleme der Parodie, S. 144 f. einschränkend: „i.d.R."; vgl. oben A) I. 3. c) aa).

208 Hess, Urheberrechtsprobleme der Parodie, S. 146.

209 Dreyer/Kotthoff/Meckel-Dreyer, § 24 Rn. 7.

da eine ausreichende „Freiheit“ der Benutzung zur Selbstständigkeit des neuen Werkes führt. Die Selbstständigkeit kann also bejaht werden, wenn eine freie Benutzung vorliegt[210] und umgekehrt.[211] Schwierigkeiten ergeben sich hingegen bei der Kunstform der Parodie, die sowohl einen Abstand zur Vorlage herstellt, als auch auf die Nähe dazu nicht verzichten kann.[212]

aa) Grundsätzliches zur Beurteilung der freien Benutzung

Für die Beurteilung einer freien Benutzung ist zunächst durch einen Gesamtvergleich mit allen vorbekannten Gestaltungen festzustellen, durch welche objektiven Merkmale sich die schöpferische Eigenart des Originalwerks auszeichnet.[213] Dabei ist auf den Gesamteindruck der Gestaltung abzustellen.[214] Durch diesen Gesamtvergleich wird der Grad der Eigentümlichkeit und damit der Schutzumfang des Originalwerks bestimmt.[215]

In einem zweiten Schritt ist das Originalwerk mit dem neu entstandenen Werk zu vergleichen, um zu bestimmen, in welchem Umfang diese eigenschöpferischen Züge des Originalwerks übernommen wurden.[216] Im Rahmen dieses Vergleichs sind nur die Übereinstimmungen, nicht aber die Abweichungen zu berücksichtigen.[217] Da die Entnahme nicht geschützter Teile urheberrechtlich zulässig ist, sind nur die geschützten entlehnten Werkteile zu berücksichtigen.[218] Die Übernahme von Werkteilen, die dem Gemeingut angehören, ist auch ohne die Zustimmung des Originalurhebers zulässig, selbst wenn sie geschützten Werken entstammen.[219]

---

210 Vgl. Schricker-Loewenheim, § 24 Rn. 8; Hess, Urheberrechtsprobleme der Parodie, S. 146 f. prüft das Selbstständigkeitskriterium eigenständig, bejaht dieses bei der Parodie aber stets aufgrund der Antithematik und der damit verbundenen inhaltlichen Distanzierung vom Originalwerk.

211 Vgl. Dreyer/Kotthoff/Meckel-Dreyer, § 24 Rn. 7.

212 Siehe oben 2. Kap. A) I. 3 sowie die Stellungnahme unter 2. Kap. B) I. 3. c).

213 BGH GRUR 1980, 853, 854 – Architektenwechsel; BGH GRUR 1988, 533, 535 – Vorentwurf II; BGH GRUR 2004, 855, 857 – Hundefigur.

214 BGH GRUR 1980, 853, 854 – Architektenwechsel; BGH GRUR 2004, 855, 857 – Hundefigur.

215 vgl. BGH GRUR 1980, 853, 854 – Architektenwechsel; BGH GRUR 2004, 855, 857 – Hundefigur.

216 BGH GRUR 1988, 533, 535 – Vorentwurf II; BGH GRUR 2004, 855, 857 – Hundefigur.

217 BGH GRUR 1988, 533, 535 – Vorentwurf II; BGH GRUR 1994, 191, 193 – Asterix-Persiflagen.

218 Wandtke/Bulinger-Bullinger, § 24 Rn. 4; zur Vorgängerregelung § 13 LUG: BGH GRUR 1958, 402, 404 – Lili Marleen; BGH GRUR 1961, 631, 633 – Fernsprechbuch.

219 Rehbinder, Urheberrecht, Rn. 376; vgl. Rehbinder, Urheberrecht, Rn. 44 für einen Überblick über freie Quellen, die dem Gemeingut angehören.

Dabei ist keine zergliedernde Betrachtung,[220] sondern eine Gesamtschau aller entlehnten schöpferischen Züge vorzunehmen.[221]

bb) Die ursprüngliche, bis heute unveränderte Auslegung durch die Rechtsprechung

Nachdem auf diese Weise der Schutzumfang des Originalwerks und die maßgeblichen Entlehnungen feststehen, sind diese auf ein sog. Verblassen hin zu untersuchen. Angesichts der Individualität des neuen Werkes müssen die entlehnten eigenpersönlichen Züge des Originalwerks verblassen.[222] Entscheidend sei dabei der Abstand, den das neue Werk zu den eigenpersönlichen Zügen des Originalwerks einhalte.[223] Dieser hänge von der Gestaltungshöhe der Vorlage ab.[224] Je höher die schöpferische Eigenart des Originalwerks sei, desto weniger verblassten die übernommenen Eigenheiten in dem neuen Werk.[225] Je geringer die Schöpfungshöhe des Originalwerks sei, desto eher verblasse es gegenüber dem nachgeschaffenen Werk.[226]

Das Verblassen werde in der Regel dadurch erreicht, dass die entlehnten eigenpersönlichen Züge des Originalwerks in dem neuen Werk so zurückträten, dass

---

220 BGH GRUR 1987, 704, 705 – Warenzeichenlexika.

221 BGH GRUR 1987, 704, 705 – Warenzeichenlexika; BGH GRUR 1988, 533, 535 - Vorentwurf II; BGH GRUR 2004, 855, 857 - Hundefigur.

222 BGH NJW 1971, 2169, 2171 - Disney-Parodie; BGH GRUR 1980, 853, 854 - Architektenwechsel; BGH GRUR 1981, 352, 353 - Staatsexamensarbeit; BGH GRUR 1994, 206, 208 - Alcolix; BGH GRUR 1999, 984, 987 - Laras Tochte; BGH GRUR 2003, 956, 958 - Gies-Adler; BGH GRUR 2014, 258, 261 - Pippi-Langstrumpf-Kostüm; diese sog. Verblassensformel geht auf Ulmer, Urheber- und Verlagsrecht, S. 275 f. zurück: so ausdrücklich BGH GRUR 1961, 631, 632 – Fernsprechbuch; sie wurde bereits im Rahmen der Vorgängerregelung § 13 I LUG herangezogen: BGH GRUR 1958, 402, 404 – Lili Marleen; BGH GRUR 1961, 631, 632 – Fernsprechbuch.

223 BGH GRUR 1994, 191, 193 - Asterix-Persiflagen; BGH GRUR 1999, 984, 987 - Laras Tochter; BGH GRUR 2002, 799, 800 – Stadtbahnfahrzeug.

224 BGH GRUR 1991, 531, 532 - Brown Girl I; BGH GRUR 1991, 533, 534 - Brown Girl II.

225 BGH GRUR 1991, 531, 532 - Brown Girl I; BGH GRUR 1991, 533, 534 - Brown Girl II.

226 BGH GRUR 1991, 531, 532 - Brown Girl I; BGH GRUR 1991, 533, 534 - Brown Girl II; die andere Annahme, je höher die Individualität des neuen Werks sei, desto eher verblasse das Originalwerk, lässt sich m.E. entgegen Schricker-Loewenheim, § 24 Rn. 11 nicht den dort zitierten Entscheidungen entnehmen.

das Originalwerk nicht mehr in relevantem Umfang benutzt werde und nur noch als Anregung zu einem neuen, selbstständigen Schaffen erscheine.[227]

Für die Beurteilung der freien Benutzung sei nicht der Standpunkt eines Durchschnittsbetrachters maßgeblich, sondern vielmehr der eines Betrachters, der die Vorlage kenne und das für das neue Werk erforderliche intellektuelle Verständnis besitze.[228] Dies sei notwendig, um den Freiraum nach Art. 5 III 1 GG gerade für anspruchsvolleres künstlerisches Schaffen nicht zu sehr einzuengen.[229] Dabei sei kein zu milder Maßstab anzulegen.[230]

cc) Grundsätzliche Probleme bei der Anwendung des § 24 I UrhG auf die Parodie

Würde die Rechtsprechung tatsächlich diesen von ihr stets geforderten strengen Maßstab anlegen, müsste sie eigentlich zu dem Schluss kommen, dass im Falle der Parodie ein Verblassen der eigenpersönlichen Züge des Originalwerks ausgeschlossen ist.[231] Es läge somit eine zustimmungspflichtige Bearbeitung nach § 23 S. 1 UrhG vor.[232]

Andere Urheber schöpfen zwar ihre Inspiration aus fremden Werken, lösen sich dann aber von ihnen und erschaffen etwas völlig Selbstständiges. Die Verbindung zum Originalwerk verschwimmt bis zur Unkenntlichkeit, die Wesenszüge des Originalwerks verblassen. Diese Werke sind auch ohne das Originalwerk verständlich, benötigen dieses nicht für ihr Dasein und sind daher völlig von diesem unabhängig. Sie lösen sich genügend von der Vorlage und stellen auch unter Zugrundelegung eines strengen Maßstabes freie Benutzungen dar. Sofern

227 BGH GRUR 1994, 191, 193 - Asterix-Persiflagen; BGH GRUR 1994, 206, 208 - Alcolix; BGH GRUR 1999, 984, 987 - Laras Tochter; BGH GRUR 2003, 956, 958 - Gies-Adler; BGH GRUR 2014, 258, 261 - Pippi-Langstrumpf-Kostüm; Loewenheim-Loewenheim, Handbuch des Urheberrechts, § 8 Rn. 3, § 24 Rn. 10; Vinck, GRUR 1973, S. 252.

228 BGH GRUR 1994, 206, 209 – Alcolix; BGH GRUR 1994, 191, 194 – Asterix-Persiflagen; BGH GRUR 2000, 703, 706 - Mattscheibe.

229 BGH GRUR 1994, 206, 208 – Alcolix; BGH GRUR 1994, 191, 194 – Asterix-Persiflagen.

230 BGH GRUR 1958, 500, 502 – Mecki Igel I zur Vorgängerregelung § 16 KUG; BGH GRUR 1994, 191, 193 – Asterix-Persiflagen; BGH GRUR 1994, 206, 208 - Alcolix; BGH GRUR 1999, 984, 987 - Laras Tochter.

231 Platho, GRUR 1992, 360, 361; vgl. Hess, Urheberrechtsprobleme der Parodie, S. 40.

232 Platho, GRUR 1992, 360, 361; so auch Schack, Kunst und Recht, Rn. 359, der zwar erkennt, dass nach den herkömmlichen Maßstäben des Urheberrechts eigentlich eine Bearbeitung vorliege, aber die kritische Auseinandersetzung mit Kunst doch zulässig sein müsse.

die hinreichende Abstandnahme zum Originalwerk scheitert, sind sie hingegen als Bearbeitungen im Sinne des § 23 UrhG einzuordnen.[233]

Der Parodist kann sich hingegen nicht so stark vom Originalwerk lösen, dass ein Verblassen zu bejahen wäre, denn die Parodie ist auf einen erkennbaren Bezug zum Originalwerk angewiesen.[234] Um die Erkennbarkeit des Gegenstands ihrer humoristischen Kritik zu ermöglichen, muss die Parodie sich auf die Eigenheiten des Originalwerks beziehen, wie bereits festgestellt wurde.[235] Diese Eigenheiten, die eigenpersönlichen Züge, charakterisieren das Originalwerk und unterscheiden es von den übrigen Werken. Sie führen zur Identifizierbarkeit desselben. Sie sind wie ein Fingerabdruck, wie die wesentlichen Gesichtszüge einer Person, anhand derer wir sie wiedererkennen.

Würde man die Verblassensformel auf die Parodie anwenden, müsste man daher feststellen, dass das Originalwerk nicht verblassen kann und eine freie Benutzung unmöglich ist.[236] Würden die wesentlichen Züge des Originalwerks, die dasselbe gerade charakterisieren, in der Parodie verblassen, könnte der Adressat der Parodie das Originalwerk nicht erkennen und die Parodie wäre unverständlich und daher nicht komisch.[237] Aus diesem Grunde behaupten die Kritiker, dass eine Parodie nie vollkommen selbstständig im Vergleich zum Originalwerk sei, und dass sie daher keine freie Benutzung des Originalwerks darstelle.[238] Es sei für die Parodie meistens unmöglich, einen ausreichenden Abstand zur Vorlage einzuhalten.[239]

dd) Anpassung der Bewertungsmaßstäbe durch die Rechtsprechung – Abschwächung des Verblassensbegriffs

Der BGH erkannte diese Anwendungsschwierigkeiten des § 24 I UrhG und versuchte, seine Rechtsprechung und die Verblassensformel infolgedessen immer weiter an die Besonderheiten der Parodie anzupassen.[240] Gleichzeitig betonte er

233 So auch der RegE zum UrhG, RegE, BT-Drs, IV/270, S. 51.

234 Vgl. Mauch, Beurteilung von Parodien, S. 38 f.; vgl. oben A) I. 3. a).

235 Vgl. oben A) I. 3. c) aa).

236 Chakraborty, Freie Benutzung, S. 108; Platho, GRUR 1992, 360 f.

237 Mauch, Beurteilung von Parodien, S. 38; vgl. oben A) I. 4.

238 Platho, GRUR 1992, 360, 361; Mauch, Beurteilung von Parodien, S. 39; Vinck, GRUR 1973, 252.

239 Mauch, Beurteilung von Parodien, S. 39.

240 Zur Entwicklung der Verblassensformel in der Rechtsprechung des BGH vgl. auch Mauch, Beurteilung von Parodien, S. 39 ff.

aber stets, dass seine Rechtsprechungsgrundsätze nicht nur auf die Parodie anwendbar seien,[241] da der Parodie keine Sonderstellung zukomme.[242]

(1) Erforderlichkeitskriterium

Es sei entscheidend, inwieweit die Entlehnung zur Erreichung der parodistischen Wirkung erforderlich sei.[243] Der entlehnte Teil dürfe nur Anknüpfungspunkt und notwendiges Mittel für die Parodie sein.[244] Dabei müsse der entlehnte Teil nicht bis zum Verblassen zurücktreten.[245]

Das Erforderlichkeitskriterium wurde in der Literatur kritisiert. Es finde im Gesetz keine Stütze[246] und sei in der Praxis unbrauchbar, da es nicht möglich sei, festzustellen, wann zu viele geschützte Elemente übernommen worden seien.[247] Auch sei die humoristische Wirkung nicht vom Umfang der Entlehnungen abhängig.[248]

Schließlich gab auch der BGH das Erforderlichkeitskriterium auf. Ein solches Kriterium entspreche nicht dem Wesen eigenschöpferischer Werke, da bei diesen stets das eingesetzte Mittel – wie etwa die Übernahme von Werkteilen – für die beabsichtigte Wirkung im eigentlichen Sinne erforderlich sei.[249]

(2) Verblassen im uneigentlichen Sinne - innerer Abstand

Der BGH gab auch später den Verblassensbegriff zwar nicht auf, verlangte fortan aber nicht mehr, dass die eigenpersönlichen Züge des Originalwerks in einem eher wörtlichen Sinn verblassten und in dem neuen Werk so zurückträten, dass das ältere Werk in dem neuen nur noch schwach durchschimmere.[250] Andernfalls werde die künstlerische Auseinandersetzung mit Werken zu sehr beschränkt.[251]

---

241 BGH GRUR 1994, 191, 193 – Asterix-Persiflagen.

242 BGH NJW 1971, 2169, 2171 – Disney-Parodie.

243 BGH NJW 1971, 2169, 2172 – Disney-Parodie; zustimmend: Vinck, GRUR 1973, 251, 253: der Parodist müsse sich von der Vorlage lösen, sobald die Bezugnahme auf das Originalwerk erkennbar sei.

244 BGH NJW 1971, 2169, 2172 - Disney-Parodie.

245 BGH NJW 1971, 2169, 2172 - Disney-Parodie.

246 Nordemann, GRUR 1971, 590, 591; so wohl auch der BGH später in BGH GRUR 2000, 703, 704 – Mattscheibe: „über die Anforderungen des § 24 UrhG hinaus".

247 Hefti, Parodie im Urheberrecht, S. 97.

248 Hefti, Parodie im Urheberrecht, S. 98.

249 BGH GRUR 2000, 703, 704 – Mattscheibe.

250 BGH GRUR 1994, 206, 208 – Alcolix; BGH GRUR 1994, 191, 193 – Asterix-Persiflagen; BGH GRUR 2014, 258, 261 – Pippi-Langstrumpf-Kostüm.

251 BGH GRUR 1994, 191, 193 - Asterix-Persiflagen.

Auch bei der Parodie sei zwar stets zu prüfen, ob eine freie Benutzung nach § 24 UrhG vorliege. Selbst bei deutlichen Übernahmen und der Erkennbarkeit des alten Werkes könne der Abstand aber durch einen so großen inneren Abstand eingehalten werden, dass das neue Werk seinem Wesen nach als selbstständig anzusehen sei.[252] In diesem Falle verblassten in einem weiteren Sinn die eigenpersönlichen Züge des älteren Werks und würden von dessen eigenschöpferischem Gehalt überlagert.[253] In der Regel werde der innere Abstand bei weitgehenden Übernahmen der Formgestaltung durch eine Auseinandersetzung mit dem älteren Werk hergestellt, was jedoch nur einer der möglichen Fälle sei.[254]

(3) Innerer Abstand der Parodie durch antithematischen Bezug

Der innere Abstand könne bei der „Karikatur“ und der „Parodie“ trotz der äußeren Übereinstimmungen im Allgemeinen durch die antithematische Behandlung des benutzten Materials hergestellt werden.[255] Auch Übereinstimmungen seien im Rahmen einer antithematischen Auseinandersetzung zulässig und hinzunehmen.[256]

Der innere Abstand ist im Sinne einer inhaltlichen Distanzierung von der Vorlage zu verstehen. Das neue Werk macht sich das Originalwerk nicht zu eigen, sondern möchte sich von diesem unterscheiden und abheben. Dies kann es durch eine Kritik des Originalwerks erreichen sowie durch einen Kontrast. Obwohl äußerliche Entlehnungen und Übereinstimmungen vorliegen und ein äußerer Abstand ausscheidet, ist dennoch objektiv erkennbar, dass das neue Werk sich vom Originalwerk inhaltlich distanziert.

(4) Gegenstand der antithematischen Behandlung nicht nur das Originalwerk

Die Kritik müsse sich nicht notwendigerweise auf das benutzte Werk selbst, sondern könne sich auch auf dessen thematisches Umfeld beziehen.[257]

---

252 BGH GRUR 1994, 206, 208 - Alcolix; BGH GRUR 1994, 191, 193 - Asterix-Persiflagen; BGH GRUR 1999, 984, 987 - Laras Tochter; BGH GRUR 2003, 956, 958 - Gies-Adler; BGH GRUR 2014, 258, 261 - Pippi-Langstrumpf-Kostüm.

253 BGH GRUR 1994, 206, 208 - Alcolix; BGH GRUR 1994, 191, 193 - Asterix-Persiflagen; BGH GRUR 1999, 984, 987 - Laras Tochter; BGH GRUR 2003, 956, 958 - Gies-Adler.

254 BGH GRUR 1994, 206, 208 - Alcolix; BGH GRUR 1994, 191, 193 - Asterix-Persiflagen; vgl. BGH GRUR 2014, 258, 261 - Pippi-Langstrumpf-Kostüm.

255 BGH GRUR 2003, 956, 958 - Gies-Adler; BGH GRUR 2014, 258, 261 - Pippi-Langstrumpf-Kostüm.

256 BGH GRUR 2003, 956, 958 - Gies-Adler.

257 BGH GRUR 2003, 956, 958 - Gies-Adler.

ee) Zustimmung zur Rechtsprechung und Sonderlösungen in der Literatur
Auch die Literatur betrachtet die Parodie überwiegend als Problem der freien Benutzung nach § 24 I UrhG[258] und schließt sich der Rechtsprechung an.

(1) Berücksichtigung wirtschaftlicher Kriterien?
Im Gegensatz zur Rechtsprechung und herrschenden Auffassung werden von einem Teil der Literatur auch wirtschaftliche Überlegungen im Rahmen des § 24 I UrhG berücksichtigt.[259] Werkschaffen erfolge nicht zweckfrei, sondern habe in aller Regel den Sinn, den Lebensunterhalt des Urhebers zu finanzieren.[260] Dem Kunstmarkt und der ökonomischen Dimension künstlerischen Schaffens komme eine steigende Bedeutung zu.[261] Der notwendige Abstand zum Originalwerk könne sich daher auch daraus ergeben, dass die Parodie nicht im Wettbewerb zum Originalwerk stehe.[262] Die Parodie dürfe kein Ersatz für das Originalwerk sein und auch nicht dessen potentielle Verwertung beeinträchtigen.[263] Sie müsse sich so stark von der Vorlage unterscheiden, dass eine Verwechslung ausgeschlossen sei und andere Konsumentenkreise ansprechen.[264] Es sei zu prüfen, ob die Abnehmer aufgrund des Erwerbs der Parodie auf den Erwerb des Originals verzichten würden.[265] Sofern der wirtschaftliche Erfolg der Parodie keinen Einfluss auf das Originalwerk habe, sei kein schutzwürdiges Interesse des Originalurhebers betroffen.[266]

Dem wird entgegengehalten, dass ein fehlender Urheberrechtsschutz nicht durch eine fehlende Konkurrenz ersetzt werden könne.[267] Die persönliche Individualität des Schöpfers, nicht aber die wirtschaftliche Verwertbarkeit führe zur Schutzfähigkeit von Werken.[268] Zudem bemesse sich der urheberrechtliche

---

258 Dreier/Schulze-Schulze, § 24 Rn. 25; Möhring/Nicolini-Ahlberg, § 24 Rn. 26 ff; Nordemann, GRUR 1971, 590, 591; Rütz, WRP 2004, 323, 330; Schricker-Loewenheim, § 24 Rn. 10 ff.; Wandtke/Bullinger-Bullinger, § 24 Rn. 13 ff.; Vinck, GRUR 1973, 251, 252 ff.
259 Mauch, Beurteilung von Parodien, S. 63.
260 Chakraborty, Freie Benutzung, S. 83.
261 Blume Huttenlauch, Appropriation Art, S. 183.
262 Chakraborty, Freie Benutzung, S. 106; Schmieder, UFITA 80 (1977), 127, 137, der erst eine erhebliche Konkurrenz ausschließt.
263 Chakraborty, Freie Benutzung, S. 106.
264 Chakraborty, Freie Benutzung, S. 107.
265 Chakraborty, Freie Benutzung, S. 107.
266 Chakraborty, Freie Benutzung, S. 107.
267 Stuhlert, Behandlung der Parodie, S. 284.
268 Wehler, Freie Benutzung, S. 230.

Schutzumfang allein nach urheberrechtlichen Maßstäben, sodass wirtschaftliche Kriterien nur ergänzend herangezogen werden dürften.[269] Die ausschließliche Anwendung wirtschaftlicher Kriterien sei daher systemwidrig.[270] Zudem werde der persönlichkeitsrechtliche Schutz dann nicht genügend berücksichtigt, was zu einer zu starken Ökonomisierung des Urheberrechts führe.[271]

Teilweise werden wirtschaftliche Auswirkungen der Parodie auf das Originalwerk daher zwar berücksichtigt, jedoch nur als Indiz dafür, dass der notwendige Abstand nicht eingehalten werde,[272] oder eine subjektive Missbrauchsabsicht vorliege.[273]

Die Parodie stelle ihrem Wesen nach keine wirtschaftliche Konkurrenz zum Originalwerk dar, da sie das Originalwerk weder ersetzen wolle noch könne.[274] Da die Parodie an ein anderes Publikum und an einen anderen Markt gerichtet sei, bestehe wesensgemäß keine Substitutionskonkurrenz.[275] Aus diesem Grunde wird teilweise kritisiert, dass das Kriterium der Substitutionskonkurrenz bei der Parodie dazu führe, dass stets eine freie Benutzung nach § 24 I UrhG vorliege und eine freie Benutzung daher nur von der Einordnung als Parodie abhängig sei.[276] § 24 UrhG müsse aber auch über die Parodie hinaus praktikabel sein.[277] Zudem sei die Konkurrenz zwischen Werken üblich, da kulturelles Schaffen immer auf Vorhandenem aufbaue.[278] § 24 UrhG lasse diese Substitutionskonkurrenz aber zu, sofern das neue Werk auf einer selbstständigen Leistung beruhe.[279]

Die Auffassung, wirtschaftliche Kriterien zwar heranzuziehen, jedoch lediglich als Indiz dafür, dass der Abstand eingehalten wird, überzeugt. § 24 I UrhG stellt keine Schranke, sondern eine Inhaltsbestimmung dar und bestimmt daher den Schutzumfang eines Werkes. Da aber der Schutzumfang eines Werkes von seiner Schöpfungshöhe abhängt, müssen auch der einzuhaltende Abstand und die Voraussetzungen einer freien Benutzung von dieser Schöpfungshöhe

---

269 Blume Huttenlauch, Appropiation Art, S. 183.

270 Blume Huttenlauch, Appropiation Art, S. 183; Stuhlert, Behandlung der Parodie, S. 284.

271 Wehler, Freie Benutzung, S. 230; Mauch, Beurteilung von Parodien, S. 63.

272 Vinck, GRUR 1973, 251, 253.

273 Blume Huttenlauch, Appropriation Art, S. 183.

274 Von Olenhusen/Ling, UFITA 2003/III, 695, 717.

275 Wehler, Freie Benutzung, S. 231; vgl. Schmieder, NJW 1971, 2169, 2170; Platho, GRUR 1992, 360, 364.

276 Wehler, Freie Benutzung, S. 231.

277 Wehler, Freie Benutzung, S. 232.

278 Wehler, Freie Benutzung, S. 232.

279 Wehler, Freie Benutzung, S. 232; Stuhlert, Behandlung der Parodie, S. 283 f.

abhängig sein. Wirtschaftliche Erwägungen können daher nicht an die Stelle der Schöpfungshöhe treten, sofern eine Beurteilung der Parodie im Rahmen der Regelung des § 24 I UrhG erfolgt. Der Schutzumfang eines Werkes wäre sonst von den möglichen wirtschaftlichen Auswirkungen auf andere Werke abhängig. Wirtschaftliche Erwägungen wie die fehlende Auswirkung auf die Verwertung des Originalwerks können daher nur als Indiz dafür herangezogen werden, dass der schöpferische Abstand zum Originalwerk eingehalten wird.

(2) „Freie Bearbeitung" nach § 23 UrhG

Teilweise wird eine Rechtsfigur der „freien Bearbeitung" in teleologischer Reduktion des § 23 UrhG vorgeschlagen. Die Parodie sei stets eine „freie Bearbeitung", also eine Bearbeitung, die keiner Zustimmung des Originalurhebers bedürfe.[280] Dafür sei eine antithematische Behandlung des Originalwerks und das Fehlen einer wirtschaftlichen Konkurrenz zum Originalwerk notwendig.[281] Die Parodie dürfe keine Auswirkungen auf die wirtschaftliche Verwertung des Originalwerks haben.[282]

c) Stellungnahme

Die vorstehende Darstellung des gegenwärtigen Forschungsstandes zur Beurteilung der Parodie als freie Benutzung zeigt, dass der Anwendungsbereich des § 24 I UrhG immer weiter ausgedehnt wurde. Diese Entwicklung ist – entgegen anderslautender Behauptung des BGH – erkennbar davon beeinflusst, die allgemein erwünschte Rechtsfolge herbeizuführen, Parodien urheberrechtlich zu ermöglichen.

Bereits der Ausgangspunkt der Beurteilung der freien Benutzung – das Verblassen der eigenpersönlichen Züge des Originals – ist aber für die Parodie untauglich. Dieser Ausgangspunkt wurde – trotz der Anpassung der Rechtsprechung im Übrigen – bis heute beibehalten. Das ursprüngliche Problem, dass die Parodie ihrem Wesen nach nicht verblassen kann, ist geblieben. Die Parodie bezieht sich erkennbar auf die eigenpersönlichen Züge des Originalwerks und lässt diese nicht verblassen, sondern hebt sie vielmehr hervor.[283]

280 Platho, GRUR 1992, 360, 362; von Becker, GRUR 2004, 104, 108 f., der eine wesentliche Veränderung der Vorlage und eine Auseinandersetzung verlangt: Er löst sich jedoch ganz von der Regelungen des UrhG, indem er anmerkt, die Parodie sei unabhängig von §§ 23, 51 UrhG jedenfalls nur dann zulässig, wenn sie unter den Schutz der Kunstfreiheit falle, sich mit ihrem Gegenstand kritisch-künstlerisch auseinandersetze und die Grenzen der Entstellung nicht erreicht seien.

281 Platho, GRUR 1992, 360, 364.

282 Platho, GRUR 1992, 360, 363.

283 Vgl. oben B) I. 3. b) cc).

Die dahin gehende Konkretisierung der Rechtsprechung, das Verblassen könne auch in einem nicht eher wörtlichen Sinn verstanden werden, hat den Verblassensbegriff nicht konkretisiert, sondern konturlos gemacht. Der Verblassensbegriff verschiebt das Auslegungsproblem ins Bildliche. Das Bild eines Gegenstandes, der nicht wörtlich verblasst, ist aber nicht mehr vorstellbar.

Auch die Behauptung, für ein Verblassen sei es ausreichend, wenn die eigenpersönlichen Züge nicht soweit zurückträten, dass das ältere Werk nur noch schwach durchschimmere, ist fraglich. Darf das Originalwerk also „stark durchschimmern"? Dürfen die eigenpersönlichen Züge dann sogar betont werden, statt zu verblassen? Dies kann wohl angenommen werden, denn der BGH lässt ausdrücklich deutliche Übernahmen und die Erkennbarkeit des Originalwerks zu.[284] Die Erkennbarkeit kann aber nur durch die deutliche Wiedergabe der eigenpersönlichen, charakteristischen Züge des Originalwerks erreicht werden, was ein Verblassen ausschließt. Die Rechtsprechung müsste also bereits ihren Ausgangspunkt der Auslegung, das Verblassen, bei Parodien überdenken.

Das mittlerweile ausdrücklich aufgegebene Erforderlichkeitskriterium hat sich in der Praxis als zu eng und starr erwiesen. Die Parodie übernimmt regelmäßig mehr, als zur Erkennbarkeit des Originalwerks zwingend erforderlich wäre, wie oben dargestellt wurde.

Auch die Einführung des „inneren Abstands" führt nicht weiter. Zwar mag es zutreffen, dass eine Parodie einen „inneren Abstand" zum Original durch eine Auseinandersetzung mit demselben und ihre Antithematik erreichen kann. Fraglich ist jedoch, ob ein ausreichender innerer Abstand tatsächlich dazu führen kann, dass das neue Werk seinem Wesen nach selbstständig im Vergleich zum Originalwerk ist.[285] Im Falle der Parodie kann nämlich das Tatbestandsmerkmal der freien Benutzung nicht in Einklang mit dem Tatbestandsmerkmal der Selbstständigkeit ausgelegt werden, wie dies sonst im Rahmen des § 24 I UrhG erfolgt. Dies liegt daran, dass die Parodie zwar einen Kontrast zum Originalwerk herstellt, was noch als „innerer" Abstand angesehen werden kann, andererseits aber auf die Nähe zur Vorlage angewiesen und daher von dieser abhängig ist. Ein vorhandener Abstand führt also nicht notwendigerweise zur einer Selbstständigkeit, die ein vom Original losgelöstes Werk erfordert. Dies wird deutlich, wenn wir einen Vergleich heranziehen. Ein Kind kann als selbstständig gegenüber seinen Eltern

---

284 BGH GRUR 1994, 206, 208 - Alcolix; BGH GRUR 1994, 191, 193 - Asterix-Persiflagen; BGH GRUR 1999, 984, 987 - Laras Tochter; BGH GRUR 2003, 956, 958 – Gies-Adler.

285 So aber der BGH: BGH GRUR 1994, 206, 208 - Alcolix; BGH GRUR 1994, 191, 193 - Asterix-Persiflagen; BGH GRUR 1999, 984, 987 - Laras Tochter; BGH GRUR 2003, 956, 958 – Gies-Adler.

angesehen werden, wenn es von diesen nicht mehr abhängig ist, wenn es also ihre Hilfe nicht mehr benötigt. Die Tatsache, dass das Kind etwas völlig anderes oder gar das Gegenteil seiner Eltern tut („Antithematik"), etwa Auseinandersetzungen mit den Eltern und Meinungsverschiedenheiten („innerer Abstand"), bedeutet noch nicht, dass es dazu nicht ihre Hilfe benötigt („Abhängigkeit"). Ebenso verhält es sich mit der Parodie, die als Kind des Originalwerks bezeichnet werden kann, das die Gene des Originals in sich trägt. Allein die Tatsache, dass sie dieses kritisiert und entgegengesetzter Auffassung ist, bedeutet noch nicht, dass sie selbstständig ist, sondern lediglich, dass sie verschieden ist und sich von demselben unterscheidet. Eine Selbstständigkeit kann vielmehr erst angenommen werden, wenn das neue Werk auch ohne das Originalwerk verständlich ist und von diesem daher nicht mehr abhängt. Die Parodie benötigt aber stets die „Hilfe" des Originalwerks, um verständlich zu sein und ihre Aussage zu äußern. Somit kann sie nicht „ihrem Wesen nach selbstständig" sein. Vielmehr ist sie ihrem Wesen nach unselbstständig und abhängig.[286] Dies wird auch und gerade dann deutlich, wenn man sich die Vorlage wegdenkt. Die Parodie wird unverständlich, ihr Fundament und ihre Basis werden ihr entzogen. Das parodistische Gebäude stürzt in sich zusammen. Der Versuch der Rechtsprechung, den inneren Abstand einzuführen, scheitert also, da das Selbstständigkeitserfordernis des § 24 I UrhG dennoch nicht erfüllt werden kann.

Da das Selbstständigkeitskriterium – im Gegensatz zum Abstandskriterium – ein geschriebenes Tatbestandsmerkmal ist, stellt es ein unüberwindbares Hindernis für die Parodie dar. Es ist jedoch als Relikt der Moderne überholt. An dieser Stelle ist an das einleitend dargestellte Zeitalter der Moderne und ihre Entwicklung zur Postmoderne zu erinnern. In der Moderne fand eine Überbetonung des Schöpfergenies statt und es herrschte ein Originalitätsdogma bis sogar in die künstlerische Ausbildung hinein.[287] Das UrhG als Kind der Moderne fordert immer noch die Selbständigkeit und ist der modernen Vorstellung verhaftet geblieben, dass nur das Individuelle und Originelle die Kultur bereichert. Die kunsthistorische Entwicklung der Postmoderne führt aber auf eindrucksvolle Weise den Gegenbeweis. Gerade das Abgeleitete, Unselbstständige steht im Vordergrund der Appropriation Art und der postmodernen Wiederholungskunst im Allgemeinen. Das Neue entsteht durch die Anpassung und die Entwicklung des Alten. Diese Erwägungen führen de lege lata jedoch nicht am Tatbestandsmerkmal der Selbstständigkeit vorbei.

---

286 A.A. Chakraborty, Freie Benutzung, S. 109: Die Parodie sei ein von der Vorlage losgelöstes, eigenständiges Werk.

287 Siehe oben 1. Kap. B) II.

Plathos Sonderlösung, die Rechtsfigur einer „freien Bearbeitung“ zu schaffen, zeigt, dass die derzeitige Regelung Parodien nicht ermöglicht. Diese neue Rechtsfigur, die durch die teleologische Reduktion des § 23 S. 1 UrhG geschaffen wird, ist aber gesetzlich nicht vorgesehen und hat daher auch in der Literatur im Übrigen keine Zustimmung gefunden. Sie unterläuft die strikte und abschließend geregelte Trennung zwischen Bearbeitung und freier Benutzung. Zudem verlagert sie die Interessenabwägung zu weit in die Tatbestandsebene. Stellt § 24 I UrhG keine Schranke, sondern bereits eine Ausnahme vom Grundsatz der Zustimmungspflichtigkeit der Bearbeitung dar, so hebelt Plathos Lösung bereits diesen Grundsatz selbst aus.

4. *Ausnahme für Werke der Musik: der „starre Melodienschutz“ nach § 24 II UrhG*

Eine freie Benutzung nach § 24 I UrhG scheidet nach § 24 II UrhG aus, wenn eine Melodie erkennbar einem Werk der Musik entnommen und einem neuen Werk zugrunde gelegt wird.

Die Musik und der Liedtext bilden ein verbundenes Werk nach § 9 UrhG, das aus einem selbstständigen Musikwerk und einem selbstständigen Sprachwerk besteht.[288] Das Vorliegen einer freien Benutzung ist daher für jedes der verbundenen Werke getrennt zu prüfen.[289] § 24 II UrhG findet ausschließlich auf den Musikteil eines Liedes Anwendung. Für die Entlehnung der Musik kann daher die Einwilligung des Originalurhebers nach §§ 23 S. 1, 24 II UrhG erforderlich sein, obwohl die Übernahme des Liedtextes nach § 24 I UrhG zustimmungsfrei zulässig ist.[290]

a) Entstehungsgeschichte

Der sogenannte starre Melodienschutz[291] des § 24 II UrhG fand sich bereits in der sachlich übereinstimmenden[292] Vorgängerregelung des § 13 II LUG.[293] Damals wurde überwiegend die Auffassung vertreten, § 13 II LUG sei nicht auf

288 Dieth, Musikwerk und Musikplagiat, S. 189; Mauch, Beurteilung von Parodien, S. 64; vgl. Schack, Urheberrecht, S. 143 Fn. 276.

289 Vgl. Dieth, Musikwerk und Musikplagiat, S. 189.

290 Mauch, Beurteilung von Parodien, S. 64.

291 Dreier/Schulze-Schulze, § 24 Rn. 42.

292 So ausdrücklich BGH GRUR 1971, 266, 267 - Magdalenenarie; ebenso RegE, BT-Drs. IV/270, S. 51 „in Übereinstimmung mit dem geltenden Recht (§ 13 LUG, § 16 KUG)“; Dreyer/Kotthoff/Meckel-Dreyer, § 24 Rn. 1.

293 § 13 II LUG regelte: „Bei einem Werke der Tonkunst ist jede Benutzung unzulässig, durch welche eine Melodie erkennbar dem Werke entnommen und einer neuen Arbeit zu Grunde gelegt wird.“

Parodien anzuwenden.[294] Der Regierungsentwurf zum UrhG sah zunächst vor, den starren Melodienschutz nicht in das UrhG zu übernehmen. In der ernsten Musik würden oft wertvolle, selbstständige Schöpfungen unter Benutzung fremder Themen geschaffen und bei der leichten Musik stehe die Melodie so sehr im Vordergrund, dass eine selbstständige Neuschöpfung meist ausscheide.[295] Während des weiteren Gesetzgebungsverfahrens wurde die Regelung dennoch in § 24 II UrhG aufgenommen.

b) Rechtfertigung einer Sonderregelung für Melodien?

Die Daseinsberechtigung der Sonderregelung des § 24 II UrhG wurde und wird auch heute noch infrage gestellt. So befand bereits Ulmer, dass der starre Melodienschutz in der leichten Musik, der Operetten- und Schlagermusik gerechtfertigt, in der ernsten Musik jedoch bedenklich sei.[296] Auch Bullinger spricht sich gegen die Sonderregelung für Melodien aus und sieht darin lediglich eine unnötige zusätzliche Einschränkung der Schaffensfreiheit gegenüber den anderen Werkgattungen.[297]

Teilweise wird die Auffassung vertreten, § 24 II UrhG komme lediglich eine Klarstellungsfunktion zu. Wenn eine erkennbare Übernahme eines geschützten Werkteils vorliege, verblasse das Originalwerk ohnehin nicht, sodass bereits nach § 24 I UrhG eine freie Benutzung abzulehnen sei.[298] § 24 II UrhG stelle also nur klar, dass bei der Übernahme von schutzfähigen Tonfolgen bereits die Erkennbarkeit dazu führe, dass keine freie Benutzung vorliege.[299]

Teilweise wird auch auf die geringen praktischen Auswirkungen des § 24 II UrhG verwiesen. Die Regelung bewirke in der Praxis nur eine Vergütungspflicht, denn die meisten Komponisten hätten ihre Rechte auf eine Verwertungsgesellschaft übertragen, die nach § 11 WahrnG jedem Nutzungsrechte einräumen müsse.[300]

294 Vgl. Hess, Parodie im Urheberrecht, S. 5 ff. m.w.N. für einen Überblick über die damals vertretenen Auffassungen.

295 RegE, BT-Drs. IV/270, S. 51 f.

296 Ulmer, Urheber- und Verlagsrecht, S. 277.

297 Wandtke/Bullinger-Bullinger, § 24 Rn. 16.

298 Möhring/Nicolini-Ahlberg, § 24 Rn. 39.

299 Dreier/Schulze-Schulze, § 24 Rn. 44.

300 Möhring/Nicolini-Ahlberg, § 24 Rn. 39.

c) Die Melodie als Rechtsbegriff

Die Reichweite des Melodiebegriffs als Rechtsbegriff ist umstritten. Einigkeit besteht darüber, dass die Melodie eine Tonfolge voraussetzt, die nach § 2 II UrhG schutzfähig ist.[301]

Eine teilweise vertretene Auffassung hält es für ausreichend, dass die Tonfolge eine geistige Schöpfung darstellt.[302] Teilweise fordert die Literatur zusätzlich, diese Tonfolge müsse dem Werk gerade seine individuelle Prägung geben.[303] Die Tonfolge müsse sich von allgemeinen kompositorischen Mitteln und Grundsätzen und vom bekannten Formenschatz eigentümlich abheben.[304] Auch Teile von Melodien seien nach § 24 II UrhG zu beurteilen, sofern sie selbst urheberrechtlich geschützt seien.[305]

Die Rechtsprechung definiert die Melodie als eine in sich geschlossene und geordnete Tonfolge.[306] In der Literatur betont man hingegen überwiegend, dass die Singbarkeit,[307] Geschlossenheit und Herauslösbarkeit[308] unerheblich sei.[309]

Nicht ausreichend für das Vorliegen einer Melodie sei ein Akkord oder gar ein einzelner Ton.[310] Auch ein „Motiv" oder ein „Thema" sei keine Melodie.[311] Außer der Melodie gebe es auch andere schutzfähige Elemente eines Musikwerks wie Aufbau, Harmonie, Instrumentierung oder Rhythmus, für die § 24 I UrhG gelte.[312]

---

301 Loewenheim-Loewenheim, Handbuch des Urheberrechts, § 8 Rn. 18; Möhring/Nicolini-Ahlberg, § 24 Rn. 34; BGH GRUR 1988, 810, 811 - Fantasy; BGH GRUR 1988, 812, 813 f. - Ein bißchen Frieden; Dreier/Schulze-Schulze, § 24 Rn. 45; Schricker-Loewenheim, § 24 Rn. 34.

302 Möhring/Nicolini-Ahlberg, § 24 Rn. 34.

303 Hess, Urheberrechtsprobleme der Parodie, S. 43; Schricker-Loewenheim, § 24 Rn. 34; Loewenheim-Loewenheim, Handbuch des Urheberrechts, § 8 Rn. 18; Wandtke/Bullinger-Bullinger, § 24 Rn. 16.

304 Wandtke/Bullinger-Bullinger, § 24 Rn. 16.

305 Schricker-Loewenheim, § 24 Rn. 34.

306 BGH GRUR 1988, 810, 811 - Fantasy; BGH GRUR 1988, 812, 814 - Ein bißchen Frieden greift auf ein Sachverständigengutachten zurück; zustimmend: Dreyer/Kotthoff/Meckel-Dreyer, § 24 Rn. 39; Schricker-Loewenheim, § 24 Rn. 34.

307 Dreyer/Kotthoff/Meckel-Dreyer, § 24 Rn. 39; Dreier/Schulze-Schulze, § 24 Rn. 45; Schricker-Loewenheim, § 24 Rn. 34.

308 Dreier/Schulze-Schulze, § 24 Rn. 45.; Möhring/Nicolini-Ahlberg, § 24 Rn. 34.

309 Möhring/Nicolini-Ahlberg, § 24 Rn. 34.

310 Schricker-Loewenheim, § 24 Rn. 35.

311 Hess, Urheberrechtsprobleme der Parodie, S. 43.

312 Dreier/Schulze-Schulze, § 24 Rn. 44.

Auch im Rahmen des § 24 II UrhG sei auf die Übereinstimmungen, nicht auf die Unterschiede abzustellen.[313] Da die Parodie auf eine erkennbare Bezugnahme auf die Vorlage angewiesen ist, und das wesentliche Identitätsmerkmal eines Musikwerks seine Melodie ist, ist eine musikalische Parodie auf die Übernahme der Melodie angewiesen.

d) Erkennbare Entnahme und Zugrundelegung

Die Entnahme setzt – in Abgrenzung zur Doppelschöpfung – die bewusste oder unbewusste Kenntnis des Originalwerks voraus.[314]

Für das Zugrundelegen bestehen in der Literatur inhaltlich weitgehend übereinstimmende Definitionen. Teilweise wird die Benutzung der Melodie im neuen Werk für ausreichend gehalten.[315] Überwiegend wird darüber hinaus vorausgesetzt, dass die Melodie derart eingearbeitet werde, dass sie zum Bestandteil[316] oder gar zum wesentlichen Teil[317] des neuen Werkes werde. Das Werk müsse auf ihr aufbauen und sie zum Gegenstand seiner weiteren musikalischen Folgen machen.[318] Ihr müsse die Funktion eines Gerüstes zukommen.[319] Die entlehnten Werkteile müssten sich in dem Musikwerk entfalten und zum formalen Element des neuen Werkes werden.[320] Sofern die Melodie Fremdkörper im neuen Werk bleibe, sei dies zu verneinen.[321] Dann könne aber ein Musikzitat nach § 51 S. 2 Nr. 3 UrhG vorliegen.[322]

Da die Parodie das Originalwerk als Gerüst und wesentlichen Bestandteil verwendet, ist regelmäßig von einem Zugrundelegen auszugehen.[323] Teilweise wird für die Parodie ein Zugrundelegen verneint, da die Entlehnung der Kritik des Originalwerks diene und die Parodie aufgrund der Antithematik eine entgegengesetzte Aussage als das Werk selbst habe.[324]

Nach der ständigen Rechtsprechung ist für die erkennbare Entnahme und Zugrundelegung objektiv die Entlehnung einer urheberrechtlich geschützten

---

313 BGH GRUR 1981, 267, 269 - Dirlada; Dreier/Schulze-Schulze, § 24 Rn. 47.
314 Hess, Urheberrechtsprobleme der Parodie, S. 43.
315 Schricker-Loewenheim, § 24 Rn. 36.
316 Dreyer/Kotthoff/Meckel-Dreyer, § 24 Rn. 48.
317 Möhring/Nicolini-Ahlberg, § 24 Rn. 36.
318 Möhring/Nicolini-Ahlberg, § 24 Rn. 36.
319 Möhring/Nicolini-Ahlberg, § 24 Rn. 36.
320 Mauch, Beurteilung von Parodien, S. 64.
321 Dreyer/Kotthoff/Meckel-Dreyer, § 24 Rn. 48.
322 Dreyer/Kotthoff/Meckel-Dreyer, § 24 Rn. 48.
323 Vgl. Schricker-Loewenheim, § 24 Rn. 31.
324 Hess, Urheberrechtsprobleme der Parodie, S. 170.

Melodie erforderlich, subjektiv, dass der Komponist der neuen Melodie die ältere gekannt und bewusst oder unbewusst darauf zurückgegriffen hat.[325]

Die Erkennbarkeit der Entnahme und der Zugrundelegung sei gegeben, wenn eine zumindest assoziative Verbindung zum Originalwerk bestehe,[326] wenn sich die eigentümlichen Teile der älteren Melodie im neuen Werk wiederfänden.[327] Dabei dürfe die Melodie nicht vollständig hinter den eigenpersönlichen Zügen des neuen Werks zurücktreten.[328]

Dies sei nach der Auffassung der mit musikalischen Fragen vertrauten[329] und hierfür aufgeschlossenen Verkehrskreise zu beurteilen.[330] Würde man auf einen normalen Musikkundigen abstellen, wäre die Erkennbarkeit häufiger zu verneinen, denn dieser dürfte eine Melodie nicht so leicht erkennen wie eine mit musikalischen Fragen vertraute Person. Das Abstellen auf eine mit musikalischen Fragen vertraute Person hat also zur Folge, dass der Anwendungsbereich des § 24 II UrhG weiter ist.

e) Stellungnahme

Zunächst ist festzustellen, dass nach der hier vertretenen Auffassung eine freie Benutzung bei Parodien ausscheidet, sodass ein Rückgriff auf § 24 II UrhG als Ausnahme der freien Benutzung nicht notwendig ist. Auch wenn man eine Anwendbarkeit des § 24 I UrhG befürwortet, scheitern musikalische Parodien an § 24 II UrhG.

In der Praxis kommen musikalische Parodien, die das Musikwerk verändern, eher selten vor. Meistens wird das Musikwerk unverändert übernommen und nur der Liedtext verändert. Da aber das Sprachwerk (Liedtext) und das Musikwerk (Musik) zwei verschiedene Werke darstellen, die getrennt zu beurteilen sind, liegt jedenfalls keine freie Benutzung des Musikwerks vor, auch wenn man eine freie Benutzung des Sprachwerks bejahen mag.

Selbst wenn der Musikteil parodistisch verändert wird, kann § 24 I UrhG nicht eingreifen, denn § 24 II UrhG erlaubt keine erkennbare Entlehnung

---

325 BGH GRUR 1988, 810, 811 - Fantasy; BGH GRUR 1988, 812, 814 - Ein bißchen Frieden; ebenso: Schricker-Loewenheim, § 24 Rn. 32, 36.

326 Loewenheim-Loewenheim, Handbuch des Urheberrechts, § 8 Rn. 19; Schricker-Loewenheim, § 24 Rn. 35.

327 Möhring/Nicolini-Ahlberg, § 24 Rn. 36 f.; vgl. Hess, Urheberrechtsprobleme der Parodie, S. 43.

328 Dreier/Schulze-Schulze, § 24 Rn. 45.

329 Dreier/Schulze-Schulze, § 24 Rn. 47.

330 Hess, Urheberrechtsprobleme der Parodie, S. 43; Schricker-Loewenheim, § 24 Rn. 36.

einer Melodie. Da die Melodie aber zu den wesentlichen, charakteristischen Bestandteilen eines Musikwerks zählt, ist die Parodie darauf angewiesen, sich auf diese erkennbar zu beziehen, sofern die Bezugnahme verständlich werden soll. Die wesentliche Eigenschaft einer Parodie, sich erkennbar auf ihre Vorlage zu beziehen,[331] wird somit durch § 24 II UrhG nicht zugelassen.

Auch ein Zugrundelegen der Melodie i.S.d. § 24 II UrhG ist bei Parodien gegeben. Diese bauen auf der Melodie auf und geben sie erkennbar wieder, um den Bezug zum Originalwerk zu verdeutlichen. Der teilweise vertretenen Auffassung, ein Zugrundelegen sei zu verneinen, da die Parodie eine antithematische Aussage enthalte, ist zu widersprechen, da diese Auslegung mit dem klaren Wortlaut des § 24 II UrhG nicht vereinbar ist. Würde man die Teile des Originalwerks aus der Parodie extrahieren, wäre die Parodie unverständlich, weil man ihr die Grundlage entziehen würde. Wenn aber das Originalwerk Grundlage der Parodie ist, kann nicht davon gesprochen werden, dass es nicht der Parodie zugrunde liege.

5. *Vereinbarkeit mit dem Dreistufentest*

Zu prüfen bleibt die Vereinbarkeit des § 24 I UrhG mit dem Dreistufentest.

Die Schranken-Schranke[332] des Dreistufentests wurde ursprünglich in Art. 9 II RBÜ[333] ausschließlich für das Vervielfältigungsrecht geregelt. Später wurde er in leicht abgewandelter Form in Art. 13 TRIPS, Art. 10 I WCT und Art. 16 II WPPT allgemein für alle Ausnahmen und Beschränkungen übernommen.[334] Diese völkerrechtlichen Abkommen sind über die entsprechenden Zustimmungsgesetze als einfache Gesetze unmittelbar anwendbar.[335] Der Dreistufentest wird nun auch in Art. 5 V Multimedia-RL geregelt und ist daher im Rahmen einer richtlinienkonformen Auslegung des UrhG zu berücksichtigen. Die Rechtsprechung sieht ihn als entscheidenden Maßstab zur Auslegung der urheberrechtlichen Schranken.[336]

---

331 Siehe oben 2. Kap. A) I. 3. a).

332 Bayreuther, ZUM 2001. 828, 839.

333 Art. 9 II RBÜ: „Der Gesetzgebung der Verbandsländer bleibt vorbehalten, die Vervielfältigung in gewissen Sonderfällen unter der Voraussetzung zu gestatten, daß eine solche Vervielfältigung weder die normale Auswertung des Werkes beeinträchtigt noch die berechtigten Interessen des Urhebers unzumutbar verletzt.".

334 Zur historischen Entwicklung des Dreistufentests vgl. Reschke, Auslegung der Schranken, S. 82 ff.

335 BGH GRUR 1999, 707, 713 – Kopienversanddienst (im Hinblick auf RBÜ und TRIPS).

336 Vgl. BGH GRUR 1999, 707, 713 – Kopienversanddienst; der Dreistufentest wurde ausdrücklich nicht in das UrhG aufgenommen, da einerseits Deutschland ohnehin

Demnach darf eine Ausnahme oder Beschränkung nur in bestimmten Sonderfällen angewandt werden, in denen die normale Verwertung des Werks oder des sonstigen Schutzgegenstands nicht beeinträchtigt wird und die berechtigten Interessen des Rechtsinhabers nicht ungebührlich verletzt werden.[337]

a) Anwendbarkeit des Dreistufentests auf § 24 I UrhG

Zu klären ist zunächst die Anwendbarkeit des Dreistufentests auf § 24 I UrhG.[338] Art. 5 V Multimedia-RL spricht von Ausnahmen und Beschränkungen[339] und bezieht sich damit jedenfalls auf die Schranken in §§ 44a ff. UrhG.[340] Systematisch ist § 24 I UrhG aber keine Schranke, da er nicht im 6. Abschnitt des UrhG geregelt ist. Er beschränkt jedoch das ausschließliche Bearbeitungsrecht aus § 23 UrhG und kommt damit inhaltlich einer Schranke gleich. Die weite Formulierung des Art. 5 V Multimedia-RL lässt zudem die Interpretation zu, dass von dem Begriff der Ausnahmen auch die Ausnahmeregelung des § 24 I UrhG umfasst ist. Da der Dreistufentest des Art. 5 V Multimedia-RL ausdrücklich auch auf die in Art. 5 III k) Multimedia-RL genannte Parodie anwendbar ist, und die deutsche Rechtsprechung die Beurteilung der Parodie nach § 24 I UrhG vornimmt, muss der Dreistufentest auch für § 24 I UrhG gelten.

Umso überraschender erscheint daher, dass der BGH in seinen Urteilen, die die Parodie betrafen, selbst nach Umsetzung der Multimedia-RL den Dreistufentest nicht erwähnt.

b) 1. Stufe: Bestimmter Sonderfall

Ein Sonderfall liegt vor, wenn der durch die Ausnahme oder Beschränkung geregelte Fall sich von der gewöhnlichen, typischen Werknutzung unterscheidet.[341]

---

seine Verpflichtung zur Einhaltung des Dreistufentests nach dem RBÜ und TRIPS bei der Formulierung der Schranken berücksichtige und die Rechtsprechung zudem den Dreistufentest als entscheidenden Maßstab anwende, BT-Drs. 16/1828, S. 21.

337 Zu den einzelnen Voraussetzungen des Dreistufentests vgl. eingehend Reschke, Auslegung der Schranken, S. 86 ff. sowie Senftleben, GRUR Int 2004, 200, 204 ff.

338 Dafür wohl Bayreuther, ZUM 2001, 828, 837, der darauf verweist, dass die deutsche Rechtsprechung zu § 24 UrhG strenger sei als der Maßstab des Art. 5 III k) Multimedia-RL.

339 Melichar spricht hierbei von einer Tautologie: Schricker-Melichar, Vor §§ 44a ff. Rn. 13.

340 Vgl. Schricker-Melichar, Vor §§ 44a ff. Rn. 13.

341 Vgl. Reschke, Auslegung der Schranken, S. 88.

Die Nutzung zu Parodierzwecken stellt keine typische Werknutzung dar, sodass ein bestimmter Sonderfall anzunehmen ist.

Teilweise wird auch vertreten, dass jedenfalls der in Art. 5 V Multimedia-RL enthaltene Dreistufentest in Wirklichkeit ein Zweistufentest sei, da die bestimmten Sonderfälle, auf die Art. 5 V Multimedia-RL sich beziehe, bereits in Art. 5 I–IV Multimedia-RL enthalten seien.[342] Durch die ausdrückliche Nennung von Parodie, Pastiche und Karikatur in Art. 5 III k) Multimedia-RL würden diese, auch dieser Ansicht nach, einen bestimmten Sonderfall darstellen.

c) 2. Stufe: Keine Beeinträchtigung der normalen Verwertung

Die normale Verwertung sei verletzt, wenn sie die Urheber einer aktuellen oder potenziellen Einnahmequelle beraube, die typischerweise ganz erhebliches Gewicht innerhalb der Gesamtverwertung von betroffenen Werken habe.[343] Die erlaubten Nutzungshandlungen dürften nicht in Wettbewerb zum betroffenen Ausschließlichkeitsrecht treten.[344] Die zweite Teststufe betreffe den ökonomischen Kern des Urheberrechts, sodass nur erhebliche Umsatzeinbußen die normale Verwertung beeinträchtigen.[345]

Die Parodie enthält die antithematische Aussage des Originalwerks, sodass das Originalwerk und das neue Werk grundsätzlich verschiedene Absatzmärkte haben. Ein Wettbewerb zum Bearbeitungsrecht durch die Parodie ist daher nicht anzunehmen. Die Parodie stellt auch keine typische Verwertung des Originalwerks dar, sondern einen Ausnahmefall, dem kein erhebliches Gewicht innerhalb der Gesamtverwertung des Werkes zukommt. Somit beeinträchtigt die Parodie nicht die normale Verwertung des Werks.

d) 3. Stufe: Keine ungebührliche Verletzung berechtigter Interessen

Sofern auf der 2. Stufe dennoch eine Beeinträchtigung bejaht würde, kann durch eine angemessene Vergütung eine ungebührliche Verletzung auf ein zumutbares und damit zulässiges Maß reduziert werden.[346]

---

342 Senftleben, GRUR Int 2004, 200, 206.

343 Senftleben, GRUR Int 2004, 200, 206, 209.

344 Runge, GRUR Int 2007, 130, 134.

345 Senftleben, GRUR Int 2004, 200, 209 mit Verweis auf den Abschlussbericht über die Stockholmkonferenz zum RBÜ.

346 Dreier/Schulze-Dreier, Vorbemerkung UrhG, Rn. 21; BGH GRUR 1999, 707, 712 – Kopienversanddienst m.w.N.; a.A. Senftleben, GRUR Int 2004, 200, 201 Fn. 6: Diese Auslegung finde in den Materialien zum Dreistufentest keine Stütze.

II. Zitat, § 51 UrhG

Auch das Zitatrecht nach § 51 UrhG kommt als Entlehnungsfreiheit für Parodien infrage.

1. Sinn und Zweck, Systematik

Neues entsteht meist durch die Auseinandersetzung mit dem bereits Bestehenden.[347] Diese Auseinandersetzung erfordert manchmal die teilweise oder ganze Wiedergabe fremder Werke.[348] Das Zitatrecht soll eine freie geistige Auseinandersetzung mit fremden Werken ermöglichen.[349] Als urheberrechtliche Schranke ist es Ausprägung der Sozialbindung des Eigentums nach Art. 14 II GG.[350] Da auch der Originalurheber auf den kulturellen Leistungen seiner Vorgänger aufbaut, muss er einen Eingriff in sein ausschließliches Verwertungsrecht nach § 15 UrhG dulden.[351] Dadurch ermöglicht er das geistige Schaffen anderer und fördert die kulturelle und wissenschaftliche Entwicklung.[352]

Ursprünglich enthielt § 51 Nr. 1–3 UrhG a.F. drei abschließend geregelte Zitatformen: das Zitat eines gesamten wissenschaftlichen Werkes (Großzitat: § 51 Nr. 1 UrhG a.F.), von Stellen eines Werkes der Literatur (Kleinzitat: § 51 Nr. 2 UrhG a.F.) sowie von einzelnen Stellen eines Musikwerkes (§ 51 Nr. 3 UrhG a.F.). Diese erwiesen sich in der Praxis als zu eng und starr, sodass die Rechtsprechung zunehmend durch Analogie die Zitatformen erweiterte und extensiv auslegte.[353] So wandte die Rechtsprechung die Regelung des § 51 Nr. 2 UrhG a.F. analog auf Filmzitate an.[354] Auch ist das sog. große Kleinzitat anerkannt, das es bereits in

347 Jayme, Kunstersatzprodukte im Kaufrecht, S. 113.

348 Loewenheim-Götting/Loewenheim, Handbuch des Urheberrechts, § 31 Rn. 159.

349 BGH GRUR 2012, 819, 822 – Blühende Landschaften; BGH GRUR 1986, 59, 60 – Geistchristentum; BGH GRUR 1973, 216, 217 – Handbuch moderner Zitate; Schricker-Schricker, § 51 Rn. 6; Dreyer/Kotthoff/Meckel-Dreyer, § 51 Rn. 3; vgl. Ulmer, Urheber- und Verlagsrecht, S. 312; Loewenheim-Götting/Loewenheim, Handbuch des Urheberrechts, § 31 Rn. 159.

350 BGH GRUR 2012, 819, 822 – Blühende Landschaften.

351 BGH GRUR 1987, 362, 363 – Filmzitat; BGH GRUR 1986, 59, 60 – Geistchristentum; BGH GRUR 1968, 607, 608 – Kandinski; Hoeren/Sieber-Raue/Hegemann, Multimedia-Recht, Teil 7.3 Rn. 77.

352 BGH GRUR 1994, 800, 803 – Museumskatalog; BGH GRUR 1986, 59, 60 – Geistchristentum; BGH GRUR 1968, 607, 608 – Kandinski; Dreier/Schulze-Dreier, § 51 Rn. 1; Wandtke/Bullinger-Lüft, § 51 Rn. 1.

353 Dreier, FS Krämer, S. 225, 230.

354 BGH GRUR 1987, 362 ff. - Filmzitat; vgl. Brauns, Entlehnungsfreiheit, S. 146 ff. m.w.N.

§ 51 Nr. 2 UrhG a.F. ausnahmsweise ermöglichte, auch mehr als nur Stellen zu zitieren, sofern der Zitatzweck dies erfordert.[355]

Durch den sog. zweiten Korb wurde in § 51 S. 1 UrhG eine Generalklausel eingeführt.[356] Dadurch sollte das Zitatrecht nicht grundlegend, sondern lediglich auf weitere Werkarten vorsichtig erweitert und einzelne Lücken geschlossen werden.[357] Gleichzeitig sollte dadurch eine Angleichung an das Zitatrecht aus Art. 5 III d) Multimedia-RL[358] erfolgen.[359] Zudem wurden die drei ursprünglich abschließend geregelten Fälle in § 51 S. 2 Nr. 1–3 UrhG als Regelbeispiele beibehalten, um klarzustellen, dass die bisherigen Nutzungen auch weiterhin zulässig bleiben.[360]

Da das Großzitat ein wissenschaftliches Werk voraussetzt, und die Parodie in aller Regel nicht diese Voraussetzung erfüllt,[361] wird § 51 S. 2 Nr. 1 UrhG in der nachfolgenden Darstellung nicht behandelt.

2. Allgemeine Voraussetzungen nach § 51 S. 1 UrhG

Nach § 51 S. 1 UrhG ist die Vervielfältigung, Verbreitung und öffentliche Wiedergabe eines veröffentlichten Werkes zum Zweck des Zitats zulässig, sofern die Nutzung in ihrem Umfang durch den besonderen Zweck gerechtfertigt ist.

---

355 Brauns, Entlehnungsfreiheit, S. 138 ff. m.w.N.; Schricker-Schricker/Spindler, § 51 Rn. 52; BGH GRUR 1986, 59, 60 - Geistchristentum.

356 Zweites Gesetz zur Regelung des Urheberrechts in der Informationsgesellschaft vom 26.10.2007, BGBl. I, 2513.

357 RegE, BT-Drs. 16/1828, S. 25 nennt Filmwerke, Multimediawerke und Werke der Innenarchitektur.

358 Art. 5 III d) Multimedia-RL: Die Mitgliedstaaten können in den folgenden Fällen Ausnahmen oder Beschränkungen in Bezug auf die in den Artikeln 2 und 3 vorgesehenen Rechte vorsehen für Zitate zu Zwecken wie Kritik oder Rezensionen, sofern sie ein Werk oder einen sonstigen Schutzgegenstand betreffen, das bzw. der der Öffentlichkeit bereits rechtmäßig zugänglich gemacht wurde, sofern — außer in Fällen, in denen sich dies als unmöglich erweist — die Quelle, einschließlich des Namens des Urhebers, angegeben wird und sofern die Nutzung den anständigen Gepflogenheiten entspricht und in ihrem Umfang durch den besonderen Zweck gerechtfertigt ist.

359 RegE, BT-Drs. 16/1828, S. 25.

360 RegE, BT-Drs. 16/1828, S. 25.

361 Hefti, Parodie im Urheberrecht, S. 109; Hess, Urheberrechtsprobleme der Parodie, S. 52.

a) Zitatobjekt: Veröffentlichtes Werk

Zitatobjekt muss ein nach § 6 I UrhG veröffentlichtes Werk sein. Dieses Erfordernis schützt das Erstveröffentlichungsrecht des Urhebers nach § 12 UrhG. Wie im Rahmen des § 24 I UrhG müssen nicht nur das zitierte Werk, sondern auch die entlehnten Werkteile schutzfähig nach § 2 II UrhG sein,[362] da sonst kein rechtfertigungsbedürftiger Eingriff in fremde Verwertungsrechte vorliegt.

Eine Parodie ist nur verständlich, wenn sie sich erkennbar auf ein bekanntes Werk bezieht.[363] Vor der Veröffentlichung ist das Originalwerk aber dem Publikum unbekannt. Die Bezugnahme auf ein veröffentlichtes Werk liegt daher in der Natur der Parodie. Eine Parodie eines unveröffentlichten Werkes sei so gut wie undenkbar.[364]

b) Zitatsubjekt: Selbstständiges Werk

Fraglich ist, ob die Übernahme in ein selbstständiges Werk erfolgen muss. Da der Wortlaut des § 51 S. 1 UrhG nicht mehr das Zitatsubjekt ausdrücklich nennt, ist es seit der Neufassung des Zitatrechts durch den zweiten Korb umstritten, ob dieses Werkqualität nach § 2 II UrhG aufweisen muss.[365] Überwiegend wird dies nach wie vor vorausgesetzt,[366] wobei auf das Wesen des Zitats,[367] den Wortlaut der drei Regelbeispiele § 51 S. 2 Nr. 1–3 UrhG sowie auf den oben genannten gesetzgeberischen Willen verwiesen wird.[368] Lediglich derjenige solle das Zitatrecht genießen, der eine eigene Schöpfung hervorbringe und dadurch das kulturelle Leben bereichere.[369] Teilweise wird die Werkqualität für entbehrlich gehalten.[370] Der Wortlaut der Generalklausel des § 51 S. 1 UrhG nenne das Erfordernis nicht, und die Nennung des Werks in den Regelbeispielen sei lediglich sprachlich

---

362 Schricker-Schricker/Spindler, § 51 Rn. 7.

363 Siehe oben A) I. 3.–4.

364 Hess, Urheberrechtsprobleme der Parodie, S. 139; vgl. Hefti, Parodie im Urheberrecht, S. 108.

365 Hierbei ist die Schutzfähigkeit ausreichend; ein mangelnder Schutz aufgrund der Gemeinfreiheit des Werkes oder im Falle von § 5 UrhG schadet nicht: Dreyer/Kotthoff/Meckel-Dreyer, § 51 Rn. 12.

366 Hoeren/Sieber-Raue/Hegemann, Multimedia-Recht, Teil 7.3, Rn. 92 ff.

367 Prengel, Bildzitate von Kunstwerken, S. 126.

368 Dreyer/Kotthoff/Meckel-Dreyer, § 51 Rn. 9; Schricker-Schricker/Spindler, § 51 Rn. 20.

369 Schricker-Schricker, § 51 Rn. 20; Dreyer/Kotthoff/Meckel-Dreyer, § 51 Rn. 167.

370 Dreier/Schulze-Dreier, § 51 Rn. 6, 24; Dreier, FS Krämer, S. 232.

bedingt, um auf die erforderliche Selbstständigkeit hinzuweisen.[371] Auch aus der richtlinienkonformen Auslegung anhand Art. 5 III d) Multimedia-RL und aus Art. 10 I RBÜ[372] ergebe sich, dass die Übernahme in ein geschütztes Werk nicht zwingend erforderlich sei.[373] Der BGH hat diese Frage seit der Neufassung des § 51 UrhG offen gelassen.[374]

Das zitierende Werk müsse selbstständig im Vergleich zum Originalwerk sein. Zwar setze der Wortlaut des § 51 S. 1 UrhG dies nicht voraus. Jedoch ergebe sich diese Voraussetzung systematisch aus den Regelbeispielen aus § 51 S. 2 Nr. 1–3 UrhG, die alle ein selbstständiges Werk voraussetzten.[375] Gegenüber der Werkqualität nach § 2 II UrhG unterstreiche die Selbstständigkeit, dass die Individualität gerade gegenüber den verwendeten Werken bestehen müsse.[376] Die Selbstständigkeit setzt voraus, dass das zitierende Werk vom Originalwerk unabhängig ist.[377] Sie fehle, wenn unter dem Deckmantel einer Mehrheit von Zitaten fremdes Geistesgut ohne wesentliche eigene Leistung wiedergegeben werde.[378] Es müsse die eigene Leistung überwiegen.[379] Voraussetzung sei die eigenständige und herrschende Individualität des zitierenden Werkes.[380] Es dürfe sich nicht nur um eine Zitatensammlung handeln, selbst wenn diese nach § 4 UrhG schutzfähig sei.[381] Indiz für die Selbstständigkeit sei, dass die eigene Werksubstanz gegenüber

---

371 Dreier/Schulze-Dreier, § 51 Rn. 6.

372 Art. 10 I RBÜ: Zitate aus einem der Öffentlichkeit bereits erlaubterweise zugänglich gemachten Werk sind zulässig, sofern sie anständigen Gepflogenheiten entsprechen und in ihrem Umfang durch den Zweck gerechtfertigt sind, (…).

373 Dreier/Schulze-Dreier, § 51 Rn. 24.

374 BGH GRUR 2010, 628, 630 – Vorschaubilder,; gegen das Erfordernis der Werkqualität noch die Vorinstanz OLG Jena, GRUR-RR 2008, 223, 225 – Thumbnails.

375 Prengel, Bildzitate von Kunstwerken, S. 126.

376 Brauns, Entlehnungsfreiheit, S. 37.

377 BGH GRUR 1994, 800, 802 – Museumskatalog, der für die Selbstständigkeit neben der Unabhängigkeit zusätzlich die Urheberschutzfähigkeit verlangt; Brauns, Entlehnungsfreiheit, S. 34; Dreier/Schulze-Dreier, § 51 Rn. 7; Hoeren/Sieber-Raue/Hegemann, Multimedia-Recht, Teil 7.3, Rn. 93.

378 BGH GRUR 1986, 59 – Geistchristentum; Ulmer, Urheber- und Verlagsrecht, S. 314.

379 Dreyer/Kotthoff/Meckel-Dreyer, § 51 Rn. 10; Prengel, Bildzitate von Kunstwerken, S. 128; Brauns, Entlehnungsfreiheit, S. 35.

380 Brauns, Entlehnungsfreiheit, S. 34.

381 BGH GRUR 1973, 216, 217 – Handbuch moderner Zitate, unter Hinweis auf den Wortlaut des § 4 I UrhG: **wie** selbstständige Werke (Hervorhebung durch Verf.).

den Zitaten quantitativ überwiege.[382] Da auch § 24 I UrhG die Selbstständigkeit voraussetze, sei dies zu verneinen, wenn es sich lediglich um eine Bearbeitung oder sonstige Umgestaltung nach § 23 UrhG handele.[383]

Die Parodie sei in der Regel[384] ein Werk.[385] Die entlehnten Elemente würden als „Bausteine" verwendet, ohne die die Parodie ihren Sinn verlieren würde.[386] Zwar müsse eine Einzelfallentscheidung getroffen werden, doch sei meistens die Selbstständigkeit zu verneinen.[387]

c) Zitatzweck (besonderer Zweck)

Die Nutzung muss zudem durch einen Zitatzweck gedeckt sein. Der Zitatzweck ist die entscheidende Voraussetzung des § 51 UrhG.[388] Er wird nur in § 51 S. 2 Nr. 1 UrhG dahin gehend konkretisiert, dass wissenschaftliche Zitate der Erläuterung des Inhalts dienen müssen. Da der Zitatzweck im Übrigen nicht konkretisiert ist, wird schlussgefolgert, dass er im Übrigen weiter auszulegen ist, als im Rahmen des wissenschaftlichen Großzitats nach § 51 S. 2 Nr. 1 UrhG.[389] Art. 5 III d) Multimedia-RL nennt „Zwecke wie Kritik oder Rezension", sodass eine richtlinienkonforme Auslegung auch diese Zwecke einschließt. Zulässige Zitatzwecke seien unter anderem die Verwendung als Motto, als Hommage sowie die Benutzung als künstlerisches Stilmittel wie des Kontrastes oder der Parodie.[390] Teilweise wird vorgeschlagen, die in Art. 5 III Multimedia-RL genannten Schrankenvorschriften als mögliche Zitierzwecke heranzuziehen, zu denen auch die in Art. 5 III k) Multimedia-RL genannten Karikaturen, Parodien oder Pastiches zählen.[391] Das Zitat müsse als fremde Zutat gekennzeichnet werden und sich von dem eigenen Werk abheben.[392]

---

382 Brauns, Entlehnungsfreiheit, S. 34 f.

383 BGH GRUR 1994, 800, 802 – Museumskatalog; Dreier/Schulze-Dreier, § 51 Rn. 7; Hoeren/Sieber-Raue/Hegemann, Multimedia-Recht, Teil 7.3, Rn. 93; Prengel, Bildzitate von Kunstwerken, S. 127 f.; Schricker-Schricker/Spindler, § 51 Rn. 21.

384 Hess, Urheberrechtsprobleme der Parodie, S. 136.

385 Hefti, Parodie im Urheberrecht, S. 108.

386 Hess, Urheberrechtsprobleme der Parodie, S. 137.

387 Hess, Urheberrechtsprobleme der Parodie, S. 137.

388 BGH GRUR 1983, 25, 28 – Presseberichterstattung und Kunstwerkwiedergabe I.

389 Dreier/Schulze-Dreier, § 51 Rn. 15.

390 Dreier/Schulze-Dreier, § 51 Rn. 15.

391 Schricker-Schricker/Spindler, § 51 Rn. 14, der Art. 3 (sic!) Multimedia-RL zitiert, anstatt Art. 5 III Multimedia-RL.

392 Dreier/Schulze-Dreier, § 51 Rn. 3.

Gemeinsame Voraussetzung der § 51 S. 2 Nr. 1–3 UrhG ist die Aufnahme bzw. das Anführen des Zitierten im zitierenden Werk.[393] Erforderlich sei dafür die innere Verbindung zwischen den verwendeten fremden Werken oder Werkteilen und den eigenen Gedanken des Zitierenden.[394] Diese fehle insbesondere, wenn sich das zitierende Werk nicht näher mit dem Originalwerk auseinandersetze, sondern es nur zur Illustration verwende,[395] die Zitate bloß äußerlich und zusammenhanglos einfüge oder anhänge[396] oder das Zitat ausschließlich eine informierende Berichterstattung bezwecke.[397]

Aufgrund des kritischen und antithematischen Bezugs zur Vorlage sei ein Anführen bei der Parodie zu bejahen.[398] Zwischen den übernommenen Werkteilen und der neuen Aussage der Parodie bestehe daher eine innere Verbindung.[399]

aa) Belegfunktion

Es genüge nicht, wenn die Verwendung nur zum Ziel habe, das fremde Werk leichter zugänglich zu machen oder sich eigene Ausführungen zu ersparen.[400] Das Zitatrecht erlaube es nicht, ein fremdes Werk nur um seiner selbst willen zur Kenntnis der Allgemeinheit zu bringen.[401]

Zitate sollten vielmehr als Beleg[402] oder Erörterungsgrundlage für selbstständige Ausführungen des Zitierenden sowie der Erleichterung der geistigen Auseinandersetzung dienen.[403] Sie dürften nur Hilfsmittel der eigenen Darstellung

---

393 Zwischen dem Anführen und Aufnehmen bestehe kein inhaltlicher Unterschied. Die Wortwahl sei nur sprachlich bedingt. Vgl. Schricker-Schricker/Spindler, § 51 Rn. 26.

394 BGH GRUR 2012, 819, 820 – Blühende Landschaften; BGH GRUR 2011, 415, 417 – Kunstausstellung im Online-Archiv; BGH GRUR 2010, 628, 630 – Vorschaubilder; BGH GRUR 1986, 59, 60 – Geistchristentum.

395 BGH GRUR 2012, 819, 822 – Blühende Landschaften.

396 BGH GRUR 2012, 819, 822 – Blühende Landschaften; BGH GRUR 1986, 59, 60 – Geistchristentum; so auch BGH GRUR 1959, 197, 199 – Verkehrs-Kinderlied zur alten Rechtslage in § 19 I Nr. 2 LUG.

397 BGH GRUR 2012, 819, 822 – Blühende Landschaften; BGH GRUR 1983, 25, 28 – Presseberichterstattung und Kunstwerkwiedergabe I.

398 Hess, Urheberrechtsprobleme der Parodie, S. 139.

399 Hess, Urheberrechtsprobleme der Parodie, S. 139.

400 BGH GRUR 2012, 819, 820 – Blühende Landschaften; BGH GRUR 2010, 628, 630 – Vorschaubilder.

401 BGH GRUR 2012, 819, 822 – Blühende Landschaften.

402 Vgl. BVerfG GRUR 2001, 149, 152 – Germania 3.

403 BGH GRUR 2012, 819, 820 – Blühende Landschaften; BGH GRUR 2010, 628, 630 – Vorschaubilder; Ulmer, Urheber- und Verlagsrecht, S. 312.

sein.[404] Dies sei zu verneinen, wenn sie ein solches Ausmaß annähmen, dass sie die eigene Ansicht des Zitierenden nicht nur stützten, sondern das zitierende Werk in weiten Teilen selbstständig trügen.[405]

Teilweise wird die Auffassung vertreten, bei der Parodie dienten die übernommenen Werkteile als Beleg für das zu Kritisierende am Originalwerk.[406] Der Zitatzweck sei aufgrund der Antithematik erfüllt, die nur ein „geistig-kritisches" Verhältnis bedeute.[407] Es wird auch die entgegengesetzte Auffassung vertreten, die Bezugnahme auf das Originalwerk diene bei der Parodie grundsätzlich nicht als Beleg.[408] Eine vermittelnde Ansicht bejaht das Vorliegen der Belegfunktion nur bei Parodien, die sich auf den Inhalt des Originalwerks beziehen.[409] Sofern die Parodie das Originalwerk nur zur Kommentierung davon unabhängiger Tatbestände verwende, sei dies nicht von der Belegfunktion umfasst.[410]

bb) Mittel künstlerischen Ausdrucks und künstlerischer Gestaltung

Im Anschluss an die Germania 3-Entscheidung des BVerfG[411] hat der BGH seine ständige Rechtsprechung dahingehend erweitert, dass die innere Verbindung über die bloße Belegfunktion hinaus auch als Mittel künstlerischen Ausdrucks und künstlerischer Gestaltung anzuerkennen sei.[412] Das Zitatrecht nach § 51 S. 2 Nr. 2 UrhG weise bei Kunstwerken einen weiteren Anwendungsbereich auf, als bei nichtkünstlerischen Sprachwerken.[413] Anhand einer umfassenden Würdigung des gesamten Werkes sei zu bestimmen, ob das Werk Gegenstand und Gestaltungsmittel einer eigenen künstlerischen Aussage oder eine bloße Anreicherung des Werkes durch fremdes geistiges Eigentum sei.[414] Bei Entlehnungen aus mehreren Werken entbinde die kunstspezifische Betrachtung nicht von der konkreten Prüfung der Voraussetzungen des § 51 S. 2 Nr. 2 UrhG für jeden

---

404 BGH GRUR 1986, 59, 60 – Geistchristentum; BGH GRUR 1982, 37, 40 – WK-Dokumentation.

405 BGH GRUR 1982, 37, 40 – WK-Dokumentation.

406 Hess, Urheberrechtsprobleme der Parodie, S. 140.

407 Hess, Urheberrechtsprobleme der Parodie, S. 140.

408 Mauch, Beurteilung von Parodien, S. 68; Schack, Urheberrecht, Rn. 280.

409 Stuhlert, Behandlung der Parodie, S. 62.

410 Stuhlert, Behandlung der Parodie, S. 62.

411 BVerfG GRUR 2001, 149 ff. – Germania 3.

412 BGH GRUR 2012, 819, 820 – Blühende Landschaften im Anschluss an BGH GRUR 2001, 149, 151 – Germania 3.

413 BGH GRUR 2012, 819, 820 – Blühende Landschaften.

414 BGH GRUR 2012, 819, 821 – Blühende Landschaften; BVerfG GRUR 2001, 149, 152 – Germania 3.

Eingriff.[415] Die innere Verbindung mit den Gedanken des Zitierenden müsse zusätzlich zur Kunstwerkeigenschaft vorliegen.[416]

Die Literatur schließt sich der BGH-Rechtsprechung an.[417] Teilweise kritisiert sie, dass der BGH einerseits die Möglichkeit einer verfassungskonformen Auslegung im Rahmen der Kunstfreiheit sehr weitgehend bejahe, andererseits aber die Grenze der eigenen künstlerischen Aussage sehr eng fasse.[418] Dies habe zur Folge, dass die Entscheidung des Falles sich auf die Frage zuspitze, wann es sich bei einem Werk um Kunst handele.[419]

Sofern eine Belegfunktion zu verneinen ist, muss daher im Einzelfall festgestellt werden, ob die Parodie Kunst nach Art. 5 III 1 GG darstellt und daher die Zitate als Gestaltungsmittel einer eigenen künstlerischen Aussage verwenden darf.

d) Zitierumfang

Die Zitate müssen den gebotenen Umfang einhalten. Die Überschreitung des zulässigen Zitatumfangs führt dazu, dass nicht nur der überschießende Teil, sondern das gesamte Zitat unzulässig ist.[420]

aa) Zitatzweck

Nach § 51 S. 1 UrhG muss die Nutzung in ihrem Umfang durch den besonderen Zweck gerechtfertigt sein. Der zulässige Zitierumfang ist also vom Zitatzweck abhängig.[421] Der Zitierumfang sei jedoch nicht auf das zwingend erforderliche[422] Minimum beschränkt.[423] Vielmehr sei eine Zitierung in vernünftigem und sachgerechtem Umfang zulässig.[424] Dabei sei eine Abwägung aller Umstände des Einzelfalls erforderlich.[425]

---

415 BGH GRUR 2012, 819, 821 – Blühende Landschaften.

416 BGH GRUR 2012, 819, 821 – Blühende Landschaften.

417 Bullinger, GRUR-Prax 2012, 287; Elmenhorst/Schmidt-Thomé, ZUM 2012, 684 ff; Völzmann-Stickelbrock, LMK 2012, 334799, 3.

418 Völzmann-Stickelbrock, LMK 2012, 334799, 3.

419 Völzmann-Stickelbrock, LMK 2012, 334799, 3.

420 BGH GRUR 2012, 819, 822 – Blühende Landschaften; Dreyer/Kotthoff/Meckel-Dreyer, § 51 Rn. 59; Schricker-Schricker/Spindler, § 51 Rn. 19; Wandtke/Bullinger-Lüft, § 51 Rn. 6.

421 BGH GRUR 2012, 819, 822 – Blühende Landschaften; BGH GRUR 1986, 59, 60 – Geistchristentum.

422 Schricker-Schricker/Spindler, § 51 Rn. 19.

423 Dreier/Schulze-Dreier, § 51 Rn. 5.

424 Dreier/Schulze-Dreier, § 51 Rn. 5; Schricker-Schricker/Spindler, § 51 Rn. 19.

425 Dreier/Schulze-Dreier, § 51 Rn. 5; Schricker-Schricker/Spindler, § 51 Rn. 19.

Da für die Erstellung einer Parodie oft geringste Entlehnungen ausreichten, um den erkennbaren, antithematischen Bezug zum Originalwerk herzustellen, werde der erforderliche Umfang oft überschritten.[426] Im Zweifel sei aufgrund des Ausnahmecharakters des § 51 UrhG der gebotene Umfang überschritten.[427]

bb) Ganze Werke, Stellen oder einzelne Stellen eines Werks

Der zulässige Zitierumfang ist nicht allein vom Zitatzweck abhängig. Vielmehr ist der zulässige Umfang auch von der Werkgattung des zitierenden Werks abhängig, wobei er in drei Stufen abnimmt. Während nach § 51 S. 2 Nr. 1 UrhG das Zitat ganzer Werke in wissenschaftliche Werke zulässig ist, erlaubt § 51 S. 2 Nr. 2 UrhG nur das Zitieren von Stellen eines Werks und § 51 S. 2 Nr. 3 UrhG nur von einzelnen Stellen eines Musikwerks.

Was unter „Stellen“ oder „einzelne Stellen“ zu verstehen ist, ist weiter unten im Rahmen des Kleinzitats nach § 51 S. 2 Nr. 2 UrhG und des Musikzitats nach § 51 S. 2 Nr. 3 UrhG darzustellen.

cc) Anständige Gepflogenheiten

Das Zitat muss auch den anständigen Gepflogenheiten entsprechen. Dieses ungeschriebene Tatbestandsmerkmal[428] ergibt sich aus der richtlinienkonformen Auslegung gemäß Art. 5 III d) Multimedia-RL und wird auch in Art. 10 I RBÜ genannt.

Das Zitat dürfe nicht in einem solchen Umfang von dem Original Kenntnis verschaffen, dass dadurch ein gewisser Ersatz für den Erwerb des Originalwerks geschaffen werde und die Verwertungsmöglichkeiten des Originalurhebers geschmälert würden.[429] Eine indirekte Beeinträchtigung durch die durch das Zitat bewirkte Kritik bleibt außer Betracht.[430] Vielmehr geht es um eine direkte Substitutionskonkurrenz.

---

426 Hess, Urheberrechtsprobleme der Parodie, S. 140.

427 Hess, Urheberrechtsprobleme der Parodie, S. 140.

428 Auf die Aufnahme dieses Tatbestandsmerkmals wurde im Rahmen des zweiten Korbs ausdrücklich verzichtet, da es ohnehin aufgrund Art. 10 I RBÜ gelte, RegE, BT-Drs. 16/1828, S. 25.

429 BGH GRUR 1986, 59, 60 – Geistchristentum; so bereits BGH GRUR 1959, 197, 200 – Verkehrs-Kinderlied zur früheren Regelung des § 19 I LUG; Schricker-Schricker, § 51 Rn. 44; Wandtke/Bullinger-Lüft, § 51 Rn. 5; Ulmer, Urheber- und Verlagsrecht, S. 314; gegen die Berücksichtigung der wirtschaftlichen Interessen des Zitierenden: Prengel, Bildzitate von Kunstwerken, S. 136 ff.

430 Schricker-Schricker/Spindler, § 51 Rn. 23.

Die Parodie stelle keine wirtschaftliche Konkurrenz zum Originalwerk dar.[431] Sie ahme das Originalwerk nicht positiv im Sinne einer Substitution nach, sondern lehne es vielmehr ab.[432]

e) Vervielfältigung, Verbreitung oder öffentliche Wiedergabe

§ 51 S. 1 UrhG erlaubt die Vervielfältigung (§ 16 UrhG), Verbreitung (§ 17 UrhG) sowie die öffentliche Wiedergabe (§ 15 II, III UrhG i.V.m. §§ 19–22 UrhG). Das Ausstellungsrecht nach § 15 I Nr. 3 UrhG i.V.m. § 18 UrhG wird nicht eingeräumt, da es nur an unveröffentlichten Werken besteht, das Zitatrecht die Veröffentlichung aber gerade voraussetzt.[433]

3. Zusätzliche Voraussetzungen des Kleinzitats nach § 51 S. 2 Nr. 2 UrhG

Das Kleinzitat nach § 51 S. 2 Nr. 2 UrhG erlaubt, dass Stellen eines Werkes nach der Veröffentlichung in einem selbstständigen Sprachwerk angeführt werden. Dabei ist die Werkgattung des zitierten Werks nicht von Bedeutung.[434]

a) Stellen

Als Stellen eines Werkes werden grundsätzlich nur kleine Ausschnitte angesehen.[435] Der zulässige Umfang hängt vom Verhältnis des Zitats zum benutzten Werk ab (relatives Maß), was jedoch nicht arithmetisch bestimmt werden kann.[436] Somit darf aus langen Werken mehr und aus kurzen Werken weniger zitiert werden.[437] Dabei müssen die Besonderheiten des Einzelfalls berücksichtigt werden.[438] Auch das Ausmaß des Zitats für sich gesehen (absolutes Maß)

---

431 Hess, Urheberrechtsprobleme der Parodie, S. 140.

432 Hess, Urheberrechtsprobleme der Parodie, S. 140.

433 Schricker-Schricker/Spindler, § 51 Rn. 25.

434 Schricker-Schricker/Spindler, § 51 Rn. 42.

435 BGH GRUR 1986, 59 – Geistchristentum; Ulmer, Urheber- und Verlagsrecht, S. 314; Dreier/Schulze-Dreier, § 51 Rn. 14; vgl. auch RegE BT-Drs. IV/270, S. 67: Die ursprüngliche zusätzliche Alternative „kleinere Teile“ aus § 19 Nr. 1 LUG sei wegen deren Unbestimmtheit weggelassen worden. Eine sachliche Änderung sei aber nicht beabsichtigt.

436 BGH GRUR 1986, 59 f. – Geistchristentum; Ulmer, Urheber- und Verlagsrecht, S. 314.

437 Dreier/Schulze-Dreier, § 51 Rn. 14; Schricker-Schricker/Spindler, § 51 Rn. 44.

438 BGH GRUR 1986, 59, 60 – Geistchristentum; BGH GRUR 1959, 197, 199 – Verkehrs-Kinderlied.

ist entscheidend.[439] Im Ausnahmefall kann auch die Zitierung des wesentlichen Teils eines Werkes,[440] also mehr als nur „Stellen" zulässig sein.[441]

Da die Parodie in aller Regel umfangreichere Teile als nur Stellen übernehmen muss,[442] ist sie darauf angewiesen, das große Kleinzitat in Anspruch nehmen.

b) Sprachwerk

§ 51 S. 2 Nr. 2 UrhG regelt seinem Wortlaut nach nur das Zitat in Sprachwerken gemäß § 2 I Nr. 1 UrhG. Jedoch wurde die Regelung schon früh als zu eng empfunden und eine analoge Anwendung auf andere Werkarten wie Filmwerke oder Pantomime befürwortet.[443] Die Einfügung der Generalklausel des § 51 S. 1 UrhG sollte auch das Zitat in anderen Werkarten wie Multimediawerken, Filmwerken und Werken der Innenarchitektur ermöglichen.[444] Die Notwendigkeit einer Analogie ist durch die Generalklausel entfallen, die die Aufnahme in alle Werkarten unterschiedslos ermöglicht, sofern nicht die Sonderregelung für Musikwerke nach § 51 S. 2 Nr. 3 UrhG eingreift.[445]

4. Zusätzliche Voraussetzungen des Musikzitats nach § 51 S. 2 Nr. 3 UrhG

§ 51 S. 2 Nr. 3 UrhG erlaubt es, einzelne Stellen eines erschienenen Werkes der Musik in einem selbstständigen Werk der Musik anzuführen. Da das Musikzitat nicht zur Umgehung des § 24 II UrhG führen darf, ist seine praktische Bedeutung gering.[446] Das Musikzitat wurde in das UrhG aufgenommen, da man es vor allem für satirische und kabarettistische Darbietungen für notwendig hielt.[447] Musikzitate in Sprachwerken sind nicht nach § 51 S. 2 Nr. 3 UrhG, sondern nach § 51 S. 2 Nr. 2 UrhG bzw. unmittelbar nach der Generalklausel nach § 51 S. 1 UrhG zu beurteilen.[448]

---

439 Dreier/Schulze-Dreier, § 51 Rn. 14; Schricker-Schricker/Spindler, § 51 Rn. 44.

440 BGH GRUR 1986, 59, 60 – Geistchristentum.

441 Vgl. Brauns, Entlehnungsfreiheit, S. 138 ff. zum sog. großen Kleinzitat.

442 Hefti, Parodie im Urheberrecht, S. 109.

443 Für eine analoge Anwendung auf Filmwerke und Pantomime Ulmer, Urheber- und Verlagsrecht, S. 315 mit Verweis auf die Regelungslücke aufgrund der Entstehungsgeschichte der Vorschrift des § 51 UrhG; BGH GRUR 1987, 362 – Filmzitat.

444 RegE, BT-Drs. 16/1828, S. 25.

445 Schricker-Schricker/Spindler, § 51 Rn. 23 m.w.N.

446 Loewenheim-Loewenheim, Handbuch des Urheberrechts, § 31 Rn. 185.

447 Haertel/Schiefer, S. 229, zit. nach Schricker-Schricker/Spindler, § 51 Rn. 2.

448 Schricker-Schricker/Spindler, § 51 Rn. 13.

a) Einzelne Stellen

Im Rahmen des Musikzitats dürfen nur einzelne Stellen zitiert werden, was einen weitaus geringeren Entlehnungsumfang zulässt, als das Kleinzitat nach § 51 S. 2 Nr. 2 UrhG. Auf die obigen Ausführungen wird insoweit verwiesen. Ein Hörer mit durchschnittlichem musikalischem Empfinden müsse die fremde Melodie gerade noch erkennen.[449]

b) Erschienenes Werk der Musik

Der Begriff des Erscheinens ist in § 6 II UrhG legaldefiniert. Er ist enger als der Begriff der Veröffentlichung[450] und ist somit als eine qualifizierte Art der Veröffentlichung anzusehen.[451]

c) Besonderheiten bezüglich der Selbstständigkeit

Aufgrund einer systematischen Auslegung im Zusammenhang mit § 24 II UrhG fehle die Selbstständigkeit in § 51 S. 2 Nr. 3 UrhG, wenn die zitierte Tonfolge dem zitierenden Werk zugrunde gelegt werde.[452] Die Tonfolge dürfe nur anklingen.[453] Variationen seien daher nicht zulässig.[454]

5. Änderungsverbot nach § 62 UrhG

Das Zitat darf grundsätzlich keine Änderungen an den entlehnten Werkteilen vornehmen, § 62 I 1 UrhG. Das Änderungsverbot schützt das Urheberpersönlichkeitsrecht aus § 14 UrhG.[455]

Der Parodist erreiche die komische Wirkung jedoch durch Veränderung der übernommenen Werkteile.[456] Der Sinn und die Aussage des Originalwerkes würden durch Auslassen oder Hinzufügen von Teilen verändert.[457] Durch die

---

449 Schricker-Schricker/Spindler, § 51 Rn. 49; a.A. Brauns, Entlehnungsfreiheit, S. 190, der auf einen kundigen, vom Komponisten angesprochener Adressatenkreis abstellt.

450 Dreyer/Kotthoff/Meckel-Dreyer, § 6 Rn. 57.

451 BT-Drs. IV/270, S. 40.

452 Ulmer, Urheber- und Verlagsrecht, S. 315; Dreier/Schulze-Dreier, § 51 Rn. 49.

453 Ulmer, Urheber- und Verlagsrecht, S. 315; Schricker-Schricker/Spindler, § 51 Rn. 49.

454 Hoeren/Sieber-Raue/Hegemann, Multimedia-Recht, Teil 7.3, Rn. 109; Schricker-Schricker/Spindler, § 51 Rn. 49.

455 Stuhlert, Behandlung der Parodie, S. 64.

456 Hefti, Parodie im Urheberrecht, S. 108; zustimmend: Mauch, Beurteilung von Parodien, S. 71: „zumeist".

457 Hefti, Parodie im Urheberrecht, S. 108; Hess, Urheberrechtsprobleme der Parodie, S. 141; a.A. Becker, Parodie und Kommerz, S. 26 Fn. 145: neben der unveränderten

Parodie werde dem Originalwerk in der Regel gerade eine entgegengesetzte inhaltliche Aussage untergeschoben.[458] Auch würden die entnommenen Werkteile in einem anderen Zusammenhang dargestellt.[459] Da eine sinnentstellende, verfälschende Zitierweise nach § 62 I 2 i.V.m. § 39 II UrhG stets unzulässig sei, könne der Parodist dem Änderungsverbot nur schwer entsprechen.[460] Das Zitatrecht könne daher nur für Parodien in Anspruch genommen werden, die Werkteile unverändert wiedergeben.[461]

6. *Quellenangabe nach § 63 UrhG*

§ 63 UrhG verlangt die deutliche Angabe der Zitierquelle bei der Vervielfältigung (§ 63 I 1 UrhG) und bei der öffentlichen Wiedergabe (§ 63 II 2 UrhG). Dieses Erfordernis schützt das Recht auf Anerkennung der Urheberschaft nach § 13 UrhG.[462]

Teilweise wird die Auffassung vertreten, dass die Parodie das Gebot der Quellenangabe unter Umständen erfüllen könne.[463] Überwiegend wird demgegenüber überzeugend vertreten, dass eine Quellenangabe belehrend und humorlos wirken würde.[464] Wenn ein Witz zuerst erklärt werden müsse, verginge einem zumeist das Lachen.[465] Die Parodie lebe davon, dass der Adressat selbst feststelle, welche Werkteile woher entlehnt wurden.[466] Jedoch muss im Falle der Vervielfältigung[467] und der öffentlichen Wiedergabe[468] der Parodie die Quelle genannt

---

Aussage des Originalwerks werde die Aussage der Parodie genannt, um eine Pointierung zu erreichen.

458 Hess, Urheberrechtsprobleme der Parodie, S. 141.

459 Hefti, Parodie im Urheberrecht, S. 108; Dieth, Musikwerk und Musikplagiat, S. 189 für Musikzitate nach § 51 S. 2 Nr. 3 UrhG.

460 Hess, Urheberrechtsprobleme der Parodie, S. 141; Hefti, Parodie im Urheberrecht, S. 108; vgl. Mauch, Beurteilung von Parodien, S. 71; Prengel, Bildzitate von Kunstwerken, S. 51.

461 Mauch, Beurteilung von Parodien, S. 72; Prengel, Bildzitate von Kunstwerken, S. 51; Stuhlert, Behandlung der Parodie, S. 64; Schack, Urheberrecht, Rn. 280.

462 Stuhlert, Behandlung der Parodie, S. 64.

463 Hefti, Parodie im Urheberrecht, S. 108.

464 Hess, Urheberrechtsprobleme der Parodie, S. 142.

465 Hertin, GRUR 1989, 159, 164; Rütz, WRP 2004, 323, 326.

466 Hess, Urheberrechtsprobleme der Parodie, S. 142; Mauch, Beurteilung von Parodien, S. 72.

467 Hess, Urheberrechtsprobleme der Parodie, S. 142.

468 Die von Hess, Urheberrechtsprobleme der Parodie, S. 142 vertretene Auffassung, die Quellenangabe entspreche bei der öffentlichen Wiedergabe im Rahmen einer

werden. Das Gebot der Quellenangabe stellt für die Parodie daher ein entscheidendes Hindernis dar.[469]

7. Stellungnahme

Die Anwendung des Zitatrechts auf die Parodie muss insbesondere in Anbetracht der erfolgten gesetzlichen Änderungen des § 51 UrhG neu bewertet werden. Die Einfügung der Generalklausel des § 51 S. 1 UrhG verschafft der Parodie einen weiteren Spielraum als bisher. Zu begrüßen ist, dass die Entstehung eines Werks nach dem Wortlaut nicht mehr zwingende Voraussetzung ist. Zwar fordert die Literatur weiterhin ein solches. Doch ist diese Auffassung im Wandel. Die höchstrichterliche Rechtsprechung hat diese Frage zuletzt offen gelassen und erste Stimmen vertreten, dass ein entstehendes Werk nicht mehr vorausgesetzt wird. Letztere Auffassung überzeugt und ist ein begrüßenswerter Schritt zur Abkehr vom modernen Originalitätsdogma, das in § 24 I UrhG noch unverändert vorgeschrieben ist. Die Auffassung, dass das kulturelle Leben nur durch Werke bereichert wird, ist heute nicht mehr haltbar.

Das Modernitätsdogma erodiert noch an einer anderen Stelle: Die Selbstständigkeit des Zitats wird vom Wortlaut des § 51 S. 1 UrhG ebenfalls nicht mehr vorausgesetzt. Freilich fordert auch hier die Literatur dennoch weiter die Selbstständigkeit und verweist – so wie auch im Rahmen der eben genannten Werkeigenschaft – auf die Regelbeispiele. Dies mag auch damit zusammenhängen, dass zwischen der Selbstständigkeit des Zitiersubjekts und der Werkeigenschaft desselben nicht scharf unterschieden wird.[470] Für die Selbstständigkeit wird eine wesentliche eigene schöpferische Leistung des Zitiersubjekts gefordert, sodass dann in der Regel auch die Werkeigenschaft nach § 2 II UrhG erfüllt sein dürfte. Die Renaissance des Unselbstständigen, Abgeleiteten, das sich insbesondere in der Appropriation Art zeigt, erfordert jedoch, die neuen vorhandenen Auslegungsspielräume postmodern auszufüllen. Auch Art. 5 III d) Multimedia-RL und Art. 10 I RBÜ setzen für Zitate keine Selbstständigkeit

Parodie nicht der Verkehrssitte, ist mit dem Wortlaut des § 63 II 2 UrhG nicht mehr vertretbar, da dieser im Gegensatz zu § 63 II UrhG a.F. nun stets eine Quellenangabe fordert, sofern dies nicht unmöglich ist.

469 Schack, Urheberrecht, Rn. 280; Hess, Urheberrechtsprobleme der Parodie, S. 142 nur für die körperlich fixierte Parodie aufgrund des alten Wortlauts des § 63 II UrhG a.F.

470 Vgl. v.a. die Definition in Wandtke-Czernik, Medienrecht, Bd. 2, Kap. 2 § 6 Rn. 86: Selbstständig sei ein Werk, wenn es selbst urheberrechtlich schutzfähig sei.

voraus. Eine richtlinienkonforme Auslegung des § 51 S. 1 UrhG verlangt daher, Zitate nicht unter strengeren Voraussetzungen als nach Art. 5 III d) Multimedia-RL zu ermöglichen. Dies muss infolgedessen auch für die Regelbeispiele in § 51 S. 2 Nr. 1–3 UrhG gelten, sodass die dort (noch) geforderte Selbstständigkeit richlinienkonform nicht mehr zwingend notwendig ist. Für die Parodie bedeutet der Verzicht auf das Selbstständigkeitserfordernis eine enorme Erleichterung, denn sie ist parasitär und daher gerade von ihrer Vorlage abhängig. Sie könnte das Selbstständigkeitserfordernis daher nicht erfüllen.

Zu begrüßen ist die Erweiterung des möglichen Zitatzwecks durch die neuere Rechtsprechung, da die Belegfunktion durch die Parodie nur schwierig zu erfüllen sein dürfte. Das Original trägt die Parodie nämlich wie ein Gerüst über weite Teile und dient daher nicht nur als Hilfsmittel der eigenen Darstellung. Die neu ermöglichte Verwendung des Zitats als Mittel künstlerischen Ausdrucks und künstlerischer Gestaltung eröffnet neue Spielräume für die Parodie. Voraussetzung ist hierfür jedoch, dass die Parodie Kunst i.S.d. Art. 5 III 1 GG ist. Abgesehen davon, dass nicht alle Parodien diese Voraussetzung erfüllen, wird die Anwendung des § 51 UrhG durch die inzidente Prüfung des Art. 5 III 1 GG durch die Zivilgerichte nur unnötig kompliziert. Die problematische Frage, ob ein Zitatzweck vorliegt, wird durch die noch problematischere Frage ausgefüllt, ob im Einzelfall Kunst nach Art. 5 III 1 GG vorliegt. Die Zivilgerichte dürften bei der Beurteilung dieser Frage in der Regel überfordert sein.

Die Begrenzung des Zitierumfangs durch den gebotenen Zweck kann im Einzelfall dazu führen, dass die Parodie kein zulässiges Zitat nach § 51 UrhG darstellt. Den anständigen Gepflogenheiten entspricht eine Parodie, denn sie ist für einen anderen Adressatenkreis bestimmt als das Original und steht mit diesem daher nicht in Konkurrenz. Die durch die Parodie bewirkte Kritik des Originals steht dem nicht entgegen. Schwieriger zu erfüllen dürfte die Voraussetzung der Zitierung von Stellen bzw. einzelnen Stellen nach § 51 S. 2 Nr. 2, 3 UrhG sein, da die Parodie regelmäßig mehr als nur kleine Ausschnitte, also Stellen, entlehnt. Die literarische Parodie ist daher in aller Regel nur als großes Kleinzitat denkbar. Weitaus schwieriger zu erfüllen ist die Voraussetzung einzelner Stellen nach § 51 S. 2 Nr. 3 UrhG, da die Parodie mehr als nur die zur Erkennbarkeit der Melodie zwingend erforderlichen Teile entlehnt.

Die größte Hürde des Zitatrechts für die Parodie stellt das Änderungsverbot des § 62 I 1 UrhG dar. Zwar kann im Einzelfall ein humoristischer Effekt auch dadurch hergestellt werden, dass die entlehnten Teile des Originalwerks unverändert in einen anderen Zusammenhang gestellt werden und dadurch ein Kontrast erreicht wird. In der Regel benötigt die Parodie aber den Freiraum, Elemente des Originals antithematisch zu verändern, um einen Kontrast herzustellen. Ein

Verweis auf eine mögliche Darstellung unveränderter Entlehnungen in einem anderen Zusammenhang würde die Schaffensfreiheit dieser Kunstform zu sehr beschränken.

Zusammenfassend kann daher festgestellt werden, dass das Zitatrecht nur Parodien rechtfertigen kann, die die entlehnten Werkteile nicht verändern. Da die Parodie jedoch regelmäßig antithematische Änderungen an den Entlehnungen vornimmt, wird sich der Parodist nur in seltenen Fällen auf § 51 UrhG berufen können.

III. Schutz vor Entstellungen des Originalwerks, § 14 UrhG

Fraglich ist, ob der Originalurheber aufgrund des Entstellungsverbots des § 14 UrhG gegen eine Parodie vorgehen kann. Nach § 14 UrhG hat der Urheber das Recht, eine Entstellung oder eine andere Beeinträchtigung seines Werkes zu verbieten, die geeignet ist, seine berechtigten geistigen oder persönlichen Interessen am Werk zu gefährden.[471]

1. Sinn und Zweck

§ 14 UrhG ist Kern des Urheberpersönlichkeitsrechts im engeren Sinne, das in §§ 12–14 UrhG geregelt ist.[472] Das Urheberpersönlichkeitsrecht ist wiederum eine Ausprägung des allgemeinen Persönlichkeitsrechts nach Art. 1 I, 2 I GG.[473]

§ 14 UrhG schützt den geistig-ästhetischen Gesamteindruck des Werks,[474] und damit das geistige und persönliche Band zwischen dem Urheber und seinem Werk.[475] Zwischen ihnen besteht ein ganz besonderes persönliches

---

471 Das Entstellungsverbot war im LUG nicht geregelt, wurde aber schon damals von der Rechtsprechung anerkannt und daher 1965 in das UrhG aufgenommen. Es ist seit 1928 auch in Art. 6bis RBÜ geregelt: vgl. von Detten, Kunstausstellung und Urheberpersönlichkeitsrecht, S. 85 f. § 14 UrhG geht aber darüber hinaus, da es die geistigen und persönlichen Interessen des Urhebers schützt, während Art. 6bis RBÜ nur die persönlichen Interessen der Ehre und des Rufs schützt, Ulmer, Urheber- und Verlagsrecht, S. 216.

472 Schricker-Dietz/Peukert, § 14 Rn. 1; Wandtke/Bullinger-Bullinger, Vorbemerkung §§ 12 ff. Rn. 4. Das Urheberpersönlichkeitsrecht ist nicht nur in den §§ 12–14 UrhG geregelt, sondern kommt in vielen anderen Vorschriften des UrhG zum Ausdruck.

473 Rehbinder, Urheberrechtsgesetz, Rn. 136; dies ist umstritten: vgl. von Detten, Kunstausstellung und Urheberpersönlichkeitsrecht, S. 145 m.w.N.

474 Dreier/Schulze-Schulze, § 14 Rn. 1.

475 RegE, BT-Drs. IV, 270, S. 45.

Näheverhältnis,[476] das auch erhalten bleibt, wenn der Urheber die Verwertungsrechte an seinem Werk überträgt.

Der Urheber hat ein schützenswertes Interesse daran, dass die Integrität seines Werks erhalten bleibt.[477] Er hat nach § 12 I UrhG das Recht zu bestimmen, in welcher konkreten Form er sein Werk veröffentlicht.[478] Sein Werk muss grundsätzlich in dieser von ihm geschaffenen, unveränderten Gestaltung zugänglich gemacht werden.[479] Weiterhin hat er ein wesentliches Interesse daran, dass ihm nicht fremde Gestaltungen zugerechnet werden[480] und das Publikum aufgrund dessen einen falschen Eindruck von seinem Werkschaffen erhält.[481] Daraus folgt das allgemeine urheberrechtliche Änderungsverbot,[482] das Änderungen der von ihm verliehenen Form durch Dritte grundsätzlich nicht zulässt.[483] Das Änderungsverbot gilt nach § 39 I UrhG für Nutzer, denen ein Nutzungsrecht eingeräumt wurde, nach § 62 I UrhG für Nutzer, die aufgrund einer Schranke aus §§ 44a ff. UrhG gesetzlich zur Nutzung berechtigt sind sowie gegenüber allen anderen Dritten.[484]

2. Abgrenzung Urheberpersönlichkeitsrecht - allgemeines Persönlichkeitsrecht

Das Urheberpersönlichkeitsrecht ist vom allgemeinen Persönlichkeitsrecht abzugrenzen, da Gegenstand der vorliegenden Arbeit lediglich die urheberrechtliche Beurteilung der Parodie ist. Das Urheberpersönlichkeitsrecht regelt die geistigen und persönlichen Beziehungen des Urhebers zu seinem konkreten Werk.[485] Das allgemeine Persönlichkeitsrecht ist hingegen von einem bestimmten Werk

---

476 Vgl. von Detten, Kunstausstellung und Urheberpersönlichkeitsrecht, S. 85.

477 Schricker-Dietz/Peukert, § 14 Rn. 1.

478 Dreier/Schulze-Schulze, § 14 Rn. 1.

479 BGH GRUR 1999, 230, 231 – Treppenhausgestaltung.

480 BGH GRUR 2002, 532, 534 – Unikatrahmen; BGH GRUR 1999, 230, 232 – Treppenhausgestaltung.

481 Hess, Urheberrechtsprobleme der Parodie, S. 166.

482 BGH GRUR 1999, 230, 231 – Treppenhausgestaltung; BGH GRUR 1974, 675, 676 – Schulerweiterung; das Änderungsverbot ergebe sich aus dem Wesen und dem Inhalt des Urheberrechts, das dieses stillschweigend voraussetze, während §§ 39 I, 62 I UrhG lediglich eine Klarstellungsfunktion zukomme: BGH GRUR 1982, 107, 109 – Kirchen-Innenraumgestaltung; BGH GRUR 1974, 675, 676 – Schulerweiterung.

483 Dreier/Schulze-Schulze, § 14 Rn. 1.

484 Dreier/Schulze-Schulze, § 14 Rn. 2.

485 BGH GRUR 1995, 668, 670 – Nolde; vgl. § 11 S. 1, § 14 UrhG.

unabhängig[486] und auf die Person des Urhebers bezogen.[487] Zwar ist das Urheberpersönlichkeitsrecht vorrangig gegenüber dem allgemeinen Persönlichkeitsrecht. Jedoch kann auf das allgemeine Persönlichkeitsrecht zurückgegriffen werden, wenn das gesamte Werkschaffen eines Urhebers betroffen ist.[488]

Sofern die Parodie sich gegen ein bestimmtes Werk richtet, ist daher das Urheberpersönlichkeitsrecht anwendbar.[489] Wenn die Parodie hingegen ungeschützte Teile des Originalwerks oder das gesamte Schaffen des Urhebers betrifft, ist das allgemeine Persönlichkeitsrecht anwendbar.[490]

3. *Voraussetzungen*

§ 14 UrhG ist in drei Stufen zu prüfen.[491] Zunächst muss eine Entstellung oder sonstige Beeinträchtigung eines Werks vorliegen (a). Diese indiziert die Eignung zur Gefährdung der persönlichen oder geistigen Interessen des Originalurhebers (b). Schließlich muss untersucht werden, ob die gefährdeten Interessen als berechtigt anzusehen sind (c).[492] Die Berechtigung der Interessen ist durch eine Interessenabwägung zwischen der Eigentumsfreiheit und dem allgemeinen Persönlichkeitsrecht des Originalurhebers nach Art. 14 I 1 GG und Art. 1 I, 2 I GG auf der einen Seite und der Meinungs- bzw. Kunstfreiheit des Parodisten nach Art. 5 I 1, III 1 GG auf der anderen Seite im Einzelfall zu bestimmen.

Teilweise wird die Auffassung vertreten, dass die Parodie nicht § 14 UrhG verletzt, sofern eine freie Benutzung nach § 24 I UrhG vorliegt.[493] § 24 I UrhG sei vorrangig gegenüber § 14 UrhG, was sich aus der Systematik, nämlich der

---

486 Rehbinder, Urheberrecht, Rn. 392.

487 Von Detten, Kunstausstellung und Urheberpersönlichkeitsrecht, S. 145.

488 BGH GRUR 1995, 668, 670 – Nolde; von Detten, Kunstausstellung und Urheberpersönlichkeitsrecht, S. 145 m.w.N.

489 Stuhlert, Behandlung der Parodie, S. 76.

490 Stuhlert, Behandlung der Parodie, S. 77, die auch bei Vorliegen einer freien Benutzung nach § 24 I UrhG eine Anwendung des allgemeinen Persönlichkeitsrechts befürwortet. Hefti, Parodie im Urheberrecht, S. 113 befürwortet die Anwendung des allgemeinen Persönlichkeitsrechts, wenn die Parodie auch gegen den Urheber gerichtet sei, und das Ansehen, der Ruf oder die Ehre beeinträchtigt würden.

491 Schack, Urheberrecht, Rn. 380. Teilweise wird eine zweistufige Prüfung vorgeschlagen, die jedoch zum gleichen Ergebnis führt, vgl. von Detten, Kunstausstellung und Urheberpersönlichkeitsrecht, S. 122 m.w.N.

492 Spindler/Schuster-Wiebe, § 14 Rn. 7; Dreier/Schulze-Schulze, § 14 Rn. 9 ff.; Schricker-Dietz/Peukert, § 14 Rn. 18 m.w.N.

493 Mauch, Beurteilung von Parodien, S. 73 f.; Dreyer/Kotthoff/Meckel-Dreyer, § 14 Rn. 23; vgl. Wandtke-Czernik, Medienrecht, Bd. 2, Kap. 2 § 6 Rn. 291.

gemeinsamen Regelung im 4. Abschnitt des UrhG ergebe.[494] Diese gemeinsame Regelung gebiete eine Harmonisierung der Rechtsfolgen.[495] Daraus folge, dass § 24 I UrhG nicht nur die Verwertungsrechte, sondern auch das Urheberpersönlichkeitsrecht einschränke.[496] Auch die herrschende monistische Theorie, die die ideellen und materiellen Urheberinteressen als untrennbare Einheit ansieht, spreche dafür.[497]

Zudem berücksichtige bereits § 24 I UrhG die ideellen Urheberinteressen[498] durch das Erfordernis des Verblassens und des ausreichenden Abstands zum Originalwerk, sodass grundsätzlich § 14 UrhG nicht verletzt werde.[499] Eine zusätzliche Prüfung des § 14 UrhG ließe den Schutz des § 24 I UrhG leerlaufen.[500]

Der vorzugswürdigen Gegenauffassung zufolge ist die Verletzung des § 14 UrhG auch bei Parodien nicht ausgeschlossen,[501] selbst wenn eine freie Benutzung nach § 24 I UrhG vorliegt.[502] § 14 UrhG ist als urheberpersönlichkeitsrechtliche Grenze des Verwertungsrechts aus § 23 UrhG anzusehen, während § 24 I UrhG seine verwertungsrechtliche Grenze darstellt.[503] Aus diesem Grunde kann der Originalurheber § 14 UrhG auch dann geltend machen, wenn er eine Einwilligung nach § 23 S. 1 UrhG erteilt hat oder eine freie Benutzung nach § 24 I UrhG vorliegt.[504] Auch kann § 24 UrhG nicht mehr Rechte gewähren, als der Benutzer aufgrund einer Zustimmung des Originalurhebers nach § 23 UrhG erhalten würde. Da der Originalurheber aber auch bei der Einräumung des Bearbeitungsrechts

494 Bonneß, Schutz von Figuren durch das Urheberrechtsgesetz, S. 148 f.; Hess, Urheberrechtsprobleme der Parodie, S. 165.

495 Hess, Urheberrechtsprobleme der Parodie, S. 165.

496 Hess, Urheberrechtsprobleme der Parodie, S. 165 f.

497 Hess, Urheberrechtsprobleme der Parodie, S. 165 f.; Mauch, Beurteilung der Parodie, S. 33, 75.

498 Becker, Parodie und Kommerz, S. 46.

499 Mauch, Beurteilung von Parodien, S. 75; Chakraborty, Freie Benutzung, S. 108 f.; Stuhlert, Behandlung der Parodie, S. 81, die jedoch bei obszönen Parodien eine Verletzung der Schöpferwürde aufgrund der erkennbaren Bezugnahme auf das Originalwerk für möglich hält.

500 Becker, Parodie und Kommerz, S. 46; Mauch, Beurteilung von Parodien, S. 73 f.; Hess, Urheberrechtsprobleme der Parodie, S. 164; Chakraborty, Freie Benutzung, S. 108.

501 Hoeren/Sieber-Hoeren/Decker, Multimedia-Recht, Teil 7.2 Rn. 62.

502 Platho, GRUR 1992, 360, 364.

503 Von Detten, Kunstausstellung und Urheberpersönlichkeitsrecht, S. 92.

504 Von Detten, Kunstausstellung und Urheberpersönlichkeitsrecht, S. 91; vgl. Hoeren/Sieber-Hoeren/Decker, Multimedia-Recht, Teil 7.2, Rn. 62.

grundsätzlich keine Entstellungen dulden muss, kann er auch im Falle des § 24 UrhG das Entstellungsverbot geltend machen. Das Vorliegen einer freien Benutzung kann jedoch im Rahmen der Interessenabwägung berücksichtigt werden.[505] Der BGH stellt lediglich fest, dass die Verletzung des Urheberpersönlichkeitsrechts nicht vom Vorliegen einer freien Benutzung unabhängig sei.[506]

a) Entstellung oder andere Beeinträchtigung des Werkes eines anderen

Aus dem Wortlaut des § 14 UrhG ergibt sich, dass die Beeinträchtigung der Oberbegriff ist, der auch die Entstellung umfasst. Die Entstellung ist eine besonders schwere Beeinträchtigung,[507] die die Wesenszüge des Werkes gravierend verzerrt oder verfälscht.[508]

Als Beeinträchtigung ist jede Änderung des geistig-ästhetischen Gesamteindrucks des Werkes anzusehen.[509] Dabei stellt nicht nur eine künstlerische Verschlechterung, sondern auch eine vermeintliche Verbesserung des Werkes eine Beeinträchtigung dar.[510] Die Beeinträchtigung kann durch eine inhaltliche Veränderung des Werkes erfolgen (direkter Eingriff).[511] Dies ist jedoch nicht notwendigerweise erforderlich.[512] Vielmehr kann auch die Form und Art der Wiedergabe und Nutzung zu einer Beeinträchtigung führen (indirekter Eingriff).[513] Bei der

505 Schricker-Dietz/Peukert, § 14 Rn. 11d.

506 BGH GRUR 1994, 206, 209 – Alcolix.

507 Dreier/Schulze-Schulze, § 14 Rn. 5; Spindler/Schuster-Wiebe, § 14 Rn. 4; von Detten, Kunstausstellung und Urheberpersönlichkeitsrecht, S. 98; Schack, Urheberrecht, Rn. 381.

508 Schricker-Dietz/Peukert, § 14 Rn. 19.

509 Schricker-Dietz/Peukert, § 14 Rn. 21; Schack, Urheberrecht, Rn. 383; OLG München GRUR Int 1993, 332, 333 – Christoph Columbus; vgl. BGH GRUR 1982, 107, 109 f. – Kirchen-Innenraumgestaltung.

510 BGH GRUR 1999, 230, 232 – Treppenhausgestaltung; Spindler/Schuster-Wiebe, § 14 Rn. 4; Dreier/Schulze-Schulze, § 14 Rn. 7; Hess, Parodie, S. 163; Schack, Urheberrecht, Rn. 383; a.A. BGH GRUR 1989, 106, 107 – Oberammergauer Passionsspiele II: die Entstellung erfordere eine negative Bewertung der Änderungen.

511 Dreier/Schulze-Schulze, § 14 Rn. 14; Schricker-Dietz/Peukert, § 14 Rn. 23; Spindler/Schuster-Wiebe, § 14 Rn. 5 f.

512 BGH GRUR 2009, 395, 397 – Klingeltöne für Mobiltelefone; BGH GRUR 2002, 532, 534 – Unikatrahmen; BGH GRUR 1982, 107, 109 – Kirchen-Innenraumgestaltung.

513 BGH GRUR 2009, 395, 397 – Klingeltöne für Mobiltelefone; BGH GRUR 2002, 532, 534 – Unikatrahmen; BGH GRUR 1999, 230, 232 – Treppenhausgestaltung; BGH GRUR 1982, 107, 109 – Kirchen-Innenraumgestaltung; Dreier/Schulze-Schulze, § 14 Rn. 14; Schricker-Dietz/Peukert, § 14 Rn. 23; Spindler/Schuster-Wiebe, § 14 Rn. 5 f.

Herstellung eines Films ist der Integritätsschutz der beteiligten Urheber und ausübenden Künstler gegenüber dem Filmhersteller auf gröbliche Entstellungen und gröbliche Beeinträchtigungen beschränkt, § 93 I UrhG.[514]

Wesentliches Element der Parodie ist die Herstellung des Kontrastes zum Originalwerk. Eine Kontrastwirkung impliziert einen Unterschied, der durch Veränderungen desselben erreicht wird.[515] Dabei kann die Parodie entweder die entlehnten Teile selbst verändern (direkter Eingriff) oder die unveränderten Teile in einen geänderten, humoristischen Zusammenhang stellen (indirekter Eingriff). Die Parodie verändere den Sinn, die Form oder die Art der Wiedergabe des Originalwerks, jedenfalls aber dessen inhaltliche Aussage aufgrund ihrer Antithematik.[516] Darin liege gerade das Wesen jeder Parodie.[517] Die notwendigen Veränderungen durch die Parodie stellen also stets tatbestandlich eine Beeinträchtigung dar, denn eine Parodie impliziert die Veränderung des Gesamteindrucks des Originalwerks.[518] Teilweise wird die Auffassung vertreten, nur gröbliche Entstellungen seien als Stilmittel für die Parodie geeignet.[519] Eine gesamte gesellschaftlich anerkannte Kunstgattung – die Parodie – stellt also per Definition eine Beeinträchtigung dar. Dies führt zu einer Missbrauchsgefahr. Der Originalurheber könnte dazu verleitet sein, § 14 UrhG dazu einzusetzen, eine sonst zulässige Entlehnung über § 14 UrhG zu verbieten. Dieser Missbrauchsgefahr muss im Rahmen der Interessenabwägung entgegengetreten werden.

b) Eignung zur Gefährdung der geistigen oder persönlichen Interessen

Das Vorliegen einer Beeinträchtigung indiziert die Eignung zur Gefährdung der Interessen des Originalurhebers,[520] da der Urheber grundsätzlich ein Interesse an der Unversehrtheit seines Werkes hat.[521] Ausnahmsweise entfällt die Indizwirkung, wenn eine Änderungsvereinbarung vorliegt oder die Änderungen durch

514 Dreier/Schulze-Schulze, § 14 Rn. 19.

515 Vgl. oben A) I. 2.

516 Hess, Urheberrechtsprobleme der Parodie, S. 163 f.; vgl. Mauch, Beurteilung von Parodien, S. 75.

517 Hefti, Parodie im Urheberrecht, S. 111.

518 Hess, Urheberrechtsprobleme der Parodie, S. 163 f.; Ruijsenaars, GRUR Int. 1993, 918, 929; Dreier/Schulze-Schulze, § 14 Rn. 24; Hefti, Parodie im Urheberrecht, S. 163 f.

519 Hoeren/Sieber-Hoeren/Decker, Multimedia-Recht, Teil 7.2, Rn. 63.

520 Honscheck, GRUR 2007, 944, 946; Schack, Urheberrecht, Rn. 386.

521 Schricker-Dietz/Peukert, § 14 Rn. 27.

eine Schranke wie das Zitatrecht nach § 51 UrhG gedeckt sind.[522] Halten sich die Änderungen also im Rahmen einer genehmigten Bearbeitung oder einer ausdrücklich erfolgten Zustimmung, können die berechtigten Interessen nicht gefährdet werden.[523]

c) Berechtigung der Interessen – Interessenabwägung

Schließlich ist festzustellen, ob die betroffenen Interessen als berechtigt anzusehen sind. Dieser unbestimmte Rechtsbegriff ist durch eine Abwägung im Einzelfall der Interessen[524] des Originalurhebers und des Parodisten zu konkretisieren. Übertriebene Empfindlichkeiten des Originalurhebers bleiben dabei außer Betracht.[525]

Dabei ist umstritten, ob jede Entstellung aufgrund der höheren Eingriffsintensität bereits berechtigte Interessen gefährdet oder die Abwägung auch bei der Entstellung durchzuführen ist. Überwiegend wird eine Güterabwägung auch im Rahmen der Entstellung befürwortet und überzeugend darauf verwiesen, dass auch die Entstellung eine Form der Beeinträchtigung ist.[526] Indem die erstgenannte Auffassung eine Interessenabwägung ablehnt, verlagert sie das Problem, wann eine zu hohe Eingriffsintensität vorliegt, in die Abgrenzung zwischen der Entstellung und der Beeinträchtigung. Auch sie muss jedoch die Frage beantworten, wann die Beeinträchtigung so schwerwiegend ist, dass sie bereits zu einer nicht zu rechtfertigenden Entstellung führt. Die Durchführung einer Interessenabwägung erlaubt hingegen eine einzelfallgerechte Berücksichtigung der betroffenen Interessen. Im Rahmen dieser Interessenabwägung kann der stärkere Eingriff der Entstellung berücksichtigt werden. Jedoch kann er im Einzelfall gerechtfertigt sein.

Ausgangspunkt der Abwägung ist das grundsätzliche Änderungsverbot, das den Urheber in seinem Bestands- und Integritätsinteresse schützt.[527] Er kann sich im Rahmen der Interessenabwägung auf die Eigentumsfreiheit aus Art. 14 I 1 GG

522 Dreier/Schulze-Schulze, § 14 Rn. 15; Honscheck, GRUR 2007, 944, 946; in den Schranken wird das Entstellungsverbot durch das grundsätzliche Änderungsverbot nach § 62 I UrhG gewahrt.

523 BGH GRUR 1989, 106, 107 – Oberammergauer Passionsspiele II; Schack, Urheberrecht, Rn. 386.

524 RegE, BT-Drs. IV, 270, S. 45; vgl. Dreier/Schulze-Schulze, § 14 Rn. 16 ff; BGH GRUR 1989, 106, 107 – Oberammergauer Passionsspiele II.

525 Schricker-Dietz/Peukert, § 14 Rn. 29.

526 Hess, Urheberrechtsprobleme der Parodie, S. 164 m.w.N.

527 Dreier/Schulze-Schulze, § 14 Rn. 16; Schricker-Dietz/Peukert, § 14 Rn. 28.

sowie auf sein allgemeines Persönlichkeitsrecht aus Art. 1 I, 2 I GG berufen.[528] Der Parodist möchte das Originalwerk hingegen möglichst frei und ohne Zustimmung des Originalurhebers verwenden können, um seine Kritik zu äußern oder sich künstlerisch zu betätigen. Nach der Veröffentlichung eines Werks ist dieses der Allgemeinheit zugänglich und muss sich der öffentlichen Kritik und Diskussion stellen.[529] Der Parodist kann sich daher regelmäßig auf die Meinungsfreiheit nach Art. 5 I 1 GG oder auf die Kunstfreiheit nach Art. 5 III 1 GG berufen.[530]

Abwägungsgesichtspunkte sind u.a. die Intensität des Eingriffs, der Öffentlichkeitsbezug, der Rang (Unikate, Einzelexemplare von Vervielfältigungsstücken, einfache Vervielfältigungsstücke)[531] sowie die Gestaltungshöhe des Originalwerks.[532]

Einerseits ist zu berücksichtigen, dass der Parodist keine Nutzungsrechte am Originalwerk besitzt, und dass § 14 UrhG gegenüber außen stehenden Dritten eher den Urheber schützt.[533] Auch nimmt der Parodist einen erheblichen Eingriff vor, da er die wesentlichen Züge des Originalwerks erkennbar wiedergibt.[534] Andererseits führt gerade diese Erkennbarkeit dazu, dass das Publikum keinen falschen Eindruck vom Werkschaffen des Originalurhebers erhält,[535] denn durch den antithematischen Bezug wird deutlich, dass es sich nicht um das Originalwerk handelt,[536] und dass die Parodie nicht vom Originalurheber herrührt.[537] Die Parodie legt lediglich die Schwächen des Originalwerks frei, auf das sie durch die erkennbare Bezugnahme offen hinweist.[538]

---

528 Mauch, Beurteilung von Parodien, S. 77; Hess, Urheberrechtsprobleme der Parodie, S. 165.

529 Mauch, Beurteilung von Parodien, S. 78.

530 Mauch, Beurteilung von Parodien, S. 76 f; Hess, Urheberrechtsprobleme der Parodie, S. 165; Hoeren/Sieber-Hoeren/Decker, Multimedia-Recht, Teil 7.2, Rn. 63.

531 Honscheck, GRUR 2007, 944, 947; vgl. eingehend von Detten, Kunstausstellung und Urheberpersönlichkeitsrecht, S. 125 ff.

532 Dreier/Schulze-Schulze, § 14 Rn. 31.

533 Hess, Urheberrechtsprobleme der Parodie, S. 164.

534 Hess, Urheberrechtsprobleme der Parodie, S. 164.

535 Becker, Parodie und Kommerz, S. 46; Hess, Urheberrechtsprobleme der Parodie, S. 166.

536 Becker, Parodie und Kommerz, S. 46; Hess, Urheberrechtsprobleme der Parodie, S. 166; vgl. auch Hoeren/Sieber-Hoeren/Decker, Multimedia-Recht, Teil 7.2, Rn. 64.

537 Dreier/Schulze-Schulze, § 14 Rn. 24; a.A. Honscheck, GRUR 2007, 944, 947: Es komme nicht darauf an, ob der Betrachter die Änderungen erkennen könne, und erkennen könne, dass das Werk nicht vom Originalurheber stamme.

538 Hess, Urheberrechtsprobleme der Parodie, S. 166.

Da die Parodie zudem eine kritische Tendenz aufweist, wird die Meinungsfreiheit ein besonderes Gewicht einnehmen. Auch die grundsätzliche Position des Parodisten, sonst auf die Zustimmung des Originalurhebers angewiesen zu sein, ist zu berücksichtigen. § 14 UrhG darf nicht dazu führen, dass über das Entstellungsverbot eine sonst zulässige Parodie stets verhindert werden kann. Vielmehr muss § 14 UrhG als Festlegung der äußersten Grenze betrachtet werden.

Aus diesem Grunde gefährdet die Parodie in der Regel keine berechtigten Interessen[539] und greift nicht in den Schutzzweck des § 14 UrhG ein.[540] Jedoch kann im Einzelfall eine andere Beurteilung gerechtfertigt sein.

C) Leistungsschutz am Beispiel des Tonträgerhersteller- und Filmherstellerrechts

Nachdem unter B) die Frage behandelt wurde, unter welchen Voraussetzungen ein Parodist Teile eines Werkes als Vorlage für seine Parodie verwenden kann, ohne die Zustimmung des Originalurhebers einholen zu müssen, geht es im Folgenden um die gleichgelagerte Frage in Bezug auf leistungsschutzrechtlich geschützte Vorlagen. Das Urheberrecht regelt nämlich nicht nur den Schutz von Werken (1. Teil des UrhG), sondern auch den Schutz von Leistungsschutzrechten (sog. verwandte Schutzrechte, 2. Teil des UrhG).[541] Auch bei den Leistungsschutzrechten stellt sich die parallele Frage, ob der Parodist Teile der Vorlage entlehnen und seiner Parodie zugrunde legen kann, ohne die Zustimmung des Leistungsschutzberechtigten einzuholen. Dabei ergeben sich ähnliche Probleme wie beim Werkschutz, die jedoch mit spezifischen Fragen des Leistungsschutzes verwoben sind.

Im Gegensatz zum Werkschutz ist der Leistungsschutz lediglich fragmentarisch und uneinheitlich geregelt. Eine Darstellung der Rechtslage bezüglich aller leistungsschutzrechtlich geschützten Vorlagen würde daher den Rahmen dieser Arbeit überschreiten. Aus diesem Grunde wird im Folgenden am Beispiel des Tonträgerhersteller- und Filmherstellerrechts die Entlehnung von Teilen einer leistungsschutzrechtlich geschützten Vorlage für die Herstellung einer Parodie untersucht. Diese beiden Leistungsschutzrechte sind in ihrer inhaltlichen Ausgestaltung

---

539 Dreier/Schulze-Schulze, § 14 Rn. 24.

540 Hess, Urheberrechtsprobleme der Parodie, S. 164.

541 Die in den Titeln suggerierte strikte Trennung der Regelungen wird nicht eingehalten. Im 3. Titel findet sich zudem u.a. das Leistungsschutzrecht des Filmherstellers in §§ 94 f. UrhG sowie die Regelungen über das Filmurheberrecht in §§ 88 ff. UrhG.

sehr ähnlich,[542] sodass sich eine gemeinsame Darstellung anbietet. Auch hier steht die These im Vordergrund, dass die Parodie schützenswert ist.

Der grundlegende Unterschied, den es bei der Beurteilung zu berücksichtigen gilt, besteht darin, dass der Leistungsschutz eine wirtschaftliche Investition schützt, während der Werkschutz nach § 2 II UrhG den Schutz einer persönlichen geistigen Schöpfung zum Gegenstand hat. Im Folgenden wird zu zeigen sein, dass die Rechtsprechung diesen Unterschied nicht hinreichend berücksichtigt.

I. Sinn und Zweck, Systematik

Da der Filmhersteller in der Regel nicht Urheber des Filmwerks ist, er aber durch die Übernahme der wirtschaftlichen Verantwortung selbst eine organisatorisch-technische, schutzwürdige Leistung erbringt,[543] gewährt ihm § 94 I 1 UrhG ein eigenes Leistungsschutzrecht am Bild-[544] bzw. Bild- und Tonträger[545] (Filmträger).[546] Entsprechend gewährt § 85 I UrhG dem Tonträgerhersteller ein Leistungsschutzrecht am Tonträger.

§ 94 I 1 UrhG setzt voraus, dass der Filmträger ein Filmwerk enthält. Da es für den Filmhersteller nicht von vornherein vorhersehbar ist, ob ein Werk entstehen wird,[547] der Hersteller aber die Verwertbarkeit seiner Investition im Voraus planen muss, entsteht aus Gründen der Rechtssicherheit sein Leistungsschutzrecht auch dann, wenn der Filmträger nur Laufbilder enthält, § 95 UrhG.[548] § 95 UrhG definiert Laufbilder als Bild- oder Bild- und Tonfolgen, die nicht als Filmwerke geschützt sind. Laufbilder unterscheiden sich von Filmwerken also nur dadurch, dass ihnen die Werkqualität nach § 2 II UrhG fehlt.[549]

§ 85 I UrhG setzt demgegenüber nicht voraus, dass der Tonträger ein geschütztes Werk enthält, sodass eine dem § 95 UrhG entsprechende Regelung

---

542 Weber, Urheberrechtliche Stellung des Filmproduzenten, S. 168.

543 Rehbinder, Urheberrecht, Rn. 832; BGH GRUR 1993, 472 f. – Filmhersteller.

544 Diese Alternative ist bei Stummfilmen anwendbar.

545 Nach der Legaldefinition des § 16 II UrhG sind unter Bild- oder Tonträgern Vorrichtungen zur wiederholbaren Wiedergabe von Bild- oder Tonfolgen zu verstehen.

546 Zusätzlich steht dem Filmhersteller auch ein Recht nach § 85 I UrhG zu, sofern er die Tonspur separat, etwa für die Filmmusik als CD, verwertet, Rehbinder, Urheberrecht, Rn. 833; Schricker-Vogel, § 85 Rn. 28 m.w.N.

547 RegE, BT-Drs, IV/270, S. 102 (zur Vorgängerregelung § 105 UrhG a.F.); Schricker-Katzenberger, § 95 Rn. 2.

548 RegE, BT-Drs, IV/270, S. 102 (zur Vorgängerregelung § 105 UrhG a.F.).

549 Ulmer, GRUR 1972, 323, 325; Schricker-Katzenberger, § 95 Rn. 8; Wandtke/Bullinger-Manegold, § 95 Rn. 4; Möhring/Nicolini-Lütje, § 95 Rn. 3; Klatt, AfP 2008, 350, 352.

entbehrlich ist. Der Tonträgerhersteller erhält also – wie der Filmhersteller – ein Leistungsschutzrecht am Träger, ohne dass es auf die eigenschöpferische Prägung des Inhalts nach § 2 II UrhG ankommt.[550]

§§ 88 ff. UrhG enthalten Auslegungsregeln, die dem Filmhersteller die einheitliche wirtschaftliche Verwertung seiner Filme erleichtern sollen, da deren Schaffung mit großen Kosten verbunden ist.[551] Die Hersteller lassen sich regelmäßig von allen an der Herstellung beteiligten Urhebern und Leistungsschutzberechtigten Verwertungsrechte einräumen, um den Träger ungehindert verwerten zu können.[552] Sofern der Träger einen urheberrechtlichen Inhalt enthält, kann der Film- oder Tonträgerhersteller gegen den Parodisten somit aus den stärkeren abgetretenen Rechten an den im Träger enthaltenen Werken vorgehen. Insoweit gelten die obigen Ausführungen zum Werkschutz entsprechend. Auf das Herstellerrecht nach §§ 85 I, 94 I 1, 95 UrhG wird der Film- oder Tonträgerhersteller sich daher in der Regel nur berufen, wenn der Film- oder Tonträger kein schöpferisches Werk enthält.

Das Tonträger- und Filmherstellerrecht entstehen durch die erstmalige Fixierung auf dem Träger.[553] Dennoch wird nach allgemeiner Auffassung nicht der Träger selbst, sondern das in diesem verkörperte immaterielle Gut, die organisatorische und wirtschaftliche Leistung des Herstellers, geschützt.[554]

Da keine persönliche geistige Schöpfung Schutzgegenstand ist, können nicht nur natürliche, sondern auch juristische Personen Hersteller sein.[555] Dem Schutzzweck entsprechend[556] ist Hersteller, wer die organisatorische und wirtschaftliche Leistung der Filmherstellung[557] bzw. der Tonträgerherstellung[558] erbringt.

---

550 Dreier/Schulze-Schulze, § 85 Rn. 18.

551 RegE, BT-Drs, IV/270, S. 98.

552 Weber, Urheberrechtliche Stellung des Filmproduzenten, S. 171.

553 Rehbinder, Urheberrecht, Rn. 833 zum Filmherstellerrecht; Dreier/Schulze-Schulze, § 85 Rn. 20 zum Tonträgerherstellerrecht unter Verweis auf § 85 I 3 UrhG.

554 BGH GRUR 2013, 614, 615 – Metall auf Metall II; BGH GRUR 2010, 620, 622 – Film-Einzelbilder; BGH GRUR 2008, 693, 694 – TV-Total; Vogel, FS Loewenheim, 367, 368; Gregor, Rechte am Filmwerk, Rn. 746; dies ist streitig: vgl. eingehend zu den beiden vertretenen Auffassungen Knies, Rechte der Tonträgerhersteller, S. 186 ff.

555 Dreier/Schulze-Schulze, § 94 Rn. 5.

556 Dreyer/Kotthoff/Meckel-Meckel, § 95 Rn. 1; Möhring/Nicolini-Lütje, § 95 Rn. 1.

557 Dreier/Schulze-Schulze, § 94 Rn. 4; vgl. zum Begriff des Filmherstellers Pense, ZUM 1999, 121 ff.; Wandtke-Czernik, Medienrecht, Bd. 2, Kap. 2 § 3 Rn. 54 ff.; eingehend: Weber, Urheberrechtliche Stellung des Filmproduzenten, S. 104 ff.

558 Schricker-Vogel, § 85 Rn. 31.

II. Freie Benutzung des Ton- und Filmträgers, § 24 I UrhG

In Betracht kommt eine freie Benutzung des Ton- oder Filmträgers nach § 24 I UrhG. Nach allgemeiner Auffassung ist § 24 UrhG eine Ausnahme vom Bearbeitungsrecht des Urhebers nach § 23 UrhG.[559] Dem Tonträger- und Filmhersteller werden in §§ 85 I 1, 94 I 1 UrhG aber nur die Verwertungsrechte der Vervielfältigung, Verbreitung und öffentlichen Zugänglichmachung gewährt. Das Bearbeitungsrecht wird hingegen nicht erwähnt.[560] Fraglich ist daher, welches Verwertungsrecht des Tonträger- bzw. Filmherstellers § 24 UrhG einschränken soll. Wenn dem Hersteller nicht das Bearbeitungsrecht (Regel) zusteht, stellt sich auch nicht die Frage nach einer Anwendung des § 24 UrhG (Ausnahme). Die notwendige dogmatische Brücke ergibt sich daraus, dass man die Bearbeitung als Spezialfall der Vervielfältigung ansieht. Nach allgemeiner Auffassung umfasst das Vervielfältigungsrecht nämlich auch Festlegungen in geänderter Form,[561] das Vervielfältigungsrecht des Tonträger- und Filmherstellers also auch die Festlegung einer Bild- oder Tonaufnahme in bearbeiteter oder anderweitig umgestalteter Form.[562] § 23 UrhG kommt hiernach nur eine klarstellende Funktion zu.[563]

§§ 85 f. bzw. 88 ff. UrhG enthalten keine Sonderregelungen für die freie Benutzung des Ton- bzw. Filmträgers. Auch fehlen in §§ 85 I UrhG und in § 94 IV UrhG Verweise auf § 24 I UrhG. Da § 24 I UrhG die Verwendung eines Werks voraussetzt, scheitert eine direkte Anwendung.[564]

1. Analoge Anwendbarkeit

In Betracht kommt daher nur eine analoge Anwendung des § 24 I UrhG auf das Leistungsschutzrecht des Tonträgerherstellers nach § 85 I, IV UrhG[565] sowie des Filmherstellers nach §§ 95, 94 I, IV UrhG[566]. Die analoge Anwendung einer

559 Vgl. oben B) I. 2.

560 Vgl. zur Frage, ob dem Tonträgerhersteller ein Bearbeitungsrecht zusteht eingehend Schricker-Lewinski, Urheberrecht auf dem Weg zur Informationsgesellschaft, S. 248 ff.

561 Schricker-Lewinski, Urheberrecht auf dem Weg zur Informationsgesellschaft, S. 252.

562 Schricker-Lewinski, Urheberrecht auf dem Weg zur Informationsgesellschaft, S. 252.

563 Vgl. eingehend Schricker-Lewinski, Urheberrecht auf dem Weg zur Informationsgesellschaft, S. 252 m.w.N. für einen Überblick über die bestehenden Auffassungen.

564 BGH GRUR 2013, 614, 615 – Metall auf Metall II zum Tonträgerherstellerrecht; BGH GRUR 2008, 693, 694 – TV-Total zum Filmherstellerrecht.

565 Lindhorst, GRUR 2009, 406, 407.

566 Dreier/Schulze-Schulze, § 24 Rn. 10; vgl. Klatt, AfP 2008, 350, 353 zum Filmherstellerrecht.

Vorschrift setzt eine planwidrige Regelungslücke sowie eine vergleichbare Interessenlage voraus.[567]

a) Planwidrige Regelungslücke

Gegen eine Planwidrigkeit der vorhandenen Regelungslücke spricht, dass die entsprechende Anwendung des § 24 UrhG für einige Leistungsschutzrechte ausdrücklich geregelt ist: für die Leistungsschutzrechte des Verfassers wissenschaftlicher Ausgaben, § 70 I UrhG, des Herausgebers nachgelassener Werke, § 71 I 3 UrhG, sowie des Lichtbildners, § 72 I UrhG. Bei den übrigen Leistungsschutzrechten findet sich hingegen kein Verweis auf § 24 UrhG. Vielmehr ist – abgesehen von § 87c UrhG – nur die analoge Anwendung der Schrankenregelungen der §§ 44a ff. UrhG ausdrücklich geregelt, §§ 83, 85 IV, 87 IV, 94 IV, 95 i.V.m. 94 IV UrhG. § 24 UrhG ist jedoch keine Schranke.[568] Daraus könnte man schließen, dass der Gesetzgeber das Problem erkannt und dennoch von einer Regelung abgesehen hat.[569]

Dafür scheint auch zu sprechen, dass §§ 85 I, 94 IV UrhG keinen Verweis auf § 23 UrhG enthalten. Da § 23 UrhG nicht anwendbar sei, sei auch eine Regelung des § 24 UrhG nicht notwendig, da der Filmhersteller kein Bearbeitungsrecht nach § 23 UrhG habe.[570] Wie oben festgestellt, schränkt § 24 UrhG aber auch das Vervielfältigungsrecht ein, das dem Film- und Tonträgerhersteller zusteht. Auch wird § 24 I UrhG weit ausgelegt und umfasst auch die unveränderte Übernahme, sodass er auch aus diesem Grunde eine Beschränkung des Vervielfältigungs- und Verbreitungsrechts bewirkt.[571] Dies hat der Gesetzgeber aber nicht vorhergesehen.[572] Somit spricht der fehlende Verweis auf § 23 UrhG nicht gegen die Planwidrigkeit der Regelungslücke.

Es ist vielmehr davon auszugehen, dass der Gesetzgeber die Regelungslücke übersehen hat, denn es kann nicht angenommen werden, dass er die Leistungsschutzrechte des Film- und Tonträgerherstellers gegenüber Werken insoweit besserstellen wollte.[573] Bei Nichtanwendung des § 24 UrhG wäre das Leistungsschutzrecht eines Filmherstellers bzw. Tonträgerherstellers nämlich

---

567 Vgl. Larenz, Methodenlehre, S. 370 ff. zu den Voraussetzungen der Analogie.

568 Vgl. oben B) I. 2.

569 Gregor, Rechte am Filmwerk, Rn. 737.

570 Apel, ZGE 2010, 331, 347 zum Tonträgerherstellerrecht; vgl. zum Tonträgerherstellerrecht auch Stieper, ZUM 2009, 223, 224, der ebenfalls auf § 23 UrhG hinweist aber dennoch eine Analogie befürwortet.

571 Stieper, ZUM 2009, 223, 224 zum Tonträgerherstellerrecht.

572 Stieper, ZUM 2009, 223, 224 zum Tonträgerherstellerrecht.

573 Gregor, Rechte am Filmwerk, Rn. 740.

stärker geschützt als das Urheberrecht eines Filmurhebers[574] bzw. Musikurhebers, da der Parodist den Leistungsschutzberechtigten um Zustimmung fragen müsste, während er ein Werk ohne die Zustimmung des Urhebers frei benutzen könnte.[575] Einen Leistungsschutzberechtigten stärker zu schützen als einen Urheber widerspricht jedoch der gesetzlichen Wertung,[576] da der Gesetzgeber das Urheberrecht als umfassendes und zentrales Recht geschaffen hat, während er die Leistungsschutzrechte lediglich fragmentarisch und schwächer ausgestaltet hat.[577] So genießen die Leistungsschutzrechte kürzere Schutzfristen.[578] Außerdem stehen dem Hersteller nach §§ 85 I 1, 94 I 1 UrhG nur ein Ausschnitt der in § 15 UrhG genannten körperlichen und unkörperlichen Rechte zu. Der Schutz des Tonträger- und Filmherstellerrechts beschränkt sich zudem auf die Erstfixierung auf dem Bild- oder Tonträger.[579]

Zwar ist der Filmherstellerschutz vereinzelt stärker ausgeprägt als der Filmurheberschutz. So geht der Entstellungsschutz des Filmherstellers nach § 94 I 2 UrhG insoweit weiter als der des Filmurhebers nach §§ 14, 93 UrhG, als Letzterer auf gröbliche Entstellungen beschränkt ist, während Ersterer alle Entstellungen umfasst. Allerdings ist § 94 I 2 UrhG gleichzeitig auch enger, da der Entstellungsschutz des Filmherstellers nicht persönlichkeitsrechtlichen Ursprungs ist und daher keine ideellen Interessen wie den Ruf oder die Ehre schützt.[580] Zudem liegt der Sinn der Einschränkung des Entstellungsschutzes der Urheber und ausübenden Künstler gegenüber dem Filmhersteller nach § 93 UrhG und allgemein der §§ 88 ff. UrhG darin, die einheitliche Verwertung des Films durch den Filmhersteller nicht an den unterschiedlichen Einzelinteressen der zahlreichen Beteiligten scheitern zu lassen und damit die zumeist hohe wirtschaftliche Investition

---

574 Gregor, Rechte am Filmwerk, Rn. 738.

575 Vgl. Gregor, Rechte am Filmwerk, Rn. 738.

576 Stieper, ZUM 2009, 223, 225.

577 Gregor, Rechte am Filmwerk, Rn. 740; Klatt, AfP 2008, 350, 352 bezüglich Laufbildern; a.A.: Oebbecke, Verwandte Schutzrechte, S. 295 f., ohne auf die Gegenargumente einzugehen: Es lasse sich nicht belegen, dass der Urheber besser gestellt werden solle als der Inhaber verwandter Schutzrechte. Die urheberrechtlichen Schutzvoraussetzungen seien nicht schwieriger, sondern nur anders zu erfüllen; ebenso OLG Frankfurt a.M. ZUM 2005, 477, 480 – TV-Total (Vorinstanz): Der Leistungsschutz nach §§ 95, 94 UrhG sei kein Minus, sondern ein Aliud zum Werkschutz nach §§ 2, 94 UrhG, da beide einen unterschiedlichen Schutzgegenstand hätten.

578 Vgl. § 70 III, 71 III, 72 III, 82, 85 III, 87 III, 87d, 94 III, 95 UrhG; Klatt, AfP 2008, 350, 352 zum Filmherstellerrecht.

579 Klatt, AfP 2008, 350, 352 zum Filmherstellerrecht.

580 Siehe C) IV. zum Entstellungsschutz des Filmherstellers nach § 94 I 2 UrhG.

nicht in Gefahr zu bringen. Im Rahmen des § 24 UrhG geht es aber nicht um die Auswertung des Films durch den Filmhersteller, sondern um die Einschränkung des Filmherstellerrechts im Interesse der kulturellen Entwicklung.

Eine erneute Aufnahme greift daher nicht in diese Leistungsschutzrechte ein. Aus diesen Gründen ist eine planwidrige Regelungslücke zu bejahen.

b) Vergleichbare Interessenlage

Auch liegt eine vergleichbare Interessenlage vor, wie im Folgenden darzulegen ist.

aa) Argumente gegen eine vergleichbare Interessenlage

Zwar wird gegen eine vergleichbare Interessenlage insbesondere argumentiert, dass die Voraussetzungen des § 24 I UrhG beim Filmhersteller- bzw. Tonträgerherstellerrecht nicht anwendbar seien. So scheitere ein Vergleich des übernehmenden Werks mit der Vorlage am unterschiedlichen Schutzgegenstand von Urheberrechten und Leistungsschutzrechten[581] sowie an der fehlenden Schöpfungshöhe von Leistungsschutzrechten[582]. Jedenfalls werde das Schutzrecht des Herstellers alleine durch die organisatorische, wirtschaftlich-technische Leistung und somit unabhängig vom schöpferischen Gehalt begründet.[583] Auch könnten nicht unterschiedliche Rechtssubjekte, die vom Schutz betroffen seien, der Hersteller einerseits und der Urheber andererseits, verglichen werden.[584] Der erforderliche Abstand und die Loslösung vom Original sei nur bei Rechten denkbar, die einen Gestaltungsspielraum ermöglichten.[585] Daher sei die Bestimmung eines Abstandes bei Leistungsschutzrechten, die ausschließlich unternehmensbezogen seien, wie das Leistungsschutzrecht des Tonträgerherstellers, nicht möglich.[586] Von einer lediglichen Anregung durch eine wirtschaftliche Leistung könne daher bereits begrifflich nicht gesprochen werden.[587] Weiterhin schützten Leistungsschutzrechte – im Gegensatz zu Werken – nur vor einer identischen, nicht aber vor einer ähnlichen Übernahme.[588] Aus diesen Gründen

581 Vogel, FS Loewenheim, 367, 371.

582 Oebbecke, Verwandte Schutzrechte, S. 297.

583 Vogel, FS Loewenheim, 367, 374; Apel, ZGE 2010, 332, 348 zum Tonträgerherstellerrecht.

584 Apel, ZGE 2010, 332, 348.

585 Stieper, ZUM 2009, 223, 224 zum Tonträgerherstellerrecht; Dierkes, Leistungsschutzrechte des Tonträgerherstellers, S. 24.

586 Dierkes, Leistungsschutzrechte des Tonträgerherstellers, S. 24.

587 Stieper, ZUM 2009, 223, 224 f.

588 Vogel, FS Loewenheim, 367, 372.

wird teilweise die Auffassung vertreten, eine vergleichbare Interessenlage liege nicht vor.[589]

bb) Argumente für eine vergleichbare Interessenlage

Mit überzeugenderen Argumenten kann hingegen die Vergleichbarkeit der Interessenlage bejaht werden. Der Sinn und Zweck des § 24 UrhG, die Förderung der kulturellen Entwicklung, kann auch durch eine freie Benutzung leistungsschutzrechtlich geschützter Vorlagen erreicht werden.[590] Auch hier muss es möglich sein, auf Bestehendem aufzubauen, ohne auf die Zustimmung des Schutzberechtigten angewiesen zu sein. Gerade aus dem stärkeren Werkschutz ergibt sich, dass der Tonträger- und Filmhersteller erst recht einen Eingriff in seine Rechte dulden muss, da diese nur Leistungsschutzrechte darstellen.[591]

Da die freie Benutzung eine zustimmungsfreie Verwendung fremder Werke erlaube, enthalte sie Elemente einer Schranke[592] und sei jedenfalls der Sache nach eine urheberrechtliche Schranke, die nur an anderer Stelle des UrhG geregelt werde.[593] Im Falle der Parodie bedeute die Nichtanwendung des § 24 UrhG zudem eine zu starke Einschränkung der Meinungs- und Kunstfreiheit nach Art. 5 I, III GG.[594]

Die Argumente, die gegen eine Anwendbarkeit vorgebracht werden, und die sich aus der fehlenden Schöpfungshöhe ergeben, sprechen nicht gegen eine analoge Anwendung des § 24 UrhG als solche. Sie belegen nur, dass die unveränderte Anwendung der Kriterien, die für Werke entwickelt wurden, nicht möglich ist. Die Tatsache, dass bei manchen Leistungsschutzrechten eine analoge Anwendung ausdrücklich angeordnet wird, zeigt, dass die fehlende Schöpfungshöhe als solche noch kein Anwendungshindernis ist. Vielmehr spricht dies lediglich dafür, dass die Besonderheiten des Leistungsschutzes durch entsprechende Kriterien zu berücksichtigen sind, wie zu zeigen sein wird.

---

589 Dierkes, Leistungsschutzrechte des Tonträgerherstellers, S. 24.

590 BGH GRUR 2009, 403, 405 – Metall auf Metall.

591 Zum Filmherstellerrecht: Gregor, Rechte am Filmwerk, Rn. 740; zum Tonträgerherstellerrecht: BGH GRUR 2013, 614, 615 – Metall auf Metall II; BGH GRUR 2009, 403, 405 – Metall auf Metall; Schack, JZ 2009, 475, 476.

592 Vogel, FS Loewenheim, 367, 371.

593 BGH GRUR 2009, 403, 405 – Metall auf Metall; Schack, JZ 2009, 475, 476.

594 Gregor, Rechte am Filmwerk, Rn. 738.

Eine analoge Anwendung des § 24 I UrhG auf das Tonträger- und Filmherstellerrecht ist daher zu bejahen.[595]

cc) Keine analoge Anwendung, wenn der Benutzer die entlehnte Tonfolge selbst herstellen kann

Im Falle des Tonträgerherstellerrechts lehnt die Rechtsprechung jedoch eine Analogie ab, wenn der Benutzer imstande ist, die entlehnte Tonfolge selbst herzustellen.[596] Dabei sei darauf abzustellen, ob es einem durchschnittlich ausgestatteten und befähigten Musikproduzenten zum Zeitpunkt der Benutzung der fremden Tonaufnahme möglich sei, eine eigene Tonaufnahme herzustellen, die dem Original bei einer Verwendung im selben musikalischen Zusammenhang aus Sicht des angesprochenen Verkehrs gleichwertig sei.[597] Auf die tatsächlichen Fähigkeiten des entlehnenden Produzenten komme es hingegen nicht an.[598] Eine im naturwissenschaftlichen Sinne vollständige Identität des Nachbaus sei nicht notwendig.[599] Sofern der Benutzer imstande sei, die Tonfolge selbst herzustellen, sei eine Entlehnung nicht für die Förderung der kulturellen Entwicklung erforderlich.[600] Dogmatisch ist die vorgenommene Einschränkung des BGH wohl als Verneinung der vergleichbaren Interessenlage im Rahmen der Analogie zu werten.

Diese Einschränkung wird in der Literatur kritisiert. Die Berücksichtigung der persönlichen Fähigkeiten des Nutzers sei nicht systemgerecht für eine Schranke.[601] Die Einschränkung sei daher „unpraktikabel und widersinnig“, da besonders wertvolle Teile, die nicht nachgespielt werden könnten, nicht geschützt

---

595 Allgemein für Leistungsschutzrechte: Dreier/Schulze-Schulze, § 24 Rn. 10; für das Filmherstellerrecht: BGH GRUR 2008, 693, 694 – TV-Total; BGH GRUR 2000, 703, 704 – Mattscheibe; vgl. Klatt, AfP 2008, 350, 353; für das Tonträgerherstellerrecht: BGH GRUR 2009, 403, 405 – Metall auf Metall; a.A.: Dierkes, Leistungsschutzrechte des Tonträgerherstellers, S. 23 f.; vgl. auch Münker, Digital Sampling, S. 257, der zwar eine Anwendung der §§ 23, 24 UrhG ablehnt, jedoch das Vorliegen einer hinreichenden Umgestaltung und einer wirtschaftlichen Beeinträchtigung prüft.

596 BGH GRUR 2013, 614, 615 – Metall auf Metall II; BGH GRUR 2009, 403, 405 – Metall auf Metall; vgl. eingehend zu dieser Frage Oebbecke, Verwandte Schutzrechte, S. 306 ff.

597 BGH GRUR 2013, 614, 616 – Metall auf Metall II.

598 BGH GRUR 2013, 614, 616 – Metall auf Metall II.

599 BGH GRUR 2013, 614, 616 – Metall auf Metall II.

600 BGH GRUR 2013, 614, 615 – Metall auf Metall II; BGH GRUR 2009, 403, 405 – Metall auf Metall.

601 Von Ungern-Sternberg, GRUR 2010, 386, 388.

wären.[602] Auch könne es nicht auf die Erforderlichkeit der Entlehnung ankommen, die der BGH im Übrigen aufgegeben habe.[603] Bei der Übernahme von „Samples" liege der Zweck in der Ermöglichung der Wiedererkennung des Originals.[604] Eine Wiedererkennung sei aber oft nicht durch ein erneutes Einspielen oder Nachsingen des Ausschnitts, auf den Bezug genommen werde, zu erreichen.[605]

Teilweise wird diese Einschränkung auch auf das Filmherstellerrecht angewandt, wenn der Entlehnende die Filmszenen selbst nachdrehen kann und daher nicht auf eine Übernahme angewiesen ist.[606] Im Falle der Parodie ist jedoch die erkennbare Übernahme des Bezugsobjekts durch eine wiederholte Verfilmung nicht immer zu realisieren.[607]

Die Einschränkung der freien Benutzung auf nicht selbst herstellbare Teile ist abzulehnen. Zunächst führt sie zu Rechtsunsicherheit, da die Kriterien sehr unbestimmt sind. Auch hat der BGH das Erforderlichkeitskriterium einerseits mit der Begründung abgelehnt, dass die Übernahmen stets erforderlich seien,[608] führt dieses aber durch die Frage, ob die Entlehnungen selbst herstellbar sind, wieder ein. Sind sie selbst herstellbar, ist nämlich eine Entlehnung nicht erforderlich.

Auch benachteiligt sie – entgegen eigener Bekundungen des BGH[609] – wirtschaftlich schwächere, unerfahrene und unfähige Tonträgerhersteller. Wie der BGH selbst ausführt, werde eine Fortentwicklung des Kunstschaffens behindert, wenn eine Reproduktion der Tonaufnahme aus tatsächlichen Gründen nicht möglich sei.[610] Wenn aber ein Tonträgerhersteller selbst nicht fähig ist, die zu entlehnenden Tonfolgen herzustellen, und er aufgrund dessen sich nicht auf § 24 I UrhG berufen kann, scheitert eine Entlehnung an dieser Tatsache und dadurch die kulturelle Bereicherung. Zudem betrifft dieser Fall insbesondere wirtschaftlich schwächere Tonträgerhersteller, die sich auch keine Lizenzierung leisten können und daher ganz auf die Entlehnung verzichten müssten. Das führt aber dazu, dass die kulturelle Bereicherung durch eine freie Benutzung denjenigen

602 So Schack, JZ 2009, 475, 476.
603 Stieper, ZUM 2009, 223, 225.
604 Stieper, ZUM 2009, 223, 225.
605 Stieper, ZUM 2009, 223, 225.
606 Dreier/Schulze-Schulze, § 24 Rn. 10.
607 Gregor, Rechte am Filmwerk, Rn. 740.
608 Vgl. oben B) I. 3. b) dd) (1).
609 BGH GRUR 2013, 614, 616 – Metall auf Metall II.
610 BGH GRUR 2013, 614, 615 – Metall auf Metall II.

vorbehalten bleibt, die sich die Herstellung oder Lizenzierung leisten können. Auch der BGH betont, dass unerfahrene, unfähige Produzenten nicht eher zur Verwertung berechtigt sein dürfen als erfahrene und fähige Produzenten.[611] Auch das Zugrundelegen des Maßstabes eines durchschnittlich befähigten Produzenten führt nicht weiter, da kleinere Produzenten diesem Maßstab nicht gerecht werden können.

Vor allem führt dies jedoch zu widersprüchlichen Ergebnissen, da besonders anspruchsvolle Teile schwächer geschützt werden als einfach herstellbare Teile.[612] Der Tonträgerhersteller kann also gegen die freie Benutzung von einfachen Teilen vorgehen, während er die freie Benutzung von schwierig herstellbaren Teilen nicht verhindern kann. Der Schutzumfang von Werken ist von ihrer Schöpfungshöhe abhängig: Je schöpferischer ein Werk ist, desto strengere Voraussetzungen sind an die freie Benutzung zu stellen und umgekehrt. Diesen Rechtsgrundsatz, dass der Schutzumfang von der Bedeutung des geschützten Gutes abhängt, kann man auch auf Leistungsschutzrechte anwenden. Dabei ist jedoch zu berücksichtigen, dass die Leistungsschutzrechte aus §§ 85 I, 94 I, 95 UrhG keine Schöpfung, sondern eine wirtschaftliche Investition schützen. Sofern man also einen unterschiedlichen Schutzumfang von unterschiedlichen Teilen einer leistungsschutzrechtlich geschützten Vorlage befürwortet, muss dieser von der Bedeutung des Schutzguts – der damit verbundenen Investition – abhängig sein. Dem würde es aber widersprechen, wenn bei Leistungsschutzrechten die freie Benutzung bei besonders leicht herzustellenden Teilen leichter möglich wäre als bei schwierig herzustellenden, da Letztere wirtschaftlich bedeutender sind. Somit kommt es nicht auf die Frage an, ob die entlehnten Teile selbst herstellbar sind.

2. Voraussetzungen und ihre analoge Anwendung

a) Benutzung des Werks eines anderen

aa) Benutzung des immateriellen Guts

Bei der analogen Anwendung des § 24 I UrhG auf das Tonträger- bzw. Filmherstellerrecht tritt an die Stelle der Benutzung eines Werkes die Benutzung des Ton- bzw. Filmträgers.[613] Dabei geht es nicht um die unmittelbare Benutzung des

611 BGH GRUR 2013, 614, 616 – Metall auf Metall II.

612 Oebbecke, Verwandte Schutzrechte, S. 309.

613 Im Folgenden wird von der Benutzung des Trägers gesprochen, da der Wortlaut der §§ 85 I, 94 I UrhG ebenfalls den Träger nennt. Insoweit ist die Formulierung der Benutzung von Laufbildern ungenau, denn es geht nicht um den Schutz der enthaltenen Laufbilder, sondern um den Schutz des Trägers, unabhängig davon, ob dieser

Trägers, sondern um die Benutzung der im Träger verkörperten Investition als immaterielles Gut.

bb) Benutzung auch kleinster Teile umfasst?

Während es bei der Übernahme von Werkteilen der allgemeinen Auffassung entspricht, dass der übernommene Teil für sich urheberschutzfähig sein muss,[614] ist bei der Entlehnung aus Ton- und Filmträgern umstritten, ob nicht bereits die Übernahme kleinster Teile umfasst ist.

(1) Argumente für den Schutz kleinster Teile

Die Rechtsprechung und ein Teil der Literatur lassen auch die Entlehnung kleinster Ausschnitte aus Filmträgern[615] bzw. die Übernahme sog. „kleinster Tonfetzen" bzw. „kleinster Tonpartikel" aus Tonträgern genügen.[616] Als solche wurden etwa zwei Takte einer Rhythmussequenz angesehen.[617] Auch in diesen sei ein Anteil der organisatorischen und wirtschaftlichen Leistung und des unternehmerischen Aufwands verkörpert.[618]

Da der Hersteller die unternehmerische Leistung für den gesamten Träger erbringe, gebe es keinen Teil des Trägers, auf den nicht ein Teil dieses Aufwands und dieser wirtschaftlichen Investition entfiele und der daher nicht geschützt sei.[619] Selbst der kleinste Teil einer Tonfolge verdanke seine Festlegung der unternehmerischen Leistung des Herstellers und entziehe ihm eine Verwertungsmöglichkeit.[620] Der Handel mit Sound-Samples bzw. Klammerteilrechten zeige, dass auch kleinste Teile von Tonaufnahmen bzw. von Filmwerken und Laufbildern einen wirtschaftlichen Wert hätten.[621] Dieser werde sich im digitalen Zeitalter

---

Laufbilder oder ein Filmwerk enthält. Laufbilder als solche sind – im Gegensatz zu Lichtbildern nach § 72 I UrhG – nicht geschützt. Entsprechendes gilt für Tonträger.

614 Vgl. oben B) I. 3. a).

615 BGH GRUR 2008, 693, 694 – TV-Total; Vogel, FS Loewenheim, 367, 368.

616 BGH GRUR 2009, 403, 404 – Metall auf Metall; Dierkes, Leistungsschutzrechte des Tonträgerherstellers, S. 24 ff.

617 BGH GRUR 2009, 403 – Metall auf Metall.

618 BGH GRUR 2008, 693, 694 – TV-Total sowie Dreyer/Kotthoff/Meckel-Meckel, § 95 Rn. 1 zum Filmherstellerrecht.

619 BGH GRUR 2009, 403, 404 – Metall auf Metall.

620 BGH GRUR 2009, 403, 404 – Metall auf Metall.

621 Zum Tonträgerherstellerrecht: BGH GRUR 2009, 403, 404 – Metall auf Metall; Dierkes, Leistungsschutzrechte des Tonträgerherstellers, S. 25; zum Filmherstellerrecht: BGH GRUR 2008, 693, 694 – TV-Total; Hillig, ZUM 2005, 482.

noch erhöhen.[622] Das Erfordernis eines Mindestumfangs sei abzulehnen, da seine Bestimmung zu Abgrenzungsschwierigkeiten und zu Rechtsunsicherheit führe.[623] Der Schutz bestehe unabhängig von der Qualität oder Quantität der Töne des Tonträgers.[624] Es komme daher nicht darauf an, ob ein qualitativ oder quantitativ wesentlicher Teil der Tonfolge übernommen werde.[625] Aufgrund des unterschiedlichen Schutzgegenstandes bestehe auch kein Wertungswiderspruch zum Schutz von Werkteilen.[626] Der Schutzumfang des Leistungsschutzrechts am Tonträger und des Urheberrechts am Musikwerk könne daher nicht ohne Weiteres verglichen werden.[627]

Zudem werde die unternehmerische Leistung bei Laufbildern nicht stärker geschützt als Filmwerke, da §§ 95, 94 UrhG dem Filmhersteller den gleichen Schutz biete, wenn der Träger Laufbilder oder Filmwerke enthalte.[628] Auch die schöpferische Leistung werde nicht stärker geschützt, da bloße Bildfolgen nach § 95 UrhG nicht urheberrechtlich geschützt seien[629].

(2) Argumente gegen den Schutz kleinster Teile

Die überzeugende Gegenauffassung lehnt hingegen den Schutz kleinster Teile ab. Hauptargument ist, dass die Tonträgerhersteller einen weitergehenden Schutz als die Urheber der Musikwerke genießen würden, obwohl Leistungsschutzrechte Annexrechte zum Urheberrechtsschutz sind.[630] Auch ergibt sich aus einem vermeintlichen wirtschaftlichen Wert von Klammerteilen noch kein rechtlicher Schutz.[631]

Für die analog zur Urheberschutzfähigkeit zu bestimmende Mindestlänge der entlehnten Teile werden verschiedene Anknüpfungspunkte vorgeschlagen.

Für das Filmherstellerrecht wird teilweise vertreten, nur solche übernommenen Ausschnitte zu berücksichtigen, die sich für eine selbstständige und isolierte

622 Hillig, ZUM 2005, 482.
623 BGH GRUR 2009, 403, 404 – Metall auf Metall.
624 BGH GRUR 2009, 403, 404 – Metall auf Metall.
625 BGH GRUR 2009, 403, 404 – Metall auf Metall.
626 Vogel, FS Loewenheim, 367, 369; BGH GRUR 2009, 403, 405 – Metall auf Metall, Dierkes, Leistungsschutzrechte des Tonträgerherstellers, S. 25 f.
627 BGH GRUR 2009, 403, 405 – Metall auf Metall; Dierkes, Leistungsschutzrechte des Tonträgerherstellers, S. 26.
628 BGH GRUR 2008, 693, 694 – TV-Total.
629 BGH GRUR 2008, 693, 694 – TV-Total.
630 Hoeren, MMR 2009, 257.
631 Vogel, FS Loewenheim, 367, 369 verweist darauf, befürwortet aber dennoch den Schutz kleinster Teile.

Zweitverwertung eignen.[632] Die im Rahmen der TV-Total-Entscheidung infrage stehenden, verwendeten Laufbilder, hätten isoliert betrachtet kaum einen nennenswerten wirtschaftlichen Wert gehabt.[633] Es würden meistens „Abfallprodukte" der Vorlage verwendet.[634]

Für das Tonträgerherstellerrecht wurde teilweise die Entlehnung des vollständigen Tonträgers für erforderlich gehalten.[635] Dem wird entgegengehalten, dass der Schutz des Tonträgerherstellers dann aufgrund der digitalen Aufnahme-, Vervielfältigungs- und Wiedergabetechniken weitgehend leerliefe.[636] Andere wollen die Übernahme jedenfalls an der Beweisbarkeit der Entlehnung scheitern lassen.[637] Teilweise wird gefordert, dass der übernommene Teil erkennbar sein müsse, da die Entlehnung sonst regelmäßig keine wirtschaftlichen Auswirkungen auf die Verwertung des Originaltonträgers habe.[638] Der BGH betont hingegen, dass es nicht darauf ankomme, ob der Benutzer einen Aufwand erspare, der Tonträgerhersteller einen messbaren wirtschaftlichen Nachteil erleide oder sich die Verwendung auf den Tonträgerabsatz auswirke.[639] Daher sei es auch unerheblich, ob die Aufnahmen an völlig unterschiedliche Hörerkreise gerichtet seien.[640]

(3) Stellungnahme

Die Auffassung der Rechtsprechung, auch kleinste Teile von Ton- und Filmträgern zu schützen, ist abzulehnen. Sie führt dazu, dass das Leistungsschutzrecht des Tonträger- und Filmherstellers stärker geschützt wird als ein Werk, da bei Werken der entlehnte Teil jeweils nach § 2 II UrhG urheberschutzfähig sein muss und die Übernahme kleinster Teile daher ausscheidet. Das UrhG privilegiert aber grundsätzlich Werke gegenüber Leistungsschutzrechten, wie bereits festgestellt wurde.

Diesen Widerspruch räumt die Rechtsprechung nicht aus, denn im Rahmen ihrer Argumentation vergleicht sie nicht den Schutz des Musik- bzw. Film**urhebers** mit dem des Tonträger- bzw. Film**herstellers**. Vielmehr vergleicht sie den Filmherstellerschutz mit demselben: den Film**hersteller**schutz bei enthaltenen

632 So Klatt, AfP 2008, 350, 354 in Bezug auf Laufbilder.
633 Klatt, AfP 2008, 350, 354.
634 Klatt, AfP 2008, 350, 354.
635 Hoeren, GRUR 1989, 580 f.
636 BGH GRUR 2009, 403 – Metall auf Metall.
637 Vogel, FS Loewenheim, 367, 369 f.
638 Ullmann, jurisPR-WettbR 10/2006, Anm. 3; Münker, Digital Sampling, S. 257.
639 BGH GRUR 2009, 403, 404 – Metall auf Metall.
640 BGH GRUR 2009, 403, 404 – Metall auf Metall.

Filmwerken mit dem Film**hersteller**schutz bei enthaltenen Laufbildern. Da der Filmherstellerschutz aber von der schöpferischen Qualität des Inhalts unabhängig ist, ist der Schutz natürlich gleich. Der behauptete Widerspruch liegt aber nicht darin, sondern in dem stärkeren Schutz des Film- und Tonträgerherstellers gegenüber dem Schutz des Urhebers von Film- oder Musikwerken. Interessanterweise begründet der BGH die Analogie zu § 24 UrhG hingegen richtigerweise mit einem Vergleich des Leistungsschutzes des Filmherstellers mit dem Urheberschutz des Filmurhebers.

Zudem erscheint es inkonsequent, dass die Rechtsprechung sich bei der Frage der Schutzfähigkeit kleinster Teile auf den unterschiedlichen Schutzgegenstand und eine mangelnde Vergleichbarkeit beruft, während sie für die Begründung der Analogie einen Erst-recht-Schluss vom höheren Schutz der Werke auf den geringeren Schutz der Leistungsschutzrechte befürwortet. Nur für die Begründung der Analogie vergleicht der BGH also den Leistungsschutz mit dem Werkschutz trotz des unterschiedlichen Schutzgegenstandes.

Zwar trifft es zu, dass auch in kürzesten Ausschnitten ein Teil des unternehmerischen Aufwands enthalten ist. Jedoch kann man bei Werken ebenfalls argumentieren, dass auch in kürzesten Ausschnitten ein Teil der schöpferischen Leistung enthalten ist. Auch in einem einzelnen Ton eines Musikwerks ist ein Anteil der schöpferischen Leistung enthalten, ohne den das Musikwerk nicht denkbar wäre. Jedoch ist der einzelne Ton aufgrund dessen noch nicht schutzfähig. Daher bedeutet die Teilhabe am unternehmerischen Aufwand noch nicht, dass auch der kleinste Teil schutzfähig ist. Dies ist vielmehr eine Frage des Einzelfalls.

Während Werke geschützt werden, weil sie schöpferisch sind, werden die Leistungsschutzrechte aus §§ 85 I, 94 I, 95 UrhG aufgrund der damit verbundenen wirtschaftlichen Investition geschützt. Dem Schutzgut entsprechend kommt es bei Werken daher darauf an, ob die entlehnten Teile urheberschutzfähig sind. Nur dann ist mit der Entlehnung ein Eingriff in die dem Urheber zugewiesene schöpferische Substanz des Werkes verbunden. Dementsprechend muss man auch bei der Entlehnung aus geschützten Ton- oder Filmträgern die Frage stellen, ob mit der Entlehnung ein Eingriff in die dem Hersteller zugewiesene wirtschaftliche Substanz des Film- oder Tonträgers verbunden ist.

Die pauschale Behauptung des BGH, dass auch in den kleinsten Teilen ein Anteil der wirtschaftlichen Investition enthalten sei, beantwortet daher noch nicht die Frage, ob durch die Entlehnung eines solchen Teiles in den wirtschaftlichen Schutzgehalt des Herstellerrechts eingegriffen wird. Wenn die entlehnten Teile für sich betrachtet keinen wirtschaftlichen Wert haben, ist mit ihrer Entlehnung kein Eingriff in die wirtschaftliche Substanz des Tonträger- oder Filmherstellerrechts verbunden. Auch das Argument der Abgrenzungsschwierigkeiten ist nicht tragfähig, da diese genauso bei der Frage nach der Schutzfähigkeit der entlehnten Teile bei Werken auftreten.

Bei Entlehnungen aus einem Ton- oder Filmträger ist somit im Einzelfall festzustellen, ob die einzelnen entlehnten Teile jeweils einen wirtschaftlichen Wert haben, der dem Schutzgehalt des Tonträger- bzw. Filmherstellerrechts entspricht.

Das in der Literatur vorgeschlagene Kriterium der Erkennbarkeit der entlehnten Teile bedeutet für die Parodie keine Erleichterung, denn sie lebt von dieser Erkennbarkeit. Diesem Kriterium zufolge entlehnt die Parodie also immer geschützte Teile. Andererseits kann die Frage nach dem wirtschaftlichen Wert und der wirtschaftlichen Zweitverwertbarkeit des Teils gestellt werden. Ob die Parodie jeweils einen wirtschaftlich wertlosen Teil oder einen zweitverwertbaren Teil entlehnt hat, ist eine Frage des Einzelfalls.

b) Schaffung eines neuen Werks

Weitere Voraussetzung des § 24 I UrhG ist die Schaffung eines neuen Werks. Auch hier stellt sich die Frage, wie dieses Tatbestandsmerkmal im Rahmen der analogen Anwendung auszulegen ist.

Die Rechtsprechung und die überwiegende Lehre verlangen auch bei der Übernahme von Teilen aus leistungsschutzrechtlich geschützten Vorlagen, dass ein neues Werk entsteht.[641] Die schlichte Wiedergabe der entlehnten Ausschnitte mit einem begleitenden Lachen oder einem witzigen Spruch des Moderators genüge ebenso wenig wie der bloße Hinweis auf die einer Stelle innewohnende Komik.[642] Erforderlich sei vielmehr eine kritische Auseinandersetzung mit dem Original sowie ein Mindestaufwand an Eigengestaltung des Parodisten an den entlehnten Ausschnitten.[643] Da § 24 I UrhG die Bereicherung des kulturellen Gesamtguts durch eine neue eigenschöpferische Leistung ermöglichen solle, sei es nicht ausreichend, wenn nur ein geringfügiger Eingriff in fremde Rechte im Vergleich zur geschaffenen Leistung vorliege.[644] Der Gewinn der Allgemeinheit sei

641 Für das Filmherstellerrecht: BGH GRUR 2008, 693, 694 – TV-Total; Gregor, Rechte am Filmwerk, Rn. 748; Hillig, ZUM 2004, 397, 398; für das Tonträgerherstellerrecht: BGH GRUR 2009, 403, 406 – Metall auf Metall; kritisch: von Ungern-Sternberg, GRUR 2010, 386, 387 f.: § 24 I UrhG enthalte möglicherweise den Rechtsgedanken, die Nutzung vorhandenen Materials nicht durch eine unverhältnismäßige Geltendmachung von Monopolrechten zu behindern; allgemein für Leistungsschutzrechte: Oebbecke, Verwandte Schutzrechte, S. 298; Dreier/Schulze-Schulze, § 24 Rn. 10.

642 Hillig, ZUM 2004, 397, 398; BGH GRUR 2008, 693, 695 – TV-Total.

643 Hillig, ZUM 2004, 397, 398.

644 BGH GRUR 2008, 693, 695 – TV-Total.

sonst zu gering und der Preis, den der Rechtsinhaber zahlen müsse, zu hoch.[645] Zudem bestehe sonst die Gefahr, dass der Übernehmende sich lediglich eigene Aufwendungen erspare.[646]

Ein Teil der Literatur lässt hingegen bei der Übernahme von Laufbildern aus einem Filmträger auch die Entstehung von Laufbildern genügen.[647] Das kulturelle Gesamtgut könne auch in anderer Weise als durch Werke bereichert werden.[648] Spiegelbildlich bestehe auch bei der Parodie keine Notwendigkeit, eine Schöpfungshöhe vorauszusetzen, wenn schon die Vorlage keine solche besitze.[649]

Die zweitgenannte Auffassung überzeugt. Die Tatsache, dass selbst bei der Entlehnung aus leistungsschutzrechtlich geschützten Vorlagen überwiegend das Entstehen eines neuen Werks verlangt wird, zeigt, dass das Recht das Originalitätsdogma der Moderne noch nicht überwunden hat. Es ist rückständig, weil es sich noch nicht an die veränderte Realität angepasst hat. Noch immer wird behauptet, dass das kulturelle Gesamtgut nur durch Werke bereichert werde, was jedoch nicht zutrifft. Während in der Moderne die Originalität im Vordergrund stand, widersetzt sich die Postmoderne dem modernen Originalitätszwang und strebt die eigene Originalität gar nicht an. Die postmoderne Wiederholungskunst lebt von der Nachahmung und der Anpassung an veränderte Verhältnisse. Dadurch zeigt sie aber, dass es Möglichkeiten der kulturellen Bereicherung gibt, die nicht zwingend schöpferisch sind. Der Sinn und Zweck des § 24 UrhG, die Bereicherung des kulturellen Gesamtguts zu ermöglichen, setzt also nicht zwingend das Entstehen neuer Werke voraus.

Auch wäre es ein Wertungswiderspruch, wenn man vom Parodisten eine schöpferische Leistung verlangen würde, die der Film- oder Tonträgerhersteller gerade nicht erbracht hat. Da Werkschutz und Leistungsschutz zwei verschiedene Schutzgüter betreffen, sind sie konsequent zu trennen. Indem die Rechtsprechung auch bei der Entlehnung aus leistungsschutzrechtlichen Vorlagen das Entstehen von Werken verlangt, setzt sie daher Äpfel mit Birnen gleich. Der Rechtsprechung zufolge ist eine freie Benutzung also nur möglich, wenn es dem Entlehnenden gelingt, einen Apfel (wirtschaftliche Investitionen) in eine Birne (schöpferische Leistung) zu verwandeln.

645 Gregor, Rechte am Filmwerk, Rn. 748.
646 Gregor, Rechte am Filmwerk, Rn. 748.
647 Vgl. Klatt, AfP 2008, 350, 353.
648 Klatt, AfP 2008, 350, 353.
649 Klatt, AfP 2008, 350, 353.

Werkschutz und Leistungsschutz müssen also den unterschiedlichen Schutzgütern entsprechend ausgelegt werden. Da das Leistungsschutzrecht des Tonträger- und Filmherstellers unabhängig davon entsteht, ob sein Inhalt schöpferisch ist, kann auch sein Schutzumfang nicht von der Frage abhängen, ob ein neues Werk entsteht. Im Rahmen des § 24 UrhG, der den Schutzumfang einschränkt, kann es daher nicht auf die Frage ankommen, ob ein Werk vorliegt, da diese Frage dem Tonträger- und Filmherstellerrecht fremd ist.

Vielmehr ist es ausreichend, wenn ein neues Leistungsschutzrecht entsteht. Somit muss eine Parodie, die Entlehnungen aus einem Film- oder Tonträger vornimmt, nicht notwendigerweise die Gestaltungshöhe eines Werkes erreichen, um die Regelung des § 24 I UrhG in Anspruch nehmen zu können.

c) Freie Benutzung des Originalwerks und Selbstständigkeit des neuen Werks

aa) Anwendung der herkömmlichen Kriterien für Werke

Der BGH und ein Teil der Literatur wenden auch bei leistungsschutzrechtlich geschützten Vorlagen diejenigen unveränderten Kriterien zur Beurteilung der freien Benutzung und der Selbstständigkeit an, die für Werke entwickelt wurden.[650] Insoweit wird zunächst auf die obigen Ausführungen zur freien Benutzung von Werken verwiesen.[651]

Auch bei der Übernahme von Laufbildern gelte der Grundsatz, dass ein Werk geringerer Eigenart eher verblasse als ein Werk besonderer Eigenprägung.[652] Es könne entsprechend geprüft werden, ob das neue Werk einen ausreichenden Abstand zu den entnommenen Laufbildern bzw. Tonfolgen einhalte, sodass es seinem Wesen nach als selbstständig anzusehen sei.[653] Dem stehe nicht der gegenüber Werken begriffsnotwendig geringere eigenschöpferische Gehalt der Laufbilder[654] bzw. der fehlende eigenschöpferische Gehalt der unternehmerischen Leistung des Tonträgerherstellers[655] entgegen. Auch hier sei durch eine Gesamtbewertung festzustellen, ob das neue Werk zu den übernommenen geschützten Teilen einen so großen inneren Abstand einhalte, dass es seinem Wesen nach

650 So ausdrücklich BGH GRUR 2008, 693, 694 – TV-Total zum Filmherstellerrecht sowie BGH GRUR 2009, 403, 406 – Metall auf Metall zum Tonträgerherstellerrecht; allgemein für Leistungsschutzrechte: Dreier/Schulze-Schulze, § 24 Rn. 10.

651 Vgl. oben B) I. 3. b).

652 BGH GRUR 2008, 693, 695 – TV-Total.

653 Zum Filmherstellerrecht: BGH GRUR 2008, 693, 695 – TV-Total; zum Tonträgerherstellerrecht: BGH GRUR 2009, 403, 406 – Metall auf Metall.

654 BGH GRUR 2008, 693, 695 – TV-Total.

655 BGH GRUR 2009, 403, 406 – Metall auf Metall.

selbstständig sei.[656] Der innere Abstand könne sich auch aus einer Auseinandersetzung mit dem urheberrechtsfreien Inhalt und der Tendenz der Vorlage ergeben.[657] Es komme nicht auf die Erforderlichkeit der Übernahmen an.[658] Erforderlich sei die kritische Auseinandersetzung mit der Vorlage, etwa als Parodie, und dass die Vorlage lediglich als Anregung für eigenes Werkschaffen und nicht zur Ersparnis eigener Aufwendungen verwendet werde.[659]

bb) Anwendung alternativer Kriterien, die wirtschaftlich orientiert sind

(1) Notwendigkeit alternativer Kriterien

Die unveränderte Anwendung der Kriterien, die für geistige Schöpfungen entwickelt wurden, ist jedoch nicht möglich, da das Tonträger- und Filmherstellerrecht eine wirtschaftliche Investition unabhängig von ihrem Inhalt und ihrer schöpferischen Eigenprägung schützt.[660] Vielmehr sind alternative Kriterien zu entwickeln, die den Besonderheiten des Leistungsschutzes gerecht werden.

Ein Vergleich zwischen einer leistungsschutzrechtlich geschützten Vorlage und einem Werk ist nicht möglich,[661] denn eine wirtschaftliche Investition kann nicht mit einer schöpferischen Gestaltung verglichen werden.[662] Dies gilt jedenfalls dann, wenn der Filmträger nur Laufbilder enthält, denn entgegen der Rechtsprechung enthalten Laufbilder nicht einen begriffsnotwendig geringeren eigenschöpferische Gehalt als Werke, sondern definitionsgemäß überhaupt keinen schöpferischen Gehalt, § 95 UrhG.[663] Eine zufällig vorhandene Schöpfungshöhe unterhalb der kleinen Münze darf jedenfalls keine Berücksichtigung finden, da die schöpferische Qualität des Inhalts für das Filmherstellerrecht irrelevant ist. Gleiches gilt, wenn ein Tonträger Aufnahmen enthält, die nicht den Anforderungen des § 2 II UrhG genügen. Die Literatur stellt daher teilweise die berechtigte Frage, welche Eigenschaften der Laufbilder die Rechtsprechung

656 BGH GRUR 2000, 703, 704 – Mattscheibe.

657 BGH GRUR 2000, 703, 704 – Mattscheibe.

658 BGH GRUR 2000, 703, 704 – Mattscheibe.

659 Schricker-Loewenheim, § 24 Rn. 22.

660 Wehler, Freie Benutzung, S. 232 f.; Gregor, Rechte am Filmwerk, Rn. 750 zum Filmherstellerrecht.

661 Wie oben festgestellt, setzt die Rechtsprechung die Werkqualität des übernehmenden Erzeugnisses voraus.

662 Klatt, AfP 2008, 350, 353 (bezüglich des Filmherstellerrechts) und Schack JZ 2009, 475, 476 (bezüglich des Tonträgerherstellerrechts) sprechen von einem „Vergleich von Äpfeln und Birnen"; Gregor, Rechte am Filmwerk, Rn. 749; Schricker-Vogel, § 85 Rn. 59 hält dies für dogmatisch und systematisch fernliegend.

663 Gregor, Rechte am Filmwerk, Rn. 749.

vergleichen wolle[664] und worin der Abstand zu den entlehnten Tonfolgen bestehen solle.[665] Es erwecke den Eindruck, dass der BGH die fehlende Vergleichbarkeit beim Filmherstellerrecht überwinden wolle, indem er den urheberrechtlichen Schutz des Films fingiere.[666] Selbst wenn der Ton- bzw. Filmträger ein schöpferisches Musik- bzw. Filmwerk enthält, ist ein Vergleich nicht möglich, denn auf einen zufällig vorhandenen schöpferischen Inhalt kommt es im Rahmen des Schutzumfangs des Tonträger- und Filmherstellerrechts gerade nicht an.

Auch würde die konsequente Anwendung der herkömmlichen Kriterien zu nicht hinnehmbaren Ergebnissen führen. Die ständige Rechtsprechung ermittelt bei Werken den einzuhaltenden Abstand durch einen Vergleich der Individualität der Vorlage mit der des neuen Werks. Diesen Grundsatz wendet sie ausdrücklich auch bei Ton- und Filmträgern an, wie oben festgestellt wurde. Je höher die Gestaltungshöhe des Originalwerks ist, desto größer ist sein Schutzumfang und desto höher sind auch die Anforderungen an das Verblassen und an den einzuhaltenden Abstand und umgekehrt. Für Laufbilder und unschöpferische Tonaufnahmen würde dies aber bedeuten, dass ihr Schutzumfang gegen null ginge. So wendet auch die Literatur teilweise ein, dass Laufbilder infolgedessen stets verblassen würden und der einzuhaltende Abstand gar kein Abstand sei.[667] Jedenfalls spreche dann eine Vermutung für eine freie Benutzung.[668] Teilweise fordert sie dennoch, dass eine freie Benutzung dadurch nicht leichter als bei Werken sein dürfe.[669] Insbesondere aufgrund dieses Wertungswiderspruchs werden alternative, leistungsschutzbezogene Kriterien vorgeschlagen, die nicht auf die schöpferische Eigenart des benutzten Trägers abstellen.[670]

(2) Übertragung der Grundsätze der Germania 3-Rechtsprechung zum Zitatrecht
Anhaltspunkte für neue Kriterien werden der Rechtsprechung zum Zitatrecht entnommen, da es auch bei der freien Benutzung um die geistige Auseinandersetzung mit fremden Gedanken oder Werken gehe.[671] Dementsprechend

---

664 Klatt, AfP 2008, 350, 353.

665 Stieper, ZUM 2009, 223, 225 zum Tonträgerherstellerrecht.

666 Gregor, Rechte am Filmwerk, Rn. 752.

667 Klatt, AfP 2008, 350, 352; vgl. von Becker, NJW 2001, 583; vgl. Wehler, Freie Benutzung, S. 233, der darauf hinweist, dass der Abstand sich eher als bei Werken ergebe.

668 Klatt, AfP 2008, 350, 353; von Becker, NJW 2001, 583.

669 Schricker-Loewenheim, § 24 Rn. 22.

670 Gregor, Rechte am Filmwerk, Rn. 753; Klatt, AfP 2008, 350, 353; Wehler, Freie Benutzung, S. 233, der diese Kriterien ergänzend heranzieht.

671 Gregor, Rechte am Filmwerk, Rn. 754 und Klatt, AfP 2008, 350, 353 f. jeweils mit Verweis auf BVerfG GRUR 2001, 149 ff. – Germania 3.

sei eine Interessenabwägung zwischen den Interessen des Filmherstellers und denen des Schöpfers des neuen Werks vorzunehmen.[672] Zu berücksichtigen sei das künstlerische Interesse des Übernehmenden einerseits, die Schwere des Eingriffs in das Filmherstellerrecht andererseits.[673] Dabei komme es darauf an, ob durch die Verwendung eine nennenswerte, leistungsschutzrechtlich relevante, wirtschaftliche Beeinträchtigung des Herstellers vorliege, die dessen berechtigte Interessen verletze.[674] Entscheidend seien die wirtschaftlichen Konsequenzen, der Umfang und die Bedeutung der verwendeten Filmausschnitte.[675] Auch sei zu prüfen, ob ein Substitutionswettbewerb zwischen dem neuen Werk und der Vorlage bestehe und ob vergleichbare Zielgruppen angesprochen würden.[676]

Erfolge eine derart starke Umgestaltung, dass die Originalpassage nicht mehr erkennbar sei, liege keine wirtschaftliche Beeinträchtigung vor.[677] Sofern eine Erkennbarkeit gegeben sei, müsse hingegen geprüft werden, ob die neue Produktion eine partielle Surrogatfunktion am Markt einnehmen könne.[678]

(3) Übertragung des Rechtsgedankens des § 87b I UrhG - Wesentlichkeit

Ein anderer Anknüpfungspunkt zur Berücksichtigung wirtschaftlicher Kriterien wird § 87b I UrhG entnommen. Dem Rechtsgedanken des § 87b I UrhG entsprechend sei auf die Wesentlichkeit der entnommenen Filmteile abzustellen, da auch beim Datenbankhersteller das wirtschaftliche Interesse des Herstellers Schutzgegenstand sei.[679] Dies sei in qualitativer und quantitativer Hinsicht nach Art, Umfang und Bedeutung der Filmteile zu bestimmen.[680] Im Hinblick auf das TV-Total-Urteil[681] wird auf die geringen Kosten der Sendung, die fehlende

672 Gregor, Rechte am Filmwerk, Rn. 755.

673 Gregor, Rechte am Filmwerk, Rn. 755.

674 Klatt, AfP 2008, 350, 354.

675 Zum Filmherstellerrecht: Gregor, Rechte am Filmwerk, Rn. 755; Klatt, AfP 2008, 350, 353; vgl. zum Tonträgerherstellerrecht Münker, Digital Sampling, S. 257, der dies jedoch außerhalb des § 24 UrhG prüft, da er diesen nicht für anwendbar hält.

676 Klatt, AfP 2008, 350, 354; Wehler, Freie Benutzung, S. 233 f., der zudem berücksichtigt, ob die Nutzung der Vorlage zu kommerziellen Zwecken erfolgt.

677 Münker, Digital Sampling, S. 257; Stieper, ZUM 2009, 223, 225 nimmt dann bereits keine Vervielfältigung mehr an, sodass es auf § 24 UrhG nicht ankomme.

678 Münker, Digital Sampling, S. 257.

679 Gregor, Rechte am Filmwerk, Rn. 757 ff.

680 Gregor, Rechte am Filmwerk, Rn. 759.

681 Siehe oben 1. Kap. C).

geplante Zweitverwertung der entlehnten Teile durch den Filmhersteller, die Kürze der entlehnten Teile sowie die daraus folgenden geringen wirtschaftlichen Folgen für den Filmhersteller abgestellt.[682]

Dem wird entgegengehalten, dass der Grundsatz der Schutzfreiheit der Nutzung unwesentlicher Teile nur für den sui-generis-Schutz von Datenbanken nach § 87b I 2 UrhG gelte.[683] Der Gesetzgeber habe bewusst eine entsprechende Regelung für den Laufbildhersteller nicht übernommen.[684] Das Wesentlichkeitskriterium stoße zudem auf praktische Schwierigkeiten.[685] Es könne daher nicht auf das Leistungsschutzrecht des Laufbildherstellers nach § 95 UrhG übertragen werden.[686]

(4) Stellungnahme

Der Vorschlag, an wirtschaftliche statt an urheberrechtliche Kriterien anzuknüpfen, ist zu befürworten, da das Tonträger- und Filmherstellerrecht eine wirtschaftliche Investition schützt. Jedoch erscheint der Anknüpfungspunkt der Wesentlichkeit aus § 87b I 2 UrhG dogmatisch fraglich. Zwar dient das Datenbankherstellerrecht, wie auch das Tonträger- und Filmherstellerrecht, dem Schutz der Herstellerleistung. Jedoch nimmt das Datenbankherstellerrecht eine Sonderstellung innerhalb der Leistungsschutzrechte ein, denn es ist das einzige Leistungsschutzrecht, bei dem sich weder ein Verweis auf die Schrankenregelung der §§ 44a ff. UrhG noch auf § 24 UrhG findet. Vielmehr trifft § 87c UrhG eigene Schrankenregelungen ausschließlich für das Datenbankherstellerrecht.

Sinnvoll erscheint hingegen, angesichts des wirtschaftlichen Schutzguts der §§ 85 I, 94 I, 95 UrhG auf eine wirtschaftliche Beeinträchtigung des Herstellers abzustellen. Wirtschaftliche Interessen des Originalherstellers werden nicht beeinträchtigt, wenn seine Verwertungsmöglichkeiten nicht eingeschränkt werden und sein Absatz nicht unter der Parodie leidet.

Der Rückgriff auf die Germania-3-Rechtsprechung zum Zitatrecht ist nicht erforderlich, da diese Rechtsprechung nur im Hinblick auf den zu eng verstandenen herkömmlichen Zitatzweck der Belegfunktion notwendig geworden war. Mit der Übernahme der Rechtsprechung würden auch die dortigen

682 Gregor, Rechte am Filmwerk, Rn. 761.

683 Hillig, ZUM 2004, 397, 398; Hillig, ZUM 2005, 482; OLG Frankfurt a.M. ZUM 2005, 477, 480 – TV-Total (Vorinstanz).

684 Hillig, ZUM 2005, 482; OLG Frankfurt a.M. ZUM 2005, 477, 480 – TV-Total (Vorinstanz).

685 OLG Frankfurt a.M. ZUM 2005, 477, 480 – TV-Total (Vorinstanz).

686 Hillig, ZUM 2004, 397, 398.

Anwendungsschwierigkeiten wie die schwierige Frage, ob Kunst vorliegt, übernommen.[687] Eine Interessenabwägung im Einzelfall könnte zwar zu interessengerechten Ergebnissen führen, kann jedoch im Hinblick auf die Unbestimmtheit nur ultima ratio sein, sofern keine konkreten Kriterien zur Verfügung stehen. Die konkrete Prüfung einer wirtschaftlichen Beeinträchtigung ist jedoch möglich. So kann ermittelt werden, welche Auswirkungen die Parodie auf den Absatz des Originals hatte. Sind die Verkaufszahlen unverändert, spricht dies gegen eine wirtschaftliche Beeinträchtigung. Im Falle eines Substitutionswettbewerbs durch die Parodie würde sich die (teilweise) Substitution in den Verkaufszahlen widerspiegeln. Der Absatz des Originals würde durch den Verkauf der Nachahmung insoweit ersetzt.

Da die Parodie sich jedoch auf ein anderes Publikum, einen anderen Markt und eine andere Nachfrage als das Original bezieht, scheidet eine Substitutionskonkurrenz zum Original aus.[688] Sofern also nicht lediglich unter dem Vorwand einer Parodie die Bekanntheit eines fremden Werks ausgebeutet wird, sondern die Parodie vielmehr die typischen Merkmale aufweist, die oben im Grundlagenteil dargestellt wurden,[689] stellt sie keine Konkurrenz zum Original dar, sondern ergänzt dieses. Ein Wettbewerb spricht hingegen dafür, dass es sich nicht um eine Parodie handelt, sondern lediglich unter dem Vorwand einer vermeintlichen Parodie fremde Leistung ausgebeutet werden soll.

Sofern eine wirtschaftliche Konkurrenz zum Original vorliegt, scheidet eine freie Benutzung also nach der hier vertretenen Auffassung aus. Es erscheint dann interessengerecht, eine Zustimmung zu verlangen und damit durch die Erteilung einer Lizenz den Hersteller des Originals am Absatzerfolg zu beteiligen, der letztlich auf der ursprünglichen Investition des Originalherstellers beruht.

Problematisch ist jedoch das Tatbestandsmerkmal der Selbstständigkeit im Rahmen des § 24 I UrhG. Eine Parodie ist stets von ihrer Vorlage abhängig, die den Bezugspunkt für die antithematische Auseinandersetzung bildet. Eine von der Vorlage unabhängige, selbstständige Parodie ist daher nicht denkbar. Da das Selbstständigkeitskriterium zudem nicht werkspezifisch ist, kann auch nicht bei der analogen Anwendung des § 24 I UrhG von dessen Anwendung abgesehen werden.

Zusammenfassend kann festgestellt werden, dass die Parodie zwar bei Zugrundelegung wirtschaftlicher Kriterien die Anforderungen an das Tatbestandsmerkmal der Freiheit der Benutzung erfüllen kann. Jedoch scheitert die

687 Siehe oben 2. Kap. B) II. 2. c) bb).

688 Ebenso: Münker, Digital Sampling, S. 257 zum Tonträgerherstellerrecht.

689 Vgl. A) I.

Anwendung des § 24 I UrhG auch bei Ton- und Filmträgern am Selbstständigkeitserfordernis.

3. *Der starre Melodienschutz, § 24 II UrhG beim Tonträgerherstellerrecht*

Der BGH und ein Teil der Literatur befürworten die entsprechende Anwendung des § 24 II UrhG auf das Leistungsschutzrecht des Tonträgerherstellers.[690]

Vorzugsweise erscheint hingegen, eine analoge Anwendung des § 24 II UrhG abzulehnen,[691] da die Voraussetzungen einer Analogie nicht vorliegen. Sofern man eine planwidrige Regelungslücke noch bejahen mag, liegt jedenfalls keine vergleichbare Interessenlage im Vergleich zum Schutz von Musikwerken vor. Da der starre Melodieschutz sich auf den Inhalt eines Werkes, seine Melodie, bezieht, kann er nicht beim Tonträgerherstellerrecht angewendet werden, dessen Schutzumfang unabhängig von seinem Inhalt ist. Wenn also zufällig eine Melodie auf dem Tonträger enthalten ist, kann dies keine Bedeutung für den Schutzumfang des Tonträgerherstellerrechts haben, den § 24 II UrhG mitbestimmt. Die Anwendung des § 24 II UrhG würde aber dazu führen, Tonträger, die eine Melodie enthalten, stärker zu schützen als solche, die keine enthalten. Die Melodie ist auch deshalb kein geschütztes Element des Tonträgers, weil sie nicht auf der wirtschaftlichen, organisatorischen oder technischen Leistung des Tonträgerherstellers beruht.[692] Vielmehr wird sie vom Urheber des Musikwerks geschaffen und ist daher allein ihm rechtlich zugeordnet.[693]

Die fehlende analoge Anwendung des § 24 II UrhG hat zudem zur Folge, dass das Leistungsschutzrecht des Tonträgerherstellers weniger stark geschützt ist als das Urheberrecht des Urhebers des Musikwerks, was der gesetzlichen Wertung entspricht, Werke stärker zu schützen als Leistungsschutzrechte.

Aus diesen Gründen ist eine analoge Anwendung des § 24 II UrhG abzulehnen.

III. Zitierung des Ton- oder Filmträgers, § 51 UrhG

Auch das Zitat aus einem Ton- oder Filmträger nach § 51 UrhG kommt als Rechtfertigung für Parodien infrage.

---

690 BGH GRUR 2009, 403, 406 – Metall auf Metall; Stieper, ZUM 2009, 223, 225.

691 Schack, JZ 2009, 475, 476 f.

692 Oebbecke, Verwandte Schutzrechte, S. 317 f.

693 Oebbecke, Verwandte Schutzrechte, S. 318.

1. Analoge Anwendung

Da §§ 85 IV, 94 IV, 95 UrhG die analoge Anwendung des § 51 UrhG anordnen, gelten grundsätzlich die obigen Ausführungen zum Zitatrecht bei Werken entsprechend.[694] Im Folgenden ist daher nur auf die Besonderheiten einzugehen, die sich aus der analogen Anwendung des § 51 UrhG auf das Tonträger- und Filmherstellerrecht ergeben.

2. Die Voraussetzungen und ihre analoge Anwendung

a) Zitatobjekt: veröffentlichtes Werk

Nach §§ 85 IV, 94 IV, 95 UrhG ist – in Übereinstimmung mit Art. 5 III d) Multimedia-RL – auch das Zitat aus einer Vorlage zulässig, die durch das Film- oder Tonträgerherstellerrecht geschützt ist. Auch bei der Verwendung leistungsschutzrechtlich geschützter Vorlagen muss die Parodie sich auf eine bekannte Vorlage beziehen, wenn die Anspielung auf diese verstanden werden soll. Daher liegt – wie bei Werkvorlagen – die Verwendung eines veröffentlichten Film- oder Tonträgers nach § 51 S. 1 UrhG in der Natur der Parodie.[695]

b) Zitatsubjekt: selbstständiges Werk

Wie bei Zitaten aus Werken ist auch bei Zitaten aus Film- oder Tonträgern die Frage umstritten, ob das Zitatsubjekt Werkqualität nach § 2 II UrhG aufweisen muss.

Teilweise wird auch hier die Auffassung vertreten, dass die Schaffung eines Werks erforderlich sei.[696] Dafür spreche, dass eine kulturelle Bereicherung nur durch Werke möglich sei.[697] Der BGH hat diese Frage seit der Neufassung des § 51 UrhG bisher offen gelassen.[698]

Demgegenüber lässt die überzeugende Gegenauffassung es genügen, dass lediglich ein Leistungsschutzrecht entsteht.[699] Der Wortlaut des § 51 S. 1 UrhG

---

694 Siehe oben B) II.

695 Vgl. oben B) II. 2. a).

696 Zum Filmherstellerrecht: Hillig, ZUM 2004, 397, 398; Gregor, Rechte am Filmwerk, Rn. 736; Schricker-Spindler, § 51 Rn. 41; Wandtke/Bullinger-Lüft, § 51 Rn. 17; Wehler, Freie Benutzung, S. 132; Wandtke-Czernik, Medienrecht, Bd. 2, Kap. 2 § 6 Rn. 286; Ulmer, GRUR 1972, 323, 325.

697 Vgl. zur Argumentation B) II. b).

698 BGH GRUR 2010, 628, 630 – Vorschaubilder, gegen das Erfordernis der Werkqualität noch die Vorinstanz OLG Jena, GRUR-RR 2008, 223, 225 – Thumbnails.

699 Krüger, Freiheit des Zitats, S. 201.

und des Art. 5 III d) Multimedia-RL[700] setzen keine Werkqualität des Zitatsubjekts voraus. Auch der Sinn und Zweck des Zitatrechts, der darin besteht, die geistige Auseinandersetzung mit Bestehendem zu ermöglichen, sprechen dafür. Dieses kulturelle Interesse besteht nämlich unabhängig davon, ob das Ergebnis der Auseinandersetzung die notwendige Schöpfungshöhe erreicht, um nach § 2 II UrhG als Werk schutzfähig zu sein.[701] Ein Missbrauch des Zitats, um sich eigene Anstrengungen zu ersparen, ist durch das fehlende Werkerfordernis nicht zu befürchten. Durch die allgemeinen Voraussetzungen des Zitatrechts seien nämlich bereits die Interessen des Originalherstellers ausreichend berücksichtigt.[702] Zudem gelten die für das Zitat aus Werken vorgebrachten Argumente erst recht bei der Zitierung aus Ton- oder Filmträgern, denn Leistungsschutzrechte haben im Vergleich zu Werken einen geringeren Schutzumfang.[703] Wenn das Zitieren aus Werken nicht in Werken erfolgen muss, muss das Zitieren aus leistungsschutzrechtlich geschützten Vorlagen also erst recht nicht in Werken erfolgen. Man kann nicht vom Zitatsubjekt etwas zwingend verlangen, was bei der Vorlage nicht vorhanden ist: die Schöpfungshöhe.

Auch erkennt die Rechtsprechung als zulässige Zitatzwecke nicht nur den Belegzweck, sondern auch den Zweck des künstlerischen Ausdrucks und der künstlerischen Gestaltung an.[704] Künstlerische Auseinandersetzung findet aber in der Postmoderne auch und gerade ohne eigene Originalität und damit oft ohne eigene Schöpfungshöhe statt. Die postmoderne Kunst setzt sich mit Vorhandenem auseinander, indem sie sich gegen den Originalitätszwang der Moderne wendet. Das Absehen vom Werkerfordernis des Zitatsubjekts ist daher ein notwendiger Schritt in die postmoderne Auslegung des Urheberrechts.[705] Wenn also die Rechtsprechung eine postmoderne künstlerische Gestaltung ermöglichen will, muss sie auch vom Werkerfordernis des Zitatsubjekts absehen.

Abschließend kann also festgestellt werden, dass nicht nur im Rahmen des Zitats aus Werken, sondern erst recht auch beim Zitat aus Ton- oder Filmträgern das Zitatsubjekt keine Werkqualität nach § 2 II UrhG aufweisen muss.[706]

---

700 Krüger, Freiheit des Zitats, S. 209.

701 Krüger, Freiheit des Zitats, S. 200.

702 Krüger, Freiheit des Zitats, S. 201, die jedoch das Selbstständigkeitserfordernis weiterhin für notwendig hält und darin eine wichtige Einschränkung sieht.

703 Vgl. C) II. 1. a).

704 Siehe oben B) II. 2. c) bb).

705 Siehe oben B) II. 2. b).

706 Vgl. auch C) II. 2. b) zur gleichgelagerten Frage bei der freien Benutzung.

Gleiches gilt für die Selbstständigkeit des Zitatsubjekts, die ebenfalls nicht erforderlich ist.[707]

c) Zitatzweck

Wie im Rahmen des Zitats aus Werken gilt auch beim Zitat aus Ton- oder Filmträgern der zulässige Zitatzweck des Belegs sowie des Mittels künstlerischen Ausdrucks und künstlerischer Gestaltung.[708] Ein Belegzweck scheide aus, wenn ein Ausschnitt nur um seiner selbst Willen der Allgemeinheit zur Kenntnis gebracht werde.[709]

d) Zitierumfang

Zudem ist der zulässige Zitierumfang einzuhalten, der durch die anständigen Gepflogenheiten (aa) und den Zitatzweck bestimmt wird.[710] Fraglich ist, ob die zusätzliche Einschränkung des Zitierumfangs durch das Erfordernis der Stellen bzw. einzelnen Stellen aus § 51 S. 2 Nr. 2 bzw. Nr. 3 UrhG beim Zitat aus Film- bzw. Tonträgern gilt (bb).

aa) Anständige Gepflogenheiten

Beim Zitat aus Film- oder Tonträgern kommt insbesondere die Einschränkung des Zitierumfangs durch die „anständigen Gepflogenheiten" zum Tragen, da das Film- und Tonträgerherstellerrecht eine wirtschaftliche Investition schützt. Bei Werkzitaten verbietet die Beachtung der anständigen Gepflogenheiten es dem Zitatsubjekt, von dem Original in einem solchen Umfang Kenntnis zu verschaffen, dass dadurch ein gewisser Ersatz für den Erwerb des Originalwerks geschaffen werde und die Verwertungsmöglichkeiten des Originalurhebers geschmälert würden.[711] Entsprechendes gilt auch für das Zitat aus Ton- und Filmträgern. Eine direkte Substitutionskonkurrenz ist daher nicht zulässig.[712]

---

707 Vgl. die Argumentation im Rahmen des Zitats von Werken, die auch hier gilt: B) II. 7.

708 Siehe oben B) II. 2. c).

709 Hillig, ZUM 2004, 397, 398.

710 Siehe dazu B) II. 2. c).

711 BGH GRUR 1986, 59, 60 – Geistchristentum; so bereits BGH GRUR 1959, 197, 200 – Verkehrs-Kinderlied zur früheren Regelung des § 19 I LUG; Schricker-Schricker, § 51 Rn. 44; Wandtke/Bullinger-Lüft, § 51 Rn. 5; Ulmer, Urheber- und Verlagsrecht, S. 314; gegen die Berücksichtigung der wirtschaftlichen Interessen des Zitierenden: Prengel, Bildzitate von Kunstwerken, S. 136 ff.

712 Wehler, Freie Benutzung, S. 132 zum Filmherstellerrecht.

Wie bereits für Zitate aus Werken festgestellt wurde, stellt die Parodie keine wirtschaftliche Konkurrenz für das Original dar.[713] Dies gilt unabhängig davon, ob die Vorlage urheber- oder leistungsschutzrechtlich geschützt ist. Das Vorliegen einer Substitutionskonkurrenz spricht vielmehr gegen das Vorliegen einer Parodie.[714]

bb) Stellen oder einzelne Stellen nach § 51 S. 2 Nr. 2, 3 UrhG?

Fraglich ist, ob der Zitierumfang zudem durch die Voraussetzung, nur Stellen bzw. einzelne Stellen gemäß § 51 S. 2 Nr. 2 bzw. 3 UrhG zu zitieren, eingeschränkt ist. Dies hängt von der Frage ab, ob § 51 S. 2 Nr. 2 bzw. 3 UrhG auf das Film- bzw. Tonträgerherstellerrecht nach § 94 IV UrhG bzw. § 85 IV UrhG entsprechend anzuwenden ist, oder nur die Generalklausel nach § 51 S. 1 UrhG zur Anwendung kommt, die die Einschränkung der Stellen nicht kennt.

Wie oben festgestellt wurde, muss die Parodie sich auf die wesentlichen Merkmale des Originals beziehen, um dadurch dessen Erkennbarkeit zu ermöglichen und muss daher in aller Regel mehr als nur Stellen zitieren.[715] Der Wegfall des Erfordernisses, lediglich Stellen zu zitieren, würde daher die Schaffensfreiheit des Parodisten entscheidend erweitern.

(1) Anwendung des § 51 S. 2 Nr. 2 UrhG beim Zitieren aus Filmträgern?

Die Rechtsprechung[716] und Literatur[717] wandten auf das Filmherstellerrecht § 51 Nr. 2 UrhG a.F. analog an, bevor die Generalklausel des § 51 S. 1 UrhG eingefügt wurde. Auch heute wendet daher ein Teil der Literatur § 51 S. 2 Nr. 2 UrhG auf Filmträger an und hält das Zitieren von Stellen weiterhin für erforderlich.[718] Zumeist wird betont, dass die Generalklausel nun einschlägig sei und eine Anwendung des § 51 S. 2 Nr. 2 UrhG aufgrund der Generalklausel nicht mehr notwendig sei.[719] Dennoch wird – ohne eine nähere Auseinandersetzung mit der Problematik – das Zitieren von Stellen als Voraussetzung genannt.[720]

---

713 Schmieder, NJW 1971, 2169, 2170; Hess, Urheberrechtsprobleme der Parodie, S. 140.

714 Vgl. zu den Wesensmerkmalen der Parodie A) I. sowie zu der Frage, warum bei der Parodie typischerweise keine Substitutionskonkurrenz vorliegt C) II. 2. c) bb) (4).

715 Siehe oben B) II. 7.

716 BGH GRUR 1987, 362, 363 – Filmzitat; BGH GRUR 2008, 693, 696 – TV-Total.

717 Ulmer, GRUR 1972, 323, 327; Weber, Urheberrechtliche Stellung des Filmproduzenten, S. 161.

718 Wehler, Freie Benutzung, S. 129, 132; Wandtke/Bullinger-Lüft, § 51 Rn. 17.

719 Dreyer/Kotthoff/Meckel-Dreyer, § 51 Rn. 35. 53; Wandtke/Bullinger-Lüft, § 51 Rn. 17.

720 Wandtke/Bullinger-Lüft, § 51 Rn. 17 spricht gar – wohl im „untechnischen Sinne" – vom Zitat einzelner (!) Stellen im Rahmen des § 51 S. 2 Nr. 2 UrhG.

Für die Anwendung des § 51 S. 2 Nr. 2 UrhG auf Zitate aus Filmträgern spricht, dass durch die Generalklausel Filmzitate nach § 51 S. 1 UrhG in dem durch den Bundesgerichtshof geklärten Rahmen nunmehr gestützt auf die gesetzliche Regelung zulässig sein sollten.[721] Da die Rechtsprechung aber bei Filmzitaten § 51 Nr. 2 UrhG a.F. anwandte, der nur das Zitieren von Stellen erlaubte, würde dies dafür sprechen, nun § 51 S. 2 Nr. 2 UrhG anzuwenden, der § 51 Nr. 2 UrhG a.F. entspricht. Da das Kriterium der Stellen zudem nicht auf die Schöpfungshöhe, sondern auf den Umfang der Entlehnung abstellt, ergeben sich keine Anwendungsschwierigkeiten beim Filmherstellerrecht. Das Abstellen auf den Umfang der geschützten Leistung würde vielmehr mit dem Filmherstellerrecht harmonieren, das eine wirtschaftliche Investition schützt. Das Tatbestandsmerkmal der Stellen könnte der Missbrauchsgefahr vorbeugen, fremde Leistungen nur zu zitieren, um sich eigene Leistungen zu ersparen.

Gegen die Anwendung des § 51 S. 2 Nr. 2 UrhG auf Zitate aus Filmträgern spricht jedoch, dass mit der Einfügung der Generalklausel in § 51 S. 1 UrhG die Notwendigkeit einer analogen Anwendung des § 51 S. 2 Nr. 2 UrhG auf Filmträger entfallen ist. § 51 S. 1 UrhG, der nun beim Zitat aus Filmträgern maßgeblich ist, setzt seinem Wortlaut nach das Zitieren von Stellen jedoch nicht voraus. Zudem sollte durch die Gesetzesnovelle eine Anpassung an die Multimedia-RL erfolgen. Art. 5 III d) Multimedia-RL sieht aber ebenfalls keine Beschränkung auf Stellen vor. Vielmehr wird der zulässige Zitierumfang lediglich durch den Zitatzweck und die anständigen Gepflogenheiten begrenzt.

Im Gegensatz zu Zitaten aus Filmwerken, die gesetzlich nicht geregelt waren, bestand für Zitate aus Filmträgern auch vor der Novellierung des § 51 UrhG[722] keine Regelungslücke, da aus § 94 IV UrhG auch die analoge Anwendung des § 51 UrhG a.F. folgte. Der alleinige Grund, § 51 Nr. 2 UrhG a.F. anzuwenden, bestand darin, dass er das „Mittelmaß“ zwischen dem Großzitat nach § 51 Nr. 1 UrhG a.F. und dem Musikzitat nach § 51 Nr. 3 UrhG a.F. darstellte und keine andere Zitatregelung zur Verfügung stand. Dies hat sich aber mit der Einfügung der Generalklausel geändert. § 51 S. 2 Nr. 2 UrhG regelt seinem Wortlaut nach nur Zitate in Sprachwerken. Warum diese Regelung gerade auf das Filmherstellerrecht anwendbar sein soll, erschließt sich daher nur, wenn man die Rechtslage vor der Einfügung Generalklausel aus § 51 S. 1 UrhG bedenkt. Somit ist die Anwendung des § 51 S. 2 Nr. 2 UrhG nicht naheliegend. Auch schützen die

721 RegE, BT-Drs. 16/1828, S. 25.

722 Vgl. oben B) II. 1.

Einschränkung des Zitatumfangs durch den Zitatzweck[723] sowie die anständigen Gepflogenheiten den Urheber bereits hinreichend.

Somit ist bei Zitaten aus Filmträgern nicht § 51 S. 2 Nr. 2 UrhG anzuwenden, sodass eine Beschränkung auf die Zitierung von Stellen entfällt.

(2) Anwendung des § 51 S. 2 Nr. 3 UrhG beim Zitieren aus Tonträgern?

Beim Tonträgerherstellerrecht stellt sich die Frage, ob § 51 S. 2 Nr. 3 UrhG entsprechend anzuwenden ist. Dieser erlaubt das Zitieren einzelner Stellen eines erschienenen Musikwerks in einem selbständigen Musikwerk.

In der Literatur finden sich bisher keine Ausführungen zu dieser Frage. Für die entsprechende Anwendung des § 51 S. 2 Nr. 3 UrhG auf Tonträger spricht, dass Tonträger wie Musikträger klangliche Elemente enthalten und daher durchaus vergleichbar sind. Zudem können Tonträger Musikwerke enthalten. Auch sollten durch § 51 Nr. 3 UrhG a.F. satirische und kabarettistische Zitate ermöglicht werden.[724] Diese sind auch bei der Zitierung aus Tonträgern denkbar.

Satirische – oder nach dem Begriffsverständnis der vorliegenden Arbeit – parodistische Zitate aus Tonträgern sind jedoch nun bereits nach der Generalklausel zulässig, ohne das es eines Rückgriffs auf § 51 S. 2 Nr. 3 UrhG bedürfte.

Vor allem spricht aber gegen eine Anwendung des § 51 S. 2 Nr. 3 UrhG, dass er Ausdruck einer gesetzgeberischen Intention ist, Musikurheber stärker vor Entlehnungen zu schützen als andere Urheber. Diese wird im starren Melodienschutz des § 24 II UrhG sowie in der restriktiven Regelung des Musikzitats aus § 51 S. 2 Nr. 3 UrhG, die nur die Zitierung einzelner Stellen und zudem nur erschienener Werke erlaubt, deutlich.

Die Rechtsposition des Tonträgerherstellers ist jedoch mit der des Musikurhebers nicht vergleichbar. Während Letzterer – wie soeben dargestellt – eine stärkere Rechtsstellung als andere Urheber hat, verfügt Ersterer etwa im Vergleich zum Filmhersteller über eine schwächere Rechtsposition. So steht dem Tonträgerhersteller kein Entstellungs- und Kürzungsverbot wie dem Filmhersteller nach § 94 I 2 UrhG zu. Auch werden zu seinen Gunsten nicht die Rechtspositionen der an der Tonaufnahme beteiligten Urheber und ausübenden Künstler für eine erleichterte Verwertung des Tonträgers geschwächt. Beim Filmhersteller erfolgt demgegenüber deren Schwächung durch die Vermutung der Einräumung von Verwertungsrechten §§ 88 ff. UrhG und insbesondere durch die Einschränkung des Entstellungsschutzes der Urheber und ausübenden Künstler auf gröbliche Entstellungen nach § 93 UrhG.

---

723 Krüger, Freiheit des Zitats, S. 211 f.

724 Haertel/Schiefer, S. 229, zit. nach Schricker-Schricker/Spindler, § 51 Rn. 2.

Daraus folgt aber, dass der Gesetzgeber dem Tonträgerhersteller keine privilegierte Stellung zukommen lassen wollte. Vielmehr hat er ihm eine schwächere Rechtsposition eingeräumt. Die Anwendung der restriktiven Regelung des § 51 S. 2 Nr. 3 UrhG ist somit in seinem Falle nicht gerechtfertigt, denn es ist nicht ersichtlich, warum sein Leistungsschutzrecht stärker gegen Zitate geschützt werden sollte als das des Filmherstellers.

Vielmehr gelten auch bei Zitaten aus Tonträgern lediglich die Voraussetzungen der Generalklausel aus § 51 S. 1 UrhG. Es kommt daher nicht darauf an, ob Tonträger (Tonträgerherstellerrecht), Bild- und Tonträger (Filmherstellerrecht) oder nur Bildträger (Filmherstellerrecht an Stummfilmen) zitiert werden.

Da das Tonträger- und Filmherstellerrecht zudem unabhängig von der Schöpfungshöhe ihres Inhalts entsteht, ist durch das Tonträgerherstellerrecht auch etwa eine Aufnahme von Vogelgezwitscher geschützt. Es ist aber nicht einzusehen, warum aufgezeichnetes Vogelgezwitscher stärker zu schützen ist als aufgezeichnete Laufbilder einer Fernsehsendung.

Die schwächere Stellung des Tonträgerherstellers zeigt sich auch darin, dass er sich nicht auf § 24 II UrhG analog berufen kann.[725] Dann erscheint es aber als konsequent, auch den stärkeren Schutz vor Zitaten nach § 51 S. 2 Nr. 3 UrhG nicht anzuwenden. Dies bewirkt einen geringeren Schutz des Tonträgerherstellers im Vergleich zum Musikurheber, was auch dem geringeren Schutzumfang von Leistungsschutzrechten gegenüber Werken entspricht.

Aus diesen Gründen ist die Regelung des § 51 S. 2 Nr. 3 UrhG nicht auf das Tonträgerherstellerrecht anzuwenden und allein die Generalklausel nach § 51 S. 1 UrhG einschlägig. Damit entfällt sowohl das Erfordernis, nur einzelne Stellen zu zitieren, als auch die Beschränkung auf erschienene Tonträger. Auch das Zitieren eines veröffentlichten Tonträgers ist daher zulässig.

e) Änderungsverbot und Quellenangabe

Auch bei Zitaten aus Ton- und Filmträgern gilt das Änderungsverbot nach §§ 85 IV, 94 IV, 95 i.V.m. § 62 UrhG.[726] Zudem sind der Hersteller und die Quelle des Zitats nach §§ 85 IV, 94 IV, 95 i.V.m. § 63 I, II UrhG zu nennen.[727] Dies ergibt sich aus dem Verweis auf den gesamten Teil 1 Abschnitt 6 UrhG.[728] Zwar dient das Gebot der Quellenangabe dem Urheberpersönlichkeitsrecht aus § 13 UrhG, das dem Tonträger- und Filmhersteller nicht zusteht. Jedoch zeigt § 63 III UrhG, der

---

725 Siehe oben C) II. 3.

726 Krüger, Freiheit des Zitats, S. 202.

727 Krüger, Freiheit des Zitats, S. 201.

728 Krüger, Freiheit des Zitats, S. 201.

auch Verlegern und Sendeunternehmen ein Recht auf namentliche Nennung zugesteht, dass § 63 UrhG nicht ausschließlich dem Urheberpersönlichkeitsschutz dient.[729]

Auch bei der Zitierung von Ton- und Filmträgern birgt das Änderungsverbot die größten Risiken für die Zulässigkeit der Parodie, da sie darauf angewiesen ist, Veränderungen an dem Original vorzunehmen, um den erstrebten antithematischen Kontrast zu erreichen. Dem Änderungsverbot können daher nur Parodien entsprechen, die die entlehnten Teile unverändert in einen anderen, antithematischen Zusammenhang stellen und dadurch den Kontrast bewirken.[730]

Das Gebot der Quellenangabe führt zudem dazu, den Witz, also die Bezugnahme auf das Original, die der Rezipient eigentlich selbst erkennen soll, erklären zu müssen. Die Parodie würde aber dadurch unkomisch und langweilig.[731]

Das Änderungsverbot und das Gebot der Quellenangabe führen somit auch beim Zitat aus Ton- und Filmträgern dazu, dass der Parodist sich in der Regel nicht erfolgreich auf die Zitierfreiheit aus § 51 UrhG berufen kann.

IV. Schutz vor Entstellungen und Kürzungen des Filmträgers, § 94 I 2 UrhG

Fraglich ist, ob der Filmhersteller aufgrund des Entstellungs- und Kürzungsverbots des § 94 I 2 UrhG gegen eine Parodie vorgehen kann. Nach § 94 I 2 UrhG hat der Filmhersteller das Recht, jede Entstellung oder Kürzung des Bild- oder Bild- und Tonträgers zu verbieten, die geeignet ist, seine berechtigten Interessen an diesem zu gefährden. Dem Tonträgerhersteller steht hingegen in §§ 85 f. UrhG kein entsprechender Schutz vor Entstellungen und Kürzungen zu.[732]

---

729 Krüger, Freiheit des Zitats, S. 201 f., die jedoch die namentliche Nennung für nicht erforderlich hält, wenn das Zitatsubjekt keine Werkqualität aufweist: Krüger, Freiheit des Zitats, S. 209 f.

730 Siehe oben B) II. 5., 7.

731 Siehe oben B) II. 6., 7.

732 Wandtke/Bullinger-Manegold, § 94 Rn. 60; Weber, Urheberrechtliche Stellung des Filmproduzenten, S. 168; a.A. Dünnwald, UFITA 76 (1976), 165, 189, der in § 93 UrhG auch einen urheberpersönlichkeitsrechtlichen Schutz des Tonträgerherstellers gegenüber dem Filmhersteller sieht. Diese Ansicht ist aber nicht mit dem Wortlaut des § 93 UrhG vereinbar, dessen Regelungszweck lediglich darin besteht, die Entstellungsverbote der Urheber und ausübenden Künstler aus §§ 14, 75 UrhG einzuschränken.

1. Rechtsnatur

§ 94 I 2 UrhG gewährt – im Gegensatz zu § 14 UrhG – keinen persönlichkeitsrechtlichen Schutz. Dafür spricht der Wortlaut, der – im Gegensatz zum Wortlaut des § 14 UrhG – nicht auf die berechtigten persönlichen oder geistigen Interessen, sondern lediglich auf die berechtigten Interessen abstellt. Auch die Übertragbarkeit des Rechts aus § 94 I 2 UrhG als Ganzes nach § 94 II 1 UrhG sowie die Tatsache, dass es nicht nur natürlichen Personen zustehen kann, sprechen gegen die persönlichkeitsrechtliche Natur.[733] Schließlich folgt auch aus der Gesetzesbegründung zum UrhG, dass es sich lediglich um einen dem Urheberpersönlichkeitsrecht nachgebildeten Schutz handelt.[734]

2. Sinn und Zweck

Die eigenständige Bedeutung des § 94 I 2 UrhG resultiert daraus, dass der Filmhersteller nach § 94 I 2 UrhG aus eigenem Recht gegen Entstellungen und Kürzungen vorgehen kann, auch wenn die Urheber oder ausübenden Künstler in diese eingewilligt haben[735] oder dem Filmhersteller die Geltendmachung ihrer urheberpersönlichkeitsrechtlichen Befugnisse verweigern.[736] Auch wird § 94 I 2 UrhG eigenständig relevant, wenn Laufbilder entstellt oder gekürzt werden[737] oder wenn die Filmmusik im Rahmen der Zweitverwertung ausgetauscht wird.[738]

---

733 Schricker-Katzenberger, § 94 Rn. 6.

734 RegE, BT-Drs. IV/ 270, S. 102 zu § 104 I 2 UrhG a.F., der dem heutigen § 94 I 2 UrhG entspricht; Weber, Urheberrechtliche Stellung des Filmproduzenten, S. 162; Ulmer, Urheber- und Verlagsrecht, S. 536; Loewenheim-Schwarz/Reber, Handbuch des Urheberrechts, § 42 Rn. 32 mit Verweis auf die Übertragbarkeit als Ganzes nach § 94 II UrhG; a.A.: Wandtke, FS Schricker, S. 609, 615; Reupert, Film im Urheberrecht, S. 192; Dünnwald, UFITA 76 (1976), 165, 188; vgl. zu dieser umstrittenen Frage eingehend Gregor, Rechte am Filmwerk, Rn. 507 ff. m.w.N.

735 Reupert, Film im Urheberrecht, S. 193; Weber, Urheberrechtliche Stellung des Filmproduzenten, S. 163; Schricker-Katzenberger, § 94 Rn. 27; Wandtke/Bullinger-Manegold, § 94 Rn. 61.

736 Gregor, Rechte am Filmwerk, Rn. 723.

737 UrhK-Hertin, § 94 Rn. 63. Das UrhG regelt zwar den Lichtbildner, der ein Leistungsschutzrecht an den Lichtbildern nach § 72 UrhG erhält. Es kennt jedoch keinen „Laufbildner". Derjenige, der also die Laufbilder tatsächlich herstellt – und nicht lediglich die organisatorische und wirtschaftliche Verantwortung trägt – erhält weder einen Urheberschutz noch einen Schutz an den Laufbildern, und daher auch keinen Persönlichkeitsschutz, dessen Geltendmachung er dem Filmhersteller erlauben könnte. Der Filmhersteller kann also bei Laufbildern nur sein eigenes Entstellungsverbot aus § 94 I 2 UrhG geltend machen.

738 Loewenheim-Schwarz/Reber, Handbuch des Urheberrechts, § 42 Rn. 32.

3. *Voraussetzungen*

a) Entstellung oder Kürzung des Bild- oder Bild- und Tonträgers

§ 94 I 2 UrhG setzt eine Entstellung oder Kürzung des Bild- oder Bild- und Tonträgers voraus. Dem Schutzgut des § 94 UrhG entsprechend kommt es nicht auf eine Schädigung des körperlichen Trägers, sondern vielmehr auf die Entstellung oder Kürzung der im Filmträger verkörperten Herstellerleistung an.[739]

Unter einer Entstellung ist jede objektive Änderung des Films zu verstehen.[740] Dabei sind nur besonders schwerwiegende Änderungen umfasst, da der Wortlaut des § 94 I 2 UrhG – im Gegensatz zu §§ 14, 75 UrhG – nur auf die Entstellung abstellt, ohne die graduell schwächere Beeinträchtigung zu nennen.[741] Eine Entstellung liegt demnach vor, wenn die Wesenszüge des Films verzerrt oder verfälscht werden[742] und der Film zumindest teilweise einen anderen ästhetischen Charakter erhält.[743] Dabei kann auch die Art und Weise der Wiedergabe zu einer Entstellung führen.[744]

Im Gegensatz zu § 93 UrhG umfasst § 94 I 2 UrhG nicht nur gröbliche, sondern alle Entstellungen. § 93 UrhG ist nicht anwendbar, da er den Schutz des Filmherstellers gegenüber dem Filmurheber[745] und den ausübenden Künstlern betrifft. Insoweit geht der Schutz des Filmherstellers also weiter als der Schutz des Filmurhebers.[746]

Wie im Rahmen des § 14 UrhG festgestellt wurde, ist jede Parodie mit einer Änderung und damit mit einer Beeinträchtigung des Originals verbunden.[747] Da der Parodist die wesentlichen Züge des Originals verändern muss und damit

---

739 Weber, Urheberrechtliche Stellung des Filmproduzenten, S. 162 Fn. 422; Dünnwald, UFITA 76 (1976), 165, 188; Schricker-Katzenberger, § 94 Rn. 26; Gregor, Rechte am Filmwerk, Rn. 722; Wandtke/Bullinger-Manegold, § 94 Rn. 62.

740 Dreier/Schulze-Schulze, § 94 Rn. 44; vgl. Loewenheim-Schwarz/Reber, Handbuch des Urheberrechts, § 42 Rn. 32.

741 Büscher/Dittmer/Schiwy-Lewke, § 94 Rn. 10; im Rahmen des § 14 UrhG ist Entstellung eine besonders schwerwiegende Beeinträchtigung, siehe oben B) III. 3. a).

742 Loewenheim-Schwarz/Reber, Handbuch des Urheberrechts, § 42 Rn. 33; UrhK-Hertin, § 94 Rn. 61.

743 Büscher/Dittmer/Schiwy-Lewke, § 94 Rn. 10.

744 Möhring/Nicolini-Lütje, § 94 Rn. 26; Gleiches gilt im Rahmen des § 14: siehe oben B) III. 3. a).

745 Schricker-Katzenberger, § 94 Rn. 28; Dreier/Schulze-Schulze, § 94 Rn. 44; Gregor, Rechte am Filmwerk, Rn. 725.

746 Reupert, Film im Urheberrecht, S. 192; Dreier/Schulze-Schulze, § 94 Rn. 44; Wandtke, FS Schricker, S. 609, 614.

747 Siehe oben B) III. 3. a).

einen erheblichen Eingriff vornimmt, ist damit in aller Regel eine schwerwiegende Veränderung des Originals verbunden, sodass eine Entstellung vorliegt.[748]

Für die Kürzung, die eine eigenständige Bedeutung neben der Entstellung hat,[749] kommt es auf die Bedeutung der weggelassenen Sequenzen für den Film, nicht aber auf deren Länge an.[750] Relevant kann bereits eine Kürzung um 1/6 der Laufzeit des Films sein.[751] Der Alternative der Kürzung kommt jedoch im Rahmen der Parodie eine geringe Bedeutung zu, denn durch Kürzungen allein wird schwerlich ein antithematischer Kontrast herzustellen sein.

b) Eignung zur Gefährdung der berechtigten Interessen

Die Entstellung oder Kürzung muss geeignet sein, die berechtigten Interessen des Filmherstellers zu gefährden. Dabei ist eine abstrakte Gefährdung ausreichend.[752]

Der unbestimmte Rechtsbegriff der berechtigten Interessen ist durch eine Interessenabwägung zu konkretisieren.[753] Dabei sind die Interessen des Filmherstellers mit denen des Verwerters[754] bzw. sonstigen Nutzers, also des Parodisten, abzuwägen. Aufseiten des Filmherstellers ist nur die Eigentumsfreiheit aus Art. 14 I 1 GG zu berücksichtigen, da ihm kein persönlichkeitsrechtlicher Schutz zukommt. Im Gegensatz zu § 14 UrhG sind daher allein die wirtschaftlichen Interessen des Filmherstellers an der Nutzung des Films zu berücksichtigen.[755] Auf das Interesse an seinem Ruf oder Ansehen kommt es hingegen nicht an.[756] Der

---

748 Vgl. die Argumentation unter B) III. 3. a).

749 Gregor, Rechte am Filmwerk, Rn. 726.

750 Büscher/Dittmer/Schiwy-Lewke, § 94 Rn. 11.

751 Büscher/Dittmer/Schiwy-Lewke, § 94 Rn. 11.

752 Weber, Urheberrechtliche Stellung des Filmproduzenten, S. 163; Büscher/Dittmer/Schiwy-Lewke, § 94 Rn. 12; Schricker-Katzenberger, § 94 Rn. 28; Loewenheim-Schwarz/Reber, Handbuch des Urheberrechts, § 42 Rn. 33.

753 Schricker-Katzenberger, § 94 Rn. 28; Wandtke/Bullinger-Manegold, § 94 Rn. 63.

754 Loewenheim-Schwarz/Reber, Handbuch des Urheberrechts, § 42 Rn. 33; Schricker-Katzenberger, § 94 Rn. 28; vgl. Gregor, Rechte am Filmwerk, Rn. 727; Büscher/Dittmer/Schiwy-Lewke, § 94 Rn. 12.

755 Weber, Urheberrechtliche Stellung des Filmproduzenten, S. 162; Gregor, Rechte am Filmwerk, Rn. 727; Ulmer, Urheber- und Verlagsrecht, S. 536; Loewenheim-Schwarz/Reber, Handbuch des Urheberrechts, § 42 Rn. 32; Büscher/Dittmer/Schiwy-Lewke, § 94 Rn. 12.

756 Ulmer, Urheber- und Verlagsrecht, S. 536; a.A.: Dünnwald, UFITA 76 (1976), 165, 188; Loewenheim-Schwarz/Reber, Handbuch des Urheberrechts, § 42 Rn. 33 halten auch den Ruf für geschützt, obwohl sie § 94 I 2 UrhG keinen persönlichkeitsrechtlichen Charakter zusprechen; vgl. auch das Entstellungsverbot nach § 75 S. 1 UrhG, welches Ruf und Ansehen des ausübenden Künstlers schützt, da es

Parodist kann sich auf die Meinungs- und gegebenenfalls die Kunstfreiheit nach Art. 5 I 1, III 1 GG berufen.[757]

Da der Filmhersteller sich nur auf Art. 14 I 1 GG berufen kann, ist seine Rechtsposition schwächer als die des Originalurhebers im Rahmen des § 14 UrhG, der zusätzlich das allgemeine Persönlichkeitsrecht nach Art. 1 I, 2 I GG geltend machen kann. Wie bei § 14 UrhG ist die hohe Eingriffsintensität der Parodie zu berücksichtigen. Auch hier befindet sich der Parodist in einer schutzwürdigen Position, denn er muss Entlehnungen und Änderungen vornehmen, die der Originalhersteller in aller Regel verhindern möchte, um die humoristische Verfremdung seiner Herstellerleistung zu verhindern. Die Gefahr, § 94 I 2 UrhG zur Verhinderung von Parodien zu missbrauchen, und damit einhergehend die Sonderstellung des Parodisten, der auf die zustimmungsfreie Entlehnung angewiesen ist, sind zu berücksichtigen. Insoweit kann auch auf die Argumentation im Rahmen des § 14 UrhG verwiesen werden.[758] Somit verletzt die Parodie in aller Regel keine berechtigten Interessen des Filmherstellers, was jedoch stets durch eine Abwägung im Einzelfall festzustellen ist.

---

persönlichkeitsrechtlich ausgestaltet und daher auch nicht übertragbar ist, wie aus § 79 I 1 UrhG e contrario folgt.

757 Vgl. dazu B) III. 3. c).

758 Vgl. oben B) III. 3. c).

3. Kapitel: Die Parodie im spanischen Urheberrecht

A) Werkschutz

I. Die Schranke der Parodie, Art. 39 LPI

Das spanische Urheberrecht kennt nicht die Rechtsfigur der freien Benutzung. Jedoch enthält es in Art. 39 Ley de Propiedad Intellectual (LPI)[759] eine ausdrückliche Regelung für die Parodie als urheberrechtliche Schranke.

1. Entstehungsgeschichte

Die erste Parodieregelung enthielt die Ausführungsverordnung zum spanischen Urheberrechtsgesetz von 1879 (RPI).[760] Art. 65 RPI bestimmte: „In den Parodien dürfen ohne die Zustimmung des Eigentümers weder vollständig noch teilweise wörtliche Teile oder Melodien des parodierten Werkes eingefügt werden".[761] Das spanische Urheberrechtsgesetz von 1879,[762] das keine Parodieregelung enthielt,[763] blieb bis 1987 in Kraft.

1987 wurde es durch das LPI ersetzt, in dem die Parodie als urheberrechtliche Schranke in Art. 39 LPI geregelt wurde.[764] Der ursprüngliche Gesetzesentwurf des aktuellen Art. 39 LPI glich Art. 65 RPI, da er die Entlehnung von wörtlichen Teilen und Melodien verbot.[765] Jedoch wurde der Passus, der die Wiedergabe

---

759 Real Decreto Legislativo 1/1996, de 12 de abril, por el que se aprueba el Texto Refundido de la Ley de Propiedad Intelectual, regularizando, aclarando y armonizando las disposiciones legales vigentes sobre la materia, BOE 97, 22.04.1996, S. 14369 ff.

760 Real Decreto de 3 de septiembre de 1880, por el que se aprueba el Reglamento para la ejecución de la Ley de 10 de enero de 1879 sobre Propiedad Intelectual; López Sánchez, La transformación de la obra intelectual, S. 95; Espín Alba, La parodia de obras divulgadas, S. 280.

761 Übersetzung des Verf.; Art. 65 RPI: En las parodias no podrá introducirse en todo ni en parte, sin consentimiento del propietario, ningún trozo literal ni melodía alguna de la obra parodiada.

762 Ley de 10 de enero de 1879 de Propiedad Intelectual.

763 Tapia-Martín Salamanca, Comentarios, Art. 39 S. 367.

764 Tapia-Martín Salamanca, Comentarios, Art. 39 S. 367; BOE 275, 17.11.1987, S. 34163 ff.

765 Boletín Oficial de las Cortes Generales, Congreso de los Diputados, III Legislatura, 28.11.1986, Serie A, 14–1, S. 6, Hervorhebungen durch Verf.: No será considerada

eines wörtlichen Teiles oder einer Melodie verbot, entfernt, da dieser als eine bedeutende Erschwerung von Parodien[766] und als unmöglich zu erfüllende Bedingung[767] angesehen wurde. Das LPI von 1987 wurde 1996 neu gefasst, wobei Art. 39 LPI unangetastet blieb.[768]

2. *Sinn und Zweck*

Nach Art. 17, 21 LPI ist grundsätzlich die Zustimmung des Originalurhebers für die Umgestaltung seines Werkes erforderlich. Da es gerade im Falle der Parodie aber unwahrscheinlich ist, dass dieser die Zustimmung zur Verspottung seines Werkes erteilt, könnte der Originalurheber selbst darüber entscheiden, welche Kritik er durch seine Zustimmung zulässt.[769] Um dieser Missbrauchsgefahr vorzubeugen,[770] erlaubt Art. 39 LPI dem Parodisten, das Originalwerk für seine Parodie zu verwenden, ohne der Zustimmung des Originalurhebers zu bedürfen. Art. 39 LPI beschränkt also das Umgestaltungsrecht (*derecho de transformación*) aus Art. 21 LPI.[771]

Dadurch ermöglich Art. 39 LPI die Ausübung des Grundrechts der Meinungsfreiheit und der Kritik nach Art. 20 I a) CE (*libertad de expresión y de*

---

transformación que exija consentimiento del autor la parodia de la obra divulgada, **mientras no reproduzca trozo literal o melodía de la obra parodiada**, no encubra riesgo de confusión con la misma ni se infiera un daño a la obra original o a su autor. Vgl. die aktuelle Fassung des Art. 39 LPI unten unter A) I. 4.

766 Änderung Nr. 120, Boletín General de las Cortes Generales, Congreso de los Diputados, III Legislatura, 11.02.1987, Serie A, 14–6, S. 68.

767 Änderung Nr. 163, Boletín General de las Cortes Generales, Congreso de los Diputados, III Legislatura, 11.02.1987, Serie A, 14–6, S. 79.

768 Real Decreto Legislativo 1/1996, de 12 de abril, por el que se aprueba el Texto Refundido de la Ley de Propiedad Intelectual, regularizando, aclarando y armonizando las disposiciones legales vigentes sobre la materia, BOE 97, 22.04.1996, S. 14369 ff.

769 Espín Alba, La parodia de obras divulgadas, S. 278; vgl. Bercovitz, Obra plástica, S. 421; vgl. Sánchez Aristi, La propiedad intelectual sobre las obras musicales, S. 558; Gonzáles Gozalo, RPJ 2003, 45, 84.

770 Pérez Bes, La Ley 2008, 359, 372.

771 Tapia-Martín Salamanca, Comentarios, Art. 39 S. 368; SAP Barcelona, 790/1999, 24.04.2002, Fundamentos de derecho, Tercero – León de la Metro; López Sánchez, La transformación de la obra intelectual, S. 96; Pérez Bes, La Ley 2008, S. 359, 364; Tactuk Retif, El derecho de transformación, S. 397; SAP Barcelona, 654/2001, 10.10.2003, Fundamentos de derecho, Segundo – Bárdenas Reales.

crítica).[772] An der humoristischen Kritik von Werken bestehe ein öffentliches Interesse,[773] das höher zu bewerten sei als das Interesse des Originalurhebers an seinem Werk,[774] denn die effizienteste Art der Kritik sei die Offenlegung der Schwächen eines Werks durch Ironie und Spott.[775] Dadurch komme dem Humor eine besondere soziale Bedeutung zu, da er die Kritik einer sozialen Wirklichkeit ohne einen direkten Konflikt erlaube.[776]

Gleichzeitig dient Art. 39 LPI auch der Förderung der Kreativität[777] und ermöglicht damit die Ausübung des Grundrechts der Kunstfreiheit nach Art. 20 I b) CE (*libertad de creación*) in humoristischer Form.[778] Dadurch kommt ihm auch eine kulturelle Bedeutung zu,[779] denn insbesondere die Parodie zählt zu den Kunstformen, die nicht nur zu allen Zeiten und an allen Orten existiert hat,[780] sondern die auch und insbesondere in der spanischen Tradition und Kultur fest verwurzelt ist.[781]

3. Auslegung in Übereinstimmung mit dem Dreistufentest, Art. 40bis LPI

Als urheberrechtliche Schranke muss Art. 39 LPI restriktiv[782] und im Lichte des Dreistufentests ausgelegt werden.[783] Dessen Voraussetzungen werden im Folgenden dargestellt und anschließend im Rahmen der Tatbestandsmerkmale des Art. 39 LPI angewendet. In der spanischen Rechtsliteratur wird der Dreistufentest im Rahmen des Art. 39 LPI nur vereinzelt erwähnt. Teilweise wird pauschal festgestellt, dass Art. 39 LPI mit der Parodieregelung des Art. 5 III k) Multimedia-RL und dem Dreistufentest des Art. 5 V Multimedia-RL vereinbar sei.[784]

---

772 Bercovitz, Obra plástica, S. 421; Tapia-Martín Salamanca, Comentarios, Art. 39 S. 367; López Sánchez, La transformación de la obra intelectual, S. 108; Pérez Bes, La Ley 2008, 359, 372; Sol Muntañola, Parodia, S. 220; Espín Alba, La parodia de obras divulgadas, S. 277.

773 Perdices Huetos, Pe.I. 2001, 9, 17 f.; Tapia-Martín Salamanca, Comentarios, Art. 39 S. 367; Pérez Bes, La Ley 2008, 359, 372.

774 Tapia-Martín Salamanca, Comentarios, Art. 39 S. 368.

775 Vgl. Perdices Huetos, Pe.I. 2001, 9, 17.

776 Tapia-Martín Salamanca, Comentarios, Art. 39 S. 367.

777 Perdices Huetos, Pe.I. 2001, 9, 17 f.

778 Román Pérez, Obras musicales, S. 466.

779 Pérez Bes, La Ley 2008, 359, 372.

780 Tapia-Martín Salamanca, Comentarios, Art. 39 S. 367.

781 Espín Alba, La parodia de obras divulgadas, S. 276.

782 Vgl. Rodríguez Tapia/ Bondía Román, Comentarios, Capítulo II Límites, S. 164.

783 Sol Muntañola, Parodia, S. 236.

784 Garrote Fernández-Díez, El derecho de autor en Internet, S. 490 f.

Im spanischen Urheberrechtsgesetz wird der Dreistufentest in Art. 40bis LPI geregelt. Demnach können die Schranken nicht dahin gehend ausgelegt werden, dass sie in einer Weise angewendet werden können, die die berechtigten Interessen des Urhebers unzumutbar verletzt oder die normale Verwertung beeinträchtigt.[785] Diese Formulierung weicht vom Wortlaut des jüngeren Art. 5 V Multimedia-RL ab. Nach Art. 5 V Multimedia-RL dürfen die Ausnahmen und Beschränkungen nur in bestimmten Sonderfällen (1. Stufe) angewandt werden, in denen die normale Verwertung des Werks oder des sonstigen Schutzgegenstands nicht beeinträchtigt wird (2. Stufe) und die berechtigten Interessen des Rechtsinhabers nicht ungebührlich verletzt werden (3. Stufe).

Im Gegensatz zu Art. 5 V Multimedia-RL werden in Art. 40bis LPI nur die zweite und dritte Stufe genannt, während eine Erwähnung der ersten Stufe – der bestimmten Sonderfälle – fehlt.[786] Zudem wird die dritte Stufe vor der zweiten genannt, obwohl die Stufen grundsätzlich nacheinander zu prüfen sind.[787] Auch wird auf den Urheber, statt auf den Rechtsinhaber, Bezug genommen.[788] Damit sind jedoch keine inhaltlichen Änderungen bezweckt. Vielmehr ist dies lediglich darauf zurückzuführen, dass Art. 40bis LPI die Formulierung des Dreistufentests aus Art. 6 III Datenbank-RL übernommen hat.[789] Art. 40bis LPI ist daher entsprechend dem aktuelleren Art. 5 V Multimedia-RL, der sich ausdrücklich auf alle Schranken bezieht, richtlinienkonform auszulegen.

a) 1. Stufe: Bestimmter Sonderfall

Auf der ersten Stufe ist das Vorliegen eines bestimmten Sonderfalls festzustellen. Die einzig zulässigen bestimmten Sonderfälle sind die urheberrechtlichen Schranken,[790] die hinreichend klar formuliert sein müssen.[791] Diese dürfen

---

785 Übersetzung unter Zugrundelegung des deutschen Wortlauts des Art. 6 III Datenbank-RL, leicht abgeändert durch Verf.; Art. 40bis LPI: Los artículos del presente capítulo no podrán interpretarse de manera tal que permitan su aplicación de forma que causen un perjuicio injustificado a los intereses legítimos del autor o que vayan en detrimento de la explotación normal de las obras a que se refieran.

786 Bercovitz-Casas Vallés, Art. 40bis S. 688.

787 Bercovitz-Casas Vallés, Art. 40bis S. 688, 695.

788 Bercovitz-Casas Vallés, Art. 40bis S. 688: Die Anwendung auf den Leistungsschutzberechtigten folgt jedoch aus Art. 132 LPI.

789 Bercovitz-Casas Vallés, Art. 40bis S. 687.

790 Alonso Palma, Propiedad intelectual y derecho audiovisual, S. 27.

791 Bercovitz-Casas Vallés, Art. 40bis S. 698.

quantitativ nur einen kleinen Teil der potentiellen gesamten Fälle darstellen.[792] Auch ein qualitativer bestimmter Zweck, wie die Gewährleistung der Meinungsfreiheit, stelle einen bestimmten Sonderfall dar.[793] Da Art. 39 LPI die Ausübung der Meinungsfreiheit durch den Parodisten ermöglicht und die Verwertung des Originalwerks durch die Parodie zudem nur einen kleinen Teil der Verwertung des Gesamtwerks darstellen dürfte, ist die Verwendung des Originalwerks zu Parodiezwecken nach Art. 39 LPI als ein bestimmter Sonderfall anzusehen.

b) 2. Stufe: Keine Beeinträchtigung der normalen Verwertung

Nach der zweiten Stufe darf die normale Verwertung nicht beeinträchtigt werden. Unter die normale Verwertung falle die aktuelle Verwertung durch den Urheber sowie die etwaigen unmittelbaren oder mittelbaren Verwertungsmöglichkeiten.[794] Dabei müsse sowohl der gegenwärtige als auch der potentielle Markt des Originalwerks berücksichtigt werden.[795] Die zweite Stufe bezieht sich somit auf die Verwertungsrechte des Urhebers.[796]

Eine Beeinträchtigung ist zu bejahen, wenn die Ausübung der Schranke bedeutend die normale Verwertung mindert.[797] Die Ausübung der Schranken darf nicht zu einem missbräuchlichen Gebrauch des Originalwerks führen.[798]

c) 3. Stufe: Keine ungebührliche Verletzung berechtigter Interessen

Die dritte Stufe bezieht sich auf die Urheberpersönlichkeitsrechte.[799] Die Ausübung der Schranken müsse unter Wahrung des Integritätsrechts des Urhebers und unter Wahrung der Urheberschaft erfolgen.[800] Eine Verletzung der dritten Stufe kann durch die Zahlung einer hinreichenden Vergütung verhindert werden.[801]

---

792 Bercovitz-Casas Vallés, Art. 40bis S. 699.
793 Bercovitz-Casas Vallés, Art. 40bis S. 699.
794 Sol Muntañola, Parodia, S. 236 f.
795 Bercovitz-Casas Vallés, Art. 40bis S. 702.
796 Alonso Palma, Propiedad intelectual y derecho audiovisual, S. 27.
797 Bercovitz-Casas Vallés, Art. 40bis S. 703.
798 Alonso Palma, Propiedad intelectual y derecho audiovisual, S. 27.
799 Alonso Palma, Propiedad intelectual y derecho audiovisual, S. 27.
800 Alonso Palma, Propiedad intelectual y derecho audiovisual, S. 27; Bercovitz-Casas Vallés, Art. 40bis S. 706.
801 Bercovitz-Casas Vallés, Art. 40bis S. 706.

4. *Voraussetzungen nach Art. 39 LPI*

Nach Art. 39 LPI gilt die Parodie eines veröffentlichten Werks nicht als Umgestaltung, die der Einwilligung des Urhebers bedarf, wenn sie keine Verwechslungsgefahr hervorruft, und wenn dem Originalwerk oder seinem Urheber kein Schaden zugefügt wird.[802]

a) Vorliegen einer Parodie i.S.d. Art. 39 LPI

Art. 39 LPI setzt voraus, dass die Benutzung des fremden Werkes im Rahmen einer Parodie erfolgt. Damit stellt im spanischen Urheberrecht das Vorliegen einer Parodie ein Tatbestandsmerkmal des Art. 39 LPI dar.[803] Die Anwendung des Art. 39 LPI erfordert daher eine juristische Definition der Parodie.[804] Diese Definition müsse so gewählt werden, dass die Parodieschranke nicht rechtsmissbräuchlich herangezogen werden könne.[805] Es dürfe also nicht unter dem Vorwand einer Parodie ein fremdes Werk ausgebeutet und der Originalurheber um die Früchte seiner Leistung gebracht werden.[806] Nicht alles, was nach dem gewöhnlichen Sprachgebrauch als „Parodie" bezeichnet wird, ist notwendigerweise auch eine Parodie im Sinne des Art. 39 LPI.[807]

Der Gesetzgeber hat die Parodie nicht definiert und somit einen Interpretationsspielraum eröffnet.[808] Dieser erlaubt eine Anpassung des Parodiebegriffs an den jeweiligen zeitlichen Wandel dieser Kunstform und ermöglicht damit auch neue Parodieformen. Das Vorliegen einer Parodie ist durch eine Einzelfallentscheidung festzustellen.[809]

Die Multimedia-RL verwendet in ihrem Art. 5 III k) – in Anlehnung an das französische Urheberrecht – die Begriffe Karikatur, Parodie und Pastiche

---

802 Übersetzung nach Müller, GRURInt 1997, 337 ff., leicht abgeändert durch Verf.; Art. 39 TRLPI: No será considerada transformación que exija consentimiento del autor la parodia de la obra divulgada, mientras no implique riesgo de confusión con la misma ni se infiera un daño a la obra original o a su autor.

803 Bouza, RGD 675, 15133, 15141; Tactuk Retif, El derecho de transformación, S. 323, 393.

804 Perdices Huetos, Pe.I. 2001, 9, 15.

805 Perdices Huetos, Pe.I. 2001, 9, 16.

806 López Sánchez, La transformación de la obra intelectual, S. 109.

807 Tactuk Retif, El derecho de transformación, S. 396; Perdices Huetos, Pe.I. 2001, 9, 15 ff.

808 Sol Muntañola, Parodia, S. 194; vgl. Espín Alba, La parodia de obras divulgadas, S. 281.

809 Tactuk Retif, El derecho de transformación, S. 396.

und bezieht diese auf die Werkgattungen bildende Kunst (Karikatur), Musik (Parodie) sowie Literatur (Pastiche).[810] Das spanische Recht kennt in Art. 39 LPI hingegen nur den Begriff der Parodie. Dieser bezieht sich jedoch, im Gegensatz zur Multimedia-RL und zum französischen Urheberrecht, nicht ausschließlich auf die musikalische Parodie. Vielmehr umfasst der Parodiebegriff nach Art. 39 LPI alle Werkgattungen.[811] Im spanischen Urheberrecht wird also durch den Begriff der Parodie dasjenige geschützt, das die Multimedia-RL als Karikatur, Parodie und Pastiche bezeichnet. Auch die Änderung der Werkgattung des Originalwerks durch die Parodie fällt unter Art. 39 LPI.[812]

Bevor auf die konstitutiven Merkmale einer Parodie eingegangen wird, sollen einige vorgeschlagene Definitionen des Parodiebegriffs i.S.d. Art. 39 LPI erwähnt werden. Parodie wird beispielsweise als komische Nachahmung eines fremden Werkes[813] oder als komische Wiedererschaffung sprachlichen oder künstlerischen Materials[814] definiert. Parodie sei die humoristische Umgestaltung eines ernsten Werkes,[815] die Karikatur eines Originalwerks, die durch eine solche Umkehrung der Situationen oder der Effekte vom Ernsten ins Komische oder vom Komischen ins Ernste wechsele und dadurch zu entgegengesetzten Ergebnissen führe.[816]

Diese Definitionsversuche zeigen, dass es keinen einheitlichen Parodiebegriff gibt. Wichtiger als eine Definition erscheint es aber, die einzelnen konstitutiven Elemente einer Parodie und insbesondere ihr Zusammenspiel zu verstehen, das den Humor der Parodie bewirkt. Dem Tatbestandsmerkmal der Parodie kommt im Rahmen des Art. 39 LPI vor allem die Funktion eines Gerüsts zu, das das Zusammenwirken der übrigen Tatbestandsmerkmale festlegt und begrenzt. Der Parodiebegriff überschneidet sich daher mit den Tatbestandsmerkmalen der Verwechslungsgefahr und des fehlenden Schadens, die dem Parodiebegriff Konturen verleihen sollen.

---

810 Siehe oben 2. Kap. A).

811 López Sánchez, La transformación de la obra intelectual, S. 97; Bercovitz, Obra plástica, S. 420; Hernando Collazos, Productos multimedia, S. 72; Tapia-Martín Salamanca, Comentarios, Art. 39 S. 371.

812 Bercovitz, Obra plástica, S. 421; López Sánchez, La transformación de la obra intelectual, S. 97; Espín Alba, La parodia de obras divulgadas, S. 281 Fn. 14.

813 Sánchez Aristi, La propiedad intelectual sobre las obras musicales, S. 558.

814 Tactuk Retif, El derecho de transformación, S. 324.

815 López Sánchez, La transformación de la obra intelectual, S. 97.

816 Bercovitz Rodríguez-Cano, Manual de Propiedad Intelectual, S. 68.

aa) Nachahmung einer Vorlage

Jede Parodie ist auf eine Vorlage angewiesen,[817] die sie nachahmt, indem sie deren wesentliche Elemente übernimmt.[818] Die Parodie kann insoweit auch als „parasitär" bezeichnet werden.[819]

bb) Kontrast zur Vorlage (direkte Parodie) oder zu einem sonstigen Bezugsgegenstand (indirekte Parodie)

Die Parodie stellt einen Kontrast zum Originalwerk her. Durch diesen entferne sich die Parodie vom Inhalt und der Form des Originalwerks[820] und halte dadurch einen ausreichenden Abstand zu diesem ein.[821]

Da die Parodie in aller Regel ein bekanntes Werk als Vorlage verwende, liege die beste Möglichkeit, sein eigenes Werk zu vermarkten, darin, eine vergütungsfreie Parodie des Originalwerks herzustellen.[822] Um dieser Missbrauchsgefahr vorzubeugen, muss die Parodie zugleich eine kritische Tendenz aufweisen.[823] Notwendiges Element der Parodie ist daher auch die Kritik eines Gegenstandes.[824] Die Parodie bedient sich also des Stilmittels des Kontrastes, um ihre Kritik auszudrücken.

Nach der Zielrichtung der Kritik unterscheidet die spanische Rechtsliteratur in Anlehnung an das anglo-amerikanische Recht zwischen der „target parody" oder direkten Parodie (parodia directa) und der „weapon parody" oder indirekten Parodie (parodia indirecta).[825] Wie die Bezeichnung target parody nahelegt, ist bei dieser das Originalwerk „Zielscheibe" der Kritik, während die weapon parody das Originalwerk lediglich als „Waffe" gegen einen anderen zu kritisierenden Gegenstand verwendet, der mit dem Originalwerk nicht in Verbindung steht.[826]

---

817 Sol Muntañola, Parodia, S. 223; Tactuk Retif, El derecho de transformación, S. 401.

818 Tactuk Retif, El derecho de transformación, S. 400 f.; vgl. Espín Alba, La parodia de obras divulgadas, S. 283; vgl. Bercovitz, Obra plástica, S. 424; Pérez Bes, La Ley 2008, 359, 366.

819 Sánchez Aristi, La propiedad intelectual sobre las obras musicales, S. 569.

820 Espín Alba, La parodia de obras divulgadas, S. 288 f.

821 Tactuk Retif, El derecho de transformación, S. 412.

822 Sol Muntañola, Parodia, S. 244.

823 Sol Muntañola, Parodia, S. 244.

824 SAP Barcelona, 103/2001, 28.05.2003, Fundamentos de derecho, Octavo – Lara Croft.

825 Gonzáles Gozalo, RPJ 2003, 45, 84; Espín Alba, La parodia de obras divulgadas, S. 285 f.; Péres Bes, La Ley 2008, 359, 381; Tapia-Martín Salamanca, Comentarios, Art. 39 S. 369.

826 Espín Alba, La parodia de obras divulgadas, S. 285; vgl. Perdices Huetos, Pe.I. 2001, 9, 18.

Während die direkte Parodie unstreitig von Art. 39 LPI umfasst ist,[827] ist die Einbeziehung der indirekten Parodie umstritten.

Ein Teil der Literatur und der Rechtsprechung vertritt die Auffassung, dass auch die indirekte Parodie unter Art. 39 LPI falle.[828] Dies begründet sie damit, dass die kreative Tätigkeit oft den Rückgriff auf geschützte Werke erfordere.[829] Auch bei der indirekten Parodie sei der Sinn und Zweck des Art. 39 LPI, geistige Schöpfungen zu ermöglichen, die auf anderen Werken aufbauen, betroffen.[830]

Vereinzelt wird in der Literatur die Auffassung vertreten, die indirekte Parodie nur unter der Voraussetzung einzubeziehen, dass der Parodist „unentschuldbar" das geschützte Werk verwenden müsse, um die Parodie herzustellen.[831]

Die überzeugende Gegenauffassung schließt hingegen indirekte Parodien aus dem Anwendungsbereich des Art. 39 LPI aus.[832] Dafür spricht zunächst der Sinn und Zweck des Art. 39 LPI. Dieser soll die missliche Situation des Parodisten verhindern, geschützte Teile eines Werkes zur Herstellung der Parodie verwenden zu müssen, während der Originalurheber die Zustimmung zur Verspottung seines Werkes in der Regel nicht erteilen möchte. Der zustimmungsfreie Eingriff in das Umgestaltungsrecht des Originalurhebers wird also dadurch gerechtfertigt, dass die Herstellung der Parodie sonst nicht möglich wäre. Ist aber die Erteilung der Zustimmung bei einer bestimmten Art von Parodien generell nicht unwahrscheinlich, erscheint es nicht gerechtfertigt, die Rechte des Originalurhebers insoweit einzuschränken.

Bei der indirekten Parodie sei die Zustimmung des Originalurhebers aber nicht unwahrscheinlich oder zumindest kein überwindbares Hindernis,[833] da nicht sein Werk kritisiert werde.[834] Nur bei der direkten Parodie sei eine Erteilung einer Zustimmung durch den Originalurheber unwahrscheinlich, da dieser eine Verspottung seines Werkes in der Regel verhindern wolle.[835]

---

827 Tapia-Martín Salamanca, Comentarios, Art. 39 S. 369; Péres Bes, La Ley 2008, 359, 381.

828 SAP Madrid, 280/1998, 02.02.2000, Fundamentos de derecho, Sexto – La parodia nacional; Péres Bes, La Ley 2008, 359, 381.

829 Espín Alba, La parodia de obras divulgadas, S. 287.

830 Espín Alba, La parodia de obras divulgadas, S. 287.

831 Péres Bes, La Ley 2008, 359, 382.

832 Perdices Huetos, Pe.I. 2001, 9, 18; Gonzáles Gozalo, RPJ 2003, 45, 84; Tapia-Martín Salamanca, Comentarios, Art. 39 S. 369; SAP Barcelona, 654/2001, 10.10.2003, Fundamentos de derecho, Tercero – Bárdenas Reales; SAP Barcelona, 790/1999, 24.04.2002, Fundamentos de derecho, Tercero – León de la Metro.

833 Pérez Bes, La Ley 2008, 359, 372.

834 Perdices Huetos, Pe.I. 2001, 9, 18; vgl. Pérez Bes, La Ley 2008, 359, 372.

835 Perdices Huetos, Pe.I. 2001, 9, 18.

Auch ist der Parodist bei der indirekten Parodie nicht darauf angewiesen, gerade das urheberrechtlich geschützte Originalwerk als Vorlage heranzuziehen.[836] Vielmehr ist das Originalwerk austauschbar.[837] Hier kann der Parodist also darauf verwiesen werden, eine vergütungspflichtige Verwertungserlaubnis einzuholen,[838] deren Erteilung nicht grundsätzlich unwahrscheinlich ist, oder ein anderes, gemeinfreies Werk bzw. ungeschütztes Material zu verwenden.[839] Daraus folgt zugleich, dass Art. 39 LPI auch die Kritik umfasst, die nicht gegen das Originalwerk selbst, sondern gegen einen Gegenstand gerichtet ist, der mit dem Originalwerk in unmittelbarer Verbindung steht. So kann sich die Kritik auch gegen den Urheber des Originalwerks oder dessen Publikum richten.[840] Soll etwa der schlechte Schreibstil eines Urhebers kritisiert werden, ist der Parodist darauf angewiesen, gerade seine Werke zu verwenden und kann nicht auf andere Werke verwiesen werden. Auch bei der Übernahme eines urheberrechtlich geschützten Unternehmenskennzeichens, das ein Unternehmen repräsentiert, kann der Parodist nicht darauf verwiesen werden, das Kennzeichen eines anderen Unternehmens zu verwenden, auch wenn die Kritik sich nicht gegen das verwendete Werk, das Unternehmenskennzeichen, sondern gegen das Unternehmen selbst richtet.[841] Auch hier ist nämlich eine Zustimmung unwahrscheinlich, da sich die Kritik gegen denjenigen richtet, der die Zustimmung erteilen müsste.

Zudem soll Art. 39 LPI die Ausübung der Meinungsfreiheit in humoristischer Form ermöglichen. Wenn der Parodist aber nicht auf Entlehnungen aus dem geschützten Werk angewiesen ist, oder ihm die Einholung einer Zustimmung des Originalurhebers in aller Regel möglich ist, wird er durch die Zustimmungspflichtigkeit der Entlehnung auch nicht an der Ausübung seiner Meinungsfreiheit gehindert.

Die indirekte Parodie stelle daher eine parasitäre Benutzung eines vorbestehenden Werks und eine Ausbeutung fremder Leistung dar.[842]

---

836 Espín Alba, La parodia de obras divulgadas, S. 285; Pérez Bes, La Ley 2008, 359, 372.

837 Espín Alba, La parodia de obras divulgadas, S. 285.

838 Espín Alba, La parodia de obras divulgadas, S. 285.

839 Espín Alba, La parodia de obras divulgadas, S. 285.

840 Tapia-Martín Salamanca, Comentarios, Art. 39 S. 369; Perdices Huetos, Pe.I. 2001, 9, 21.

841 Hier stellt sich auch die Frage nach der Zulässigkeit einer Markenparodie, die jedoch nicht Gegenstand der vorliegenden Arbeit ist.

842 Pérez Bes, La Ley 2008, 359, 372; Espín Alba, La parodia de obras divulgadas, S. 287.

Daraus folgt, dass die Parodie sich auf das Originalwerk selbst oder zumindest auf einen Gegenstand, der damit verbunden ist, beziehen muss. Nur die direkte Parodie ist daher von Art. 39 LPI umfasst.

cc) Erkennbarkeit der Vorlage und des Kontrastes

Um eine humoristische Wirkung zu erreichen, muss sowohl die Vorlage als auch der Kontrast zur Vorlage erkennbar sein.

(1) Erkennbarkeit der Vorlage

Einerseits muss in der Parodie das Originalwerk wiedererkennbar sein.[843] Dies setzt eine Annäherung der Parodie an das Originalwerk voraus, damit sie als Parodie des Originalwerks erkennbar ist.[844] Dazu ahmt die Parodie das Originalwerk nach.[845]

Für die Beurteilung der Erkennbarkeit kommt es auf die Perspektive eines durchschnittlichen Betrachters an,[846] der das Originalwerk kennt, da ohne die Kenntnis eine Wiedererkennung naturgemäß ausscheidet. Je bekannter das Originalwerk ist, desto größer ist daher die Wahrscheinlichkeit, dass es parodiert wird,[847] da die Zahl der Personen, die die Vorlage wiedererkennen und den Humor verstehen können, umso größer ist. Durch die Verwendung einer möglichst bekannten Vorlage kann der Parodist also die Reichweite seiner Parodie erhöhen. Weiterhin stößt seine Kritik auf ein breites öffentliches Interesse, das durch den Erfolg des Originalwerks bereits geweckt wurde. Damit kann die Parodierung eines Werkes auch als Maßstab seines Erfolgs angesehen werden.

---

843 López Sánchez, La transformación de la obra intelectual, S. 108 f., die das tatsächliche Erkennen verlangt.

844 Tactuk Retif, El derecho de transformación, S. 412; Tapia-Martín Salamanca, Comentarios, Art. 39 S. 370.

845 Tactuk Retif, El derecho de transformación, S. 401; vgl. Espín Alba, La parodia de obras divulgadas, S. 283.

846 Espín Alba, La parodia de obras divulgadas, S. 288; López Sánchez, La transformación de la obra intelectual, S. 109; Pérez Bes, La Ley 2008, 359, 369; Bouza, RGD 675, 15133, 15142 schränkt diesen auf den Personenkreis ein, für die die Parodie bestimmt ist; so könnten etwa bei einer Parodie eines Musikwerks, die für einen Expertenkreis bestimmt sei, die Unterschiede geringer ausfallen.

847 Sol Muntañola, Parodia, S. 224; vgl. SAP Barcelona, 654/2001, 10.10.2003, Fundamentos de derecho, Segundo – Bárdenas Reales sowie SAP Barcelona, 790/1999, 24.04.2002, Fundamentos de derecho, Tercero – León de la Metro, die die Verwendung eines sehr bekannten Werkes voraussetzen; zustimmend: Espín Alba, La parodia de obras divulgadas, S. 288.

Gleichzeitig kann dadurch auch der kommerzielle Erfolg der Parodie erhöht werden. Hierin liegt aber gleichzeitig die Missbrauchsgefahr, unter dem Vorwand einer Parodie ein bekanntes Werk zu verwenden, um vom Erfolg desselben zu profitieren. Diesem kann in Form der erforderlichen Kritik begegnet werden, wie oben dargestellt wurde.[848]

Um eine Erkennbarkeit zu gewährleisten, muss der Parodist die charakteristischen Elemente des Originalwerks übernehmen,[849] die die Identifizierung desselben ermöglichen.[850] Da diese Elemente aber gerade eigenpersönliche, schöpferische Züge aufweisen, ist die Parodie darauf angewiesen, schöpferische, und damit geschützte Teile des Originalwerks zu entlehnen.[851]

(2) Erkennbarkeit des Kontrasts

Andererseits müssen in der Parodie aber gleichzeitig der Kontrast und damit die Unterschiede zum Originalwerk erkennbar sein.[852] Dies setzt naturgemäß die Kenntnis des unveränderten Originalwerks voraus.[853] Der Parodist muss den Kontrast also so stark hervorheben, dass er für die Rezipienten erkennbar ist. Sofern ihm dies nicht gelingt, kann er keine humoristische Wirkung erreichen.

dd) Humoristische Wirkung

Die Nachahmung der wesentlichen Züge des Originalwerks einerseits und der Kontrast zum Originalwerk andererseits führen nämlich erst durch ihre Erkennbarkeit zu einer Komik.[854] Der Betrachter erkennt in der Parodie das Originalwerk und gleichzeitig auch die Unterschiede und den Kontrast dazu. Durch die geistige Gegenüberstellung der Parodie und des Originalwerks wird ihm der Kontrast deutlich, der die Komik der Parodie erzeugt. Die Komik ist charakteristisch für die Parodie.[855] Dabei muss nicht notwendigerweise Lachen

---

848 Siehe oben A) I. 4. a) bb.

849 Sol Muntañola, Parodia, S. 225.

850 Gonzáles Gozalo, RPJ 2003, 45, 84; López Sánchez, La transformación de la obra intelectual, S. 97.

851 Gonzáles Gozalo, RPJ 2003, 45, 84.

852 Sánchez Aristi, La propiedad intelectual sobre las obras musicales, S. 570.

853 Espín Alba, La parodia de obras divulgadas, S. 282; Sol Muntañola, Parodia, S. 223; vgl. SAP Madrid, 6126/1998, 21.05.1998, Fundamentos de derecho, Segundo, das aufgrund der hohen Bekanntheit des Originalwerks davon ausgeht, dass die Veränderungen ohne Probleme erkannt werden können.

854 Vgl. Bercovitz, Obra plástica, S. 424.

855 Espín Alba, La parodia de obras divulgadas, S. 282; López Sánchez, La transformación de la obra intelectual, S. 94.

hervorgerufen werden.[856] Vielmehr kann der Humor auch in einer Ironie oder subtilen Kritik liegen, die nicht zum Lachen animiert.[857] Die Komik müsse objektiv und aus der Perspektive eines durchschnittlichen Betrachters des Werkes beurteilt werden, da nicht alle Personen denselben Sinn für Humor hätten und die Ironie eines Werkes verstehen könnten.[858]

Während teilweise die humoristische Absicht,[859] der humoristische Wille[860] (ánimo burlesco o humorístico) bzw. das Ziel, einen komischen Effekt zu erreichen[861] für erforderlich gehalten wird, stellen andere auf die humoristische Wirkung,[862] den humoristischen Kontrast zum Original[863] ab. Es müsse der ernste Sinn des Originalwerks entstellt werden.[864] Entscheidend dürfte das humoristische Ergebnis sein. Eine misslungene Parodie kann das Originalwerk schädigen, auch wenn sie mit einer guten Absicht erstellt wird. In der Praxis wird zudem eine humoristische Absicht schwer nachweisbar sein. Tritt aber eine humoristische Wirkung ein, dürfte dies in aller Regel nicht auf einem Zufall beruhen, sondern auf einem planmäßigen Einsatz des humoristischen Kontrastes und damit auf eine humoristische Absicht zurückzuführen sein.

b) Verwendung eines veröffentlichten Werks

aa) Sinn und Zweck

Die Verwendung eines veröffentlichten Werks schützt das Veröffentlichungsrecht (derecho de divulgación) des Originalurhebers nach Art. 14 Nr. 1 LPI.[865]

---

856 Espín Alba, La parodia de obras divulgadas, S. 283.

857 Espín Alba, La parodia de obras divulgadas, S. 283; Tapia-Martín Salamanca, Comentarios, Art. 39 S. 367.

858 Espín Alba, La parodia de obras divulgadas, S. 284.

859 SAP Madrid, 280/1998, 02.02.2000, Fundamentos de derecho, Sexto – La parodia nacional; Tapia-Martín Salamanca, Comentarios, Art. 39 S. 370.

860 Pérez Bes, La Ley 2008, 359, 366.

861 Bercovitz-Díaz Alabart, Art. 39, S. 649 f.

862 Tapia-Martín Salamanca, Comentarios, Art. 39 S. 370; Espín Alba, La parodia de obras divulgadas, S. 283; Sánchez Aristi, La propiedad intelectual sobre las obras musicales, S. 558; Erdozain, Propiedad intelectual en internet, S. 151.

863 Perdices Huetos, Pe.I. 2001, 9, 19 f.

864 Espín Alba, La parodia de obras divulgadas, S. 283.

865 López Sánchez, La transformación de la obra intelectual, S. 108, 110; Tactuk Retif, El derecho de transformación, S. 397; vgl. auch Bouza, RGD 675, 15133, 15142: sonst könne der Originalurheber stark geschädigt werden; Pérez Bes, La Ley 2008, 359, 369; vgl. Tapia-Martín Salamanca, Comentarios, Art. 39 S. 37; Sol Muntañola, Parodia, S. 224; Sánchez Aristi, La propiedad intelectual sobre las obras musicales,

Auch liegt diese Voraussetzung in der Natur der Parodie, denn zu einem nicht veröffentlichten – und daher den Rezipienten unbekannten – Werk kann kein humoristischer, antithematischer Kontrast hergestellt werden.[866] Die Anspielung würde sonst nicht verstanden werden,[867] da der Humor, der durch den Vergleich und die geistige Gegenüberstellung des Originals hervorgerufen wird, nicht eintreten würde.[868] Die Adressaten könnten nicht über die Parodie lachen,[869] da sie keine Antwort auf das Originalwerk wäre.[870]

bb) Benutzung eines fremden Werks

Art. 39 LPI regelt nur die Verwendung der Werke anderer Urheber,[871] da nur dann ein Eingriff in fremde Verwertungsrechte vorliegt.[872] Darüber hinaus ist Art. 39 LPI aber auch anwendbar, wenn der Originalurheber selbst eines seiner Werke parodiert, für das er sein Umgestaltungsrecht auf einen Dritten übertragen hat,[873] da der Parodist sonst schlechter stehen würde als ein beliebiger Dritter, der das Originalwerk zustimmungsfrei parodieren dürfte.

Art. 39 LPI bezieht sich auf die Verwendung geschützter Merkmale eines bestimmten, urheberrechtlich geschützten Werkes.[874] Die Benutzung eines gemeinfreien Werks bedarf daher ebenso wenig eines Rückgriffs auf Art. 39 LPI[875]

S. 567 f.; Sánchez González, La parodia de obra flamenca, S. 143, 179 f., 153; vgl. auch weiter gehend: Díaz Alabart, La parodia en la nueva Ley de Propiedad Intelectual, S. 210 sowie Tactuk Retif, El derecho de transformación, S. 397 f.: Das Tatbestandsmerkmal schütze auch die Intimsphäre des Originalurhebers, zu der das Originalwerk vor seiner Veröffentlichung zähle, und die durch Art. 7 III LO 1/1982 geschützt sei.

866 Díaz Alabart, La parodia en la nueva Ley de Propiedad Intelectual, S. 210; Bercovitz-Díaz Alabart, Art. 39, S. 659; López Sánchez, La transformación de la obra intelectual, S. 108; Román Pérez, Obras musicales, S. 463 Fn. 1342; Pérez Bes, La Ley 2008, 359, 368; Tactuk Retif, El derecho de transformación, S. 398 f.; vgl. Sol Muntañola, Parodia, S. 223; vgl. Espín Alba, La parodia de obras divulgadas, S. 282.

867 Sánchez Aristi, La propiedad intelectual sobre las obras musicales, S. 568; Tapia-Martín Salamanca, Comentarios, Art. 39 S. 370.

868 Pérez Bes, La Ley 2008, 359, 368.

869 Bercovitz, Obra plástica, S. 424; in diesem Sinne auch Espín Alba, La parodia de obras divulgadas, S. 282.

870 Bercovitz, Obra plástica, S. 424; zustimmend: Sol Muntañola, Parodia, S. 223.

871 Tapia-Martín Salamanca, Comentarios, Art. 39 S. 371.

872 Sánchez Aristi, La propiedad intelectual sobre las obras musicales, S. 554.

873 Sánchez Aristi, La propiedad intelectual sobre las obras musicales, S. 554 Fn. 237.

874 Vgl. Tapia-Martín Salamanca, Comentarios, Art. 39 S. 369.

875 Tactuk Retif, El derecho de transformación, S. 402.

wie die Übernahme des Stils, der Ideen oder der Merkmale eines Genres, die keinen Urheberrechtsschutz genießen.[876] Die wohl bekannteste spanische Parodie, Don Quijote de la Mancha von Miguel de Cervantes Saavedra, wäre daher – als Parodie der damaligen literarischen Gattung der Ritterromane – bereits ohne Rückgriff auf Art. 39 LPI urheberrechtlich zulässig.

cc) Veröffentlichung

Die Veröffentlichung wird in Art. 4, 1. HS LPI legaldefiniert. Darunter ist jede Darstellung des Werkes zu verstehen, die dieses der Öffentlichkeit mit Zustimmung des Urhebers erstmalig in irgendeiner Form zugänglich macht.[877] Da das Erscheinen nach Art. 4, 2. HS LPI eine qualifizierte Form der Veröffentlichung darstellt,[878] ist es vom Veröffentlichungsbegriff des Art. 39 LPI umfasst.[879]

Sofern der Originalurheber das Werk nach Art. 14 Nr. 6 LPI (derecho de retirada)[880] nachträglich aus dem Verkehr zieht, wird dadurch die Zulässigkeit der bereits erfolgten Parodie nicht berührt.[881]

c) Fehlen einer Verwechslungsgefahr

Weitere Tatbestandsvoraussetzung des Art. 39 LPI ist das Fehlen einer Verwechslungsgefahr zwischen der Parodie und dem Originalwerk.[882] Die Möglichkeit einer Verwechslung ist dabei ausreichend, ohne dass es auf eine tatsächlich eingetretene

---

876 Tactuk Retif, El derecho de transformación, S. 402; Tapia-Martín Salamanca, Comentarios, Art. 39 S. 369.

877 Übersetzung nach Müller, GRURInt 1997, 337 ff.

878 Art. 4 HS. 2 LPI: unter Erscheinen ist die Veröffentlichung zu verstehen, die durch Zurverfügungstellung einer Anzahl von Vervielfältigungsstücken des Werkes an die Öffentlichkeit erfolgt, die den nach Art und Zweck des Werkes geschützten Bedarf angemessen befriedigt; Übersetzung nach Müller, GRURInt 1997, 337 ff.

879 Tactuk Retif, El derecho de transformación, S. 397.

880 Demnach steht dem Urheber das Recht zu, das Werk nach vorheriger Entschädigung der Inhaber von Verwertungsrechten für Verluste und Beeinträchtigungen wegen gewandelter geistiger oder persönlicher Überzeugung aus dem Verkehr zu ziehen, Übersetzung nach Müller, GRURInt 1997, 337 ff.

881 Sol Muntañola, Parodia, S. 224; Tactuk Retif, El derecho de transformación, S. 398, 425.

882 Das Fehlen einer Verwechslungsgefahr wird auch in der rumänischen Parodieregelung des Art. 35 b) Leg.P.I. genannt. Zudem wird diese Voraussetzung bei der Auslegung der französischen Parodieregelung des L. 122–5 Nr. 4 CPI herangezogen: Bertand, Le droit d'auteur et les droits voisins, S. 249; Pierrat, Le droit du livre, S. 80.

Verwechslung ankommt,[883] wie aus dem Begriff der Gefahr folgt. Im Rahmen einer Einzelfallentscheidung[884] ist dabei die Parodie mit dem Originalwerk zu vergleichen und eine Gesamtbetrachtung beider Werke vorzunehmen.[885]

aa) Sinn und Zweck

Das Merkmal der fehlenden Verwechslungsgefahr schützt das wirtschaftliche Verwertungsinteresse des Originalurhebers an seinem Werk.[886] Wenn die Gefahr einer Verwechslung besteht, könnten die Rezipienten die Parodie statt des Originalwerks kaufen[887] und damit wirtschaftliche Einbußen für den Originalurheber bewirken. Die Parodie soll also nicht in wirtschaftliche Konkurrenz mit dem Originalwerk treten oder dieses gar auf dem Markt ersetzen.[888] Damit wird der zweiten Stufe des Dreistufentests genüge getan, die eine Beeinträchtigung der normalen Verwertung und damit des Marktes des Originalwerks verbietet.

Zudem schützt die fehlende Verwechslungsgefahr das Recht auf Anerkennung der Urheberschaft (derecho de paternidad) nach Art. 14 Nr. 3 LPI.[889] Der Originalurheber hat ein schützenswertes Interesse daran, dass ihm nicht fremde Gestaltungen zugerechnet werden und andere ein zutreffendes Bild von seinem Werkschaffen erhalten. Im Falle einer Verwechslung würde dem Originalurheber aber ein fremdes Werk, das Werk des Parodisten, als eigenes zugerechnet. Somit wird gleichzeitig die dritte Stufe des Dreistufentests, die ungebührliche Verletzung berechtigter Interessen, beachtet.

bb) Objektive Änderungen der entlehnten Werkteile oder ihres Zusammenhangs

Die Bezeichnung der Parodie als solche genügt nicht, um eine Verwechslungsgefahr auszuschließen.[890] Vielmehr müssen objektive Änderungen vorgenommen werden. Erst aufgrund dieser Veränderungen trete die Integrität des Originalwerkes und das Urheberpersönlichkeitsrecht des Originalurhebers hinter die

883 Pérez Bes, La Ley 2008, 359, 369.
884 Pérez Bes, La Ley 2008, 359, 369.
885 Bouza, RGD 675, 15133, 15142.
886 Fernández-Díez, Derecho de autor en internet, S. 492.
887 Fernández-Díez, Derecho de autor en internet, S. 492.
888 Vgl. Tactuk Retif, El derecho de transformación, S. 411; vgl. SAP Madrid, 834/1996, 21.05.1998, Fundamentos de derecho, Segundo, das aufgrund der mangelnden Ersetzung eine Verwechslungsgefahr verneint.
889 Fernández-Díez, Derecho de autor en Internet, S. 492; López Sánchez, La transformación de la obra intelectual, S. 110.
890 Tapia-Martín Salamanca, Comentarios, Art. 39 S. 372.

Interessen des Parodisten zurück.[891] Zu wenige Änderungen können zu einer Verwechslungsgefahr führen.

So handelt die Entscheidung „León de la Metro" vom bekannten Logo des amerikanischen Filmherstellers Metro Goldwin Meyer, das einen brüllenden Löwen zeigt, welches für eine Werbung alkoholischer Getränke verwendet wurde.[892] Das Logo mit dem Löwen wurde lediglich mit dem Text „In bibendo continentia" überschrieben. Im Anschluss daran zeigte die Werbung einen Zeichentrickfilm, in dem sich der Löwe erhob und neben eine Gin-Flasche setzte. Die Werbung endete mit der Unterschrift „vive tu película" (lebe deinen Film). Das Gericht bejahte eine Verwechslungsgefahr.[893] Es seien lediglich zwei Änderungen eingefügt worden, die Überschrift sowie die animierte Zeichnung, die zudem nicht witzig seien.[894] Die Parodieschranke nach Art. 39 LPI greife daher nicht ein, denn die Beklagte habe lediglich das Originalwerk zu ihrem eigenen kommerziellen Vorteil ausgenutzt.[895]

Die Notwendigkeit von Veränderung wird teilweise auch daraus hergeleitet, dass die Parodie eine Umgestaltung sei, und diese nach Art. 21 I 1 LPI eine Änderung des Originalwerks voraussetze.[896]

(1) Änderung der entlehnten Werkteile

Grundsätzlich ist die Veränderung der entlehnten Werkteile notwendig.[897] Diese ist von der Parodierfreiheit nach Art. 39 LPI – im Gegensatz zum Zitatrecht nach Art. 32 LPI, das wörtliche Wiedergaben voraussetzt – gedeckt.[898]

(2) Änderung des Zusammenhangs – Zulässigkeit wörtlicher Entlehnungen

Über die Veränderung der entlehnten Teile hinaus kann eine parodistische Wirkung jedoch auch durch die Verwendung unveränderter Teile des Originalwerks

891 Espín Alba, La parodia de obras divulgadas, S. 282.

892 SAP Barcelona, 790/1999, 24.04.2002, Fundamentos de derecho, Primero – León de la Metro.

893 SAP Barcelona, 790/1999, 24.04.2002, Fundamentos de derecho, Tercero, Cuarto – León de la Metro.

894 SAP Barcelona, 790/1999, 24.04.2002, Fundamentos de derecho, Cuarto – León de la Metro.

895 SAP Barcelona, 790/1999, 24.04.2002, Fundamentos de derecho, Tercero, Cuarto – León de la Metro.

896 Bouza, RGD 675, 15133, 15141; vgl. Tapia-Martín Salamanca, Comentarios, Art. 39 S. 370 f.

897 Vgl. SAP Madrid, 6126/1998, 21.05.1998, Fundamentos de derecho, Segundo.

898 Espín Alba, La parodia de obras divulgadas, S. 281.

in einem geänderten Zusammenhang erreicht werden. Fraglich ist daher, ob Art. 39 LPI auch wörtliche Entlehnungen aus dem Originalwerk zulässt.

Teilweise wird diese Frage verneint. Begründet wird dies mit der umstrittenen Feststellung, dass Art. 65 RPI von 1880 fortgelte.[899] Wie oben festgestellt wurde, regelte dieser die Unzulässigkeit der Einfügung wörtlicher Teile oder Melodien des Originalwerks in Parodien. Die Fortgeltung des Art. 65 RPI lässt sich jedoch der widersprüchlichen gesetzlichen Regelung nicht zweifelsfrei entnehmen.[900] Die Einzige Aufhebungsbestimmung (Disposición derogatoria única) LPI bestimmt in Nr. 2b, dass Titel II Kap. 1 des RPI von 1880, der Art. 65 RPI enthält, seine Gültigkeit behält. Die Siebte Übergangsbestimmung (Disposición transitoria séptima) LPI regelt hingegen, dass das RPI gültig bleibt, soweit es nicht den Bestimmungen des LPI widerspricht.

Während die erstgenannte Klausel also für die Fortgeltung spricht, stellt sich bei der letztgenannten Klausel die Folgefrage, ob Art. 65 RPI dem LPI widerspricht. Im Rahmen des Gesetzgebungsverfahrens des LPI wurde der in Art. 65 RPI enthaltene Passus, der die Einfügung wörtlicher Teile oder Melodien verbot, entfernt.[901] Dieser Wille des Gesetzgebers ist bei der Auslegung des Art. 39 LPI zu beachten. Eine Heranziehung des Art. 65 RPI im Rahmen des Art. 39 LPI würde nun dennoch dem bewusst nicht übernommenen Verbot wörtlicher Entlehnungen oder Melodien Geltung verschaffen. Jedenfalls insoweit steht das RPI daher im Widerspruch zum geltenden LPI, sodass Art. 65 RPI gemäß der Siebten Übergangsbestimmung LPI unanwendbar ist. Parodien würden sonst bedeutend erschwert oder unmöglich, wie in der Gesetzesbegründung befürchtet wurde.[902]

Die Entlehnung wörtlicher Teile oder Melodien des Originalwerks ist daher nach Art. 39 LPI zulässig.[903]

---

899 Bercovitz Rodríguez-Cano, Manual de Propiedad Intelectual, S. 68: „möglicherweise" noch in Kraft; auch Tapia-Martín Salamanca, Comentarios, Art. 39 S. 367 lässt die Frage unbeantwortet; für Fortgeltung: Hernando Collazos, Productos multimedia, S. 72 Fußnote 159; gegen Fortgeltung: González López, El derecho moral del autor, S. 187 Fn. 156.

900 Vgl. Bercovitz-Pérez de Castro, Comentarios, Disposición Derogatoria Única, S. 2255 f., der ebenfalls auf die Widersprüchlichkeit dieser Übergangsregelungen hinweist.

901 Siehe oben A) I. 1.

902 Siehe oben A) I. 1.

903 González Gozalo, RPJ 2003, 45, 83; Espín Alba, La parodia de obras divulgadas, S. 289.

cc) Unterscheidung durch Antithematik

Die Parodie muss sich aufgrund der Änderungen objektiv vom Originalwerk unterscheiden.[904] Das typische Unterscheidungsmerkmal der Parodie liegt in der Antithematik,[905] dem humoristischen Kontrast zu Vorlage.[906] Die Antithematik bestehe in einer derartigen Umkehrung der Situationen und der Effekte des Originalwerks in der Parodie, dass gegensätzliche Ergebnisse erzielt würden, obwohl beide sich in der Argumentation und in der Ausgestaltung ähnelten.[907] Das Epische und Tragische werde zum Satirischen und Komischen.[908] Der Ernst des Originalwerks verwandle sich in den Humor der Parodie.[909]

Zurecht wird jedoch vereinzelt darauf hingewiesen, dass nicht nur ernste Werke sich als Vorlage von Parodien eignen.[910] So könne der Humor auch durch eine fingierte Seriosität von etwas von Natur aus Witzigem erreicht werden.[911] Dieser fingierte, aufgesetzte Ernst kann denselben humoristischen Effekt erzielen und das Originalwerk ebenso der Lächerlichkeit preisgeben.

dd) Erkennbarkeit der Unterschiede

Jedoch sind objektive Änderungen nicht hinreichend, wenn die Unterschiede nicht erkennbar sind. So können minimale Änderungen vorgenommen werden, die nicht auffallen und für einen Dritten daher nicht ohne Weiteres erkennbar sind. Die Parodie müsse die Wesenszüge des Originalwerks daher so stark verändern, dass dem Publikum jederzeit bewusst sei, dass es sich nicht um das

---

904 Tactuk Retif, El derecho de transformación, S. 416; Sánchez González, La parodia de obra flamenca, S. 143, 180; González Gozalo, RPJ 2003, 45, 85; vgl. Sol Muntañola, Parodia, S. 226.

905 Vgl. Bercovitz-Díaz Alabart, Comentarios, Art. 39, S. 660: die Antithematik trage zur Unterscheidung bei; Perdices Huetos, Pe.I. 2001, 9, 32; vgl. Tapia-Martín Salamanca, Comentarios, Art. 39 S. 369.

906 SAP Barcelona, 654/2001, 10.10.2003, Fundamentos de derecho, Segundo – Bárdenas Reales; SAP Barcelona, 790/1999, 24.04.2002, Fundamentos de derecho, Tercero – León de la Metro; Perdices Huetos, Pe.I. 2001, 9, 19 f.

907 Bercovitz, Manual de Propiedad Intelectual, S. 68.

908 Bercovitz, Obra plástica, S. 422.

909 Espín Alba, La parodia de obras divulgadas, S. 283; vgl. López Sánchez, La transformación de la obra intelectual, S. 109.

910 Bouza, RGD 675, 15133, 15142; Espín Alba, La parodia de obras divulgadas, S. 284.

911 SAP Barcelona, 654/2001, 10.10.2003, Fundamentos de derecho, Segundo – Bárdenas Reales; SAP Barcelona, 790/1999, 24.04.2002, Fundamentos de derecho, Tercero – León de la Metro; Tapia-Martín Salamanca, Comentarios, Art. 39 S. 370.

Originalwerk handle.[912] Dabei seien im Einzelfall auch kleine Veränderungen ausreichend.[913]

Eine Verwechslungsgefahr kann also einerseits dadurch verhindert werden, dass das neue Werk sich so weit vom Originalwerk entfernt, dass das Originalwerk überhaupt nicht mehr in diesem wiedererkennbar ist. Ein sehr großer Abstand zum Originalwerk führt also dazu, dass sich das Originalwerk und das neue Werk nicht mehr, oder jedenfalls nicht mehr so stark ähneln, dass die Gefahr einer Verwechslung besteht. Damit ist die Erkennbarkeit des Originalwerks zwar keine notwendige Voraussetzung der fehlenden Verwechslungsgefahr.[914]

Jedoch ist die Erkennbarkeit des Originalwerks notwendige Voraussetzung des Tatbestandsmerkmals der Parodie, die ihre humoristische Wirkung erst dadurch entfalten kann. Aus diesem Grunde stellt sich die Frage, wann trotz der Erkennbarkeit des Originalwerks eine Verwechslungsgefahr ausscheidet. Um eine Erkennbarkeit des Originalwerks herbeizuführen, muss sich die Parodie diesem durch die Nachahmung der Wesenszüge desselben annähern. Nähert sie sich diesem jedoch zu stark an und hält sie infolgedessen keinen hinreichenden Abstand ein, weil sie sich von diesem nicht genügend abhebt, kann es zu einer Verwechslung kommen. Der Parodist muss also die Änderungen so stark hervorheben, dass sie für einen Dritten erkennbar sind.

Trotz Erkennbarkeit des Originalwerks scheidet somit eine Verwechslungsgefahr aus, wenn gleichzeitig die Änderungen erkennbar sind. Die Rezipienten bemerken dann, dass es sich um verschiedene Werke handelt,[915] und daher die Parodie des Originalwerks vorliegt,[916] sodass keine Gefahr besteht, dass sie Originalwerk und Parodie miteinander verwechseln. Gelingt es dem Parodisten jedoch nicht, die Veränderungen erkennbar hervorzuheben, besteht die Gefahr, dass die Rezipienten lediglich das Originalwerk wiedererkennen und die Parodie

---

912 Sánchez Aristi, La propiedad intelectual sobre las obras musicales, S. 570.

913 Bouza, RGD 675, 15133, 15142.

914 A.A.: Tactuk Retif, El derecho de transformación, S. 325, Sánchez González, La parodia de obra flamenca, S. 143, 180, Sol Muntañola, Parodia, S. 223; Espín Alba, La parodia de obras divulgadas, S. 288; López Sánchez, La transformación de la obra intelectual, S. 108 verlangt das tatsächliche Erkennen; SAP Barcelona, 654/2001, 10.10.2003, Fundamentos de derecho, Segundo – Bárdenas Reales; SAP Barcelona, 790/1999, 24.04.2002, Fundamentos de derecho, Tercero – León de la Metro.

915 Espín Alba, La parodia de obras divulgadas, S. 288; vgl. Bouza, RGD 675, 15133, 15142; Pérez Bes, La Ley 2008, 359, 369.

916 López Sánchez, La transformación de la obra intelectual, S. 109; Sánchez Aristi, La propiedad intelectual sobre las obras musicales, S. 493; Tapia-Martín Salamanca, Comentarios, Art. 39 S. 370; Espín Alba, La parodia de obras divulgadas, S. 288.

infolgedessen für das Originalwerk halten. Man könnte dann auch von einer misslungenen Parodie sprechen. Da der humoristische Effekt dann nicht eintreten kann, weil der notwendige implizite Vergleich mit dem Originalwerk, auf dem die humoristische Wirkung beruht, nicht möglich ist, erscheint es folgerichtig, dann überhaupt nicht mehr von einer Parodie zu sprechen. Aus diesem Grunde könne eine Verwechslungsgefahr auch vorliegen, wenn die humoristische Wirkung der „Parodie" nicht gelungen sei.[917]

Damit ist das Fehlen einer Verwechslungsgefahr auch Merkmal jeder Parodie, und damit ein Prüfstein, ob nicht lediglich unter dem Vorwand einer Parodie das Originalwerk ausgebeutet werden soll, und tatsächlich keine Parodie vorliegt, denn bei einer echten Parodie besteht keine Verwechslungsgefahr.[918] Wenn die „Parodie" lediglich den Sinn verfolge, die Arbeit und den Erfolg eines anderen Urhebers auszunutzen, verdiene sie keinen rechtlichen Schutz.[919] Die fehlende Verwechslungsgefahr solle die Parodie daher auch vom Plagiat[920] und der unzulässigen Umgestaltung abgrenzen.[921]

Im Falle einer humoristischen Wirkung liege hingegen keine Verwechslungsgefahr vor,[922] da der erforderliche Abstand zum Originalwerk eingehalten werde.[923]

Die Erkennbarkeit der Änderungen und damit das Verständnis des Humors setzt naturgemäß voraus, dass die Rezipienten der Parodie das unveränderte Originalwerk kennen.[924] Die Verwechslungsgefahr sei umso wahrscheinlicher,

---

917 González Gozalo, RPJ 2003, 45, 85; Espín Alba, La parodia de obras divulgadas, S. 283.

918 Sol Muntañola, Parodia, S. 228.

919 Sánchez Aristi, La propiedad intelectual sobre las obras musicales, S. 569; vgl. López Sánchez, La transformación de la obra intelectual, S. 109; vgl. Sol Muntañola, Parodia, S. 229.

920 Vgl. Tapia-Martín Salamanca, Comentarios, Art. 39 S. 370; López Sánchez, La transformación de la obra intelectual, S. 108 f.; Espín Alba, La parodia de obras divulgadas, S. 288; vgl. López Sánchez, La transformación de la obra intelectual, S. 109.

921 Espín Alba, La parodia de obras divulgadas, S. 289; Bercovitz-Díaz Alabart, Comentarios, Art. 39, S. 660; Díaz Alabart, La parodia en la nueva Ley de Propiedad Intelectual, S. 210.

922 Espín Alba, La parodia de obras divulgadas, S. 283.

923 Tapia-Martín Salamanca, Comentarios, Art. 39 S. 370.

924 Espín Alba, La parodia de obras divulgadas, S. 282; Sol Muntañola, Parodia, S. 223; vgl. SAP Madrid, 6126/1998, 21.05.1998, Fundamentos de derecho, Segundo, das aufgrund der hohen Bekanntheit des Originalwerks davon ausgeht, dass die Veränderungen ohne Probleme erkannt werden können.

je weniger die Rezipienten der Parodie das Originalwerk kennen und umgekehrt.[925]

ee) Begrenzung auf erforderliche Entlehnungen?

Um eine Erkennbarkeit des Originalwerks und die Kontrastwirkung zum Original zu ermöglichen, müsse der Parodist das Originalwerk intensiv verwenden.[926] Je mehr sich die Parodie dem Originalwerk annähere, und je mehr Elemente des Originalwerks sie entlehne, desto mehr ähnele sie dem Originalwerk und desto leichter sei dieses erkennbar.[927] Aus diesem Grunde würde der Parodist versuchen, sich soweit wie möglich anzunähern.[928] Eine exzessive Benutzung müsse aber vermieden werden, um zu verhindern, dass der Parodist lediglich die fremde Leistung ausnutze.[929] Die Übernahme zu vieler geschützter Elemente des Originalwerks könne zu einem unzulässigen Plagiat führen.[930]

Um dieser vermeintlichen Missbrauchsgefahr vorzubeugen, wird daher vorgeschlagen, Entlehnungen nur zuzulassen, soweit sie für die Parodie erforderlich sind. Eine Verwechslungsgefahr sei demnach zu bejahen, wenn mehr entlehnt werde, als unbedingt erforderlich sei, um das Originalwerk in Erinnerung zu rufen und einen erkennbaren Bezug dazu herzustellen.[931]

Demgegenüber wird die überzeugende Auffassung vertreten, der Umfang der Entlehnungen sei nicht entscheidend.[932] Es kommt also nicht darauf an, ob der Parodist nur im strikt notwendigen Umfang oder darüber hinaus Entlehnungen

925 Bouza, RGD 675, 15133, 15142.

926 Pérez Bes, La Ley 2008, 359, 378.

927 Tactuk Retif, El derecho de transformación, S. 405.

928 Tactuk Retif, El derecho de transformación, S. 405.

929 Pérez Bes, La Ley 2008, 359, 378.

930 Tactuk Retif, El derecho de transformación, S. 325, 409; Sánchez Aristi, La propiedad intelectual sobre las obras musicales, S. 570; Espín Alba, La parodia de obras divulgadas, S. 289 schließt erst die „dienerische Kopie" aus.

931 Espín Alba, La parodia de obras divulgadas, S. 290; López Sánchez, La transformación de la obra intelectual, S. 109; Bercovitz, Obra plástica, S. 422 verweist auf deutsche Literatur und die Disney-Parodie-Entscheidung, ohne zu berücksichtigen, dass der BGH das Kriterium der Erforderlichkeit inzwischen wieder aufgegeben hat.

932 Sánchez Aristi, La propiedad intelectual sobre las obras musicales, S. 570; Tapia-Martín Salamanca, Comentarios, Art. 39 S. 371; Tactuk Retif, El derecho de transformación, S. 409.

vorgenommen hat.[933] Dafür spricht zunächst der Wortlaut des Art. 39 LPI, der keine Einschränkung enthält, lediglich Teile eines Werkes zu entlehnen.[934] Zudem erfordern manche Werkarten wie etwa Werke der bildenden Kunst eine weitgehende Übernahme des Originalwerks.[935] Sofern nur wenige Werkteile entlehnt werden und zudem nur geringfügige Veränderungen vorgenommen werden, kann dies vielmehr dazu führen, dass das Originalwerk nicht erkennbar ist,[936] und der humoristische Effekt infolgedessen nicht eintritt. Schließlich ist der Erforderlichkeitsbegriff zu unbestimmt und würde daher zu Rechtsunsicherheit führen. Somit ist der Parodist nicht auf die Übernahme von erforderlichen Teilen beschränkt.

ff) Originalität/ Werkeigenschaft der Parodie

Entscheidend komme es daher darauf an, wie die übernommenen Teile des Originalwerks verwendet würden.[937] Es müsse eine schöpferische Verarbeitung erfolgen, die dazu führe, dass durch die Parodie ein neues Werk entstehe,[938] und nicht nur eine dienerische Kopie des Originalwerks vorliege.[939] Durch das Erfordernis eines eigenkreativen Beitrags des Parodisten würden „Trittbrettfahrer" ausgeschlossen, die sich auf das Kopieren beschränkten, und verhindert, dass die Parodie das Originalwerk auf dem Markt ersetze.[940] Auch vergleichsweise geringfügige Beiträge des Parodisten könnten bereits zu einem ausreichenden Abstand

933 Sánchez Aristi, La propiedad intelectual sobre las obras musicales, S. 570.

934 Espín Alba, La parodia de obras divulgadas, S. 288; Sánchez Aristi, La propiedad intelectual sobre las obras musicales, S. 559 Fn. 252, S. 570 Fn. 297.

935 Tactuk Retif, El derecho de transformación, S. 406; Tapia-Martín Salamanca, Comentarios, Art. 39 S. 371.

936 Espín Alba, La parodia de obras divulgadas, S. 289.

937 Tactuk Retif, El derecho de transformación, S. 409.

938 Espín Alba, La parodia de obras divulgadas, S. 282; Tapia-Martín Salamanca, Comentarios, Art. 39 S. 371; Tactuk Retif, El derecho de transformación, S. 325 f., 350, 409 f., 411 f.; vgl. López Sánchez, La transformación de la obra intelectual, S. 109, die zwar Entlehnungen nur im „strikt notwendigen" Umfang zulassen möchte, zusätzlich aber auch einen originellen Beitrag des Parodisten verlangt; González Gozalo, RPJ 2003, 45, 84; Pérez Bes, La Ley 2008, 359, 369.

939 Pérez Bes, La Ley 2008, 359, 369; Tactuk Retif, El derecho de transformación, S. 405.

940 Sánchez Aristi, La propiedad intelectual sobre las obras musicales, S. 570; Tactuk Retif, El derecho de transformación, S. 409; vgl. Bercovitz-Díaz Alabart, Comentarios, Art. 39, S. 602.

zum Originalwerk führen.[941] Dabei sei stets eine Entscheidung im Einzelfall vorzunehmen.[942] Die Originalität der Parodie garantiere die Unterscheidbarkeit vom Originalwerk und schließe eine Verwechslungsgefahr aus.[943] Ansonsten liege ein Plagiat vor.[944]

Diese Auffassung schränkt jedoch die Parodierfreiheit zu stark ein. Der Wortlaut des Art. 39 LPI und des Art. 5 III k) Multimedia-RL setzt keine Werkqualität der Parodie voraus. Eine kritische, parodistische Auseinandersetzung mit Bestehendem kann auch unterhalb der für den Werkschutz erforderlichen Schöpfungshöhe stattfinden und ist genauso schutzwürdig. Insbesondere ist aber das Originalitätserfordernis ein Relikt der Moderne, das es in der Postmoderne zu überwinden gilt. Es besteht daher keine Notwendigkeit, das moderne Originalitätserfordernis in Art. 39 LPI fortzuschreiben. Das Tatbestandsmerkmal der fehlenden Verwechslungsgefahr setzt daher nicht voraus, dass die Parodie die Schöpfungshöhe eines Werks nach Art. 10 I LPI erreicht.

d) Fehlen eines Schadens für das Originalwerk oder dessen Urheber

Weiterhin setzt Art. 39 LPI voraus, dass die Parodie das Originalwerk und den Originalurheber nicht schädigt.

aa) Sinn und Zweck

Diese Voraussetzung ergibt sich aus dem Dreistufentest des Art. 40bis LPI,[945] dessen zweite Stufe eine Beeinträchtigung der normalen Verwertung nicht zulässt. Damit schützt das Erfordernis des fehlenden Schadens das wirtschaftliche Verwertungsinteresse des Originalurhebers an seinem Werk.

---

941 Sánchez Aristi, La propiedad intelectual sobre las obras musicales, S. 570.

942 Bouza, RGD 675, 15133, 15142; Bercovitz-Díaz Alabart, Comentarios, Art. 39, S. 602; Tapia-Martín Salamanca, Comentarios, Art. 39 S. 370.

943 Vgl. López Sánchez, La transformación de la obra intelectual, S. 109; Sánchez González, La parodia de obra flamenca, S. 143, 180; González Gozalo, RPJ 2003, 45, 84; Pérez Bes, La Ley 2008, 359, 369; vgl. Sol Muntañola, Parodia, S. 228 f., der das positive Kriterium der Originalität gegenüber dem negativen der fehlenden Verwechslungsgefahr bevorzugt.

944 Tapia-Martín Salamanca, Comentarios, Art. 39 S. 370.

945 Espín Alba, La parodia de obras divulgadas, S. 292; Sol Muntañola, Parodia, S. 225; zum Zeitpunkt der Regelung des Art. 39 LPI war der Dreistufentest zwar noch nicht in Art. 40bis LPI geregelt, Tapia-Martín Salamanca, Comentarios, Art. 39 S. 372, galt jedoch bereits aufgrund Art. 9 II RBÜ, Sol Muntañola, Parodia, S. 236.

Zudem soll dadurch auch das Urheberpersönlichkeitsrecht des Originalurhebers[946] in Form des Entstellungsverbots aus Art. 14 Nr. 4 LPI[947] geschützt werden. Dies ergibt sich auch aus der dritten Stufe des Dreistufentests.

bb) Allgemeines zum Schadensbegriff

Überwiegend findet sich in der Literatur keine allgemeine Definition des Schadensbegriffs im Rahmen des Art. 39 LPI. Insbesondere wird nicht auf einen allgemeinen Schadensbegriff abgestellt, der Grundlage des Schadensersatzanspruches nach Art. 140 LPI ist.

(1) Auslegung gemäß dem Dreistufentest, Art. 40bis LPI

Vielmehr ergibt sich aus den vorgeschlagenen Kriterien, dass der Dreistufentest des Art. 40bis LPI Auslegungsgrundlage des Schadensbegriffs i.S.d. Art. 39 LPI ist.[948] Als Schaden sei jede Beeinträchtigung der normalen Verwertung des Werkes sowie jede Verletzung der berechtigten materiellen oder ideellen Interessen des Urhebers anzusehen.[949]

Da Art. 40bis LPI nur unberechtigte Benachteiligungen ausschließt, kann im Umkehrschluss gefolgert werden, dass bestimmte Benachteiligungen durch den Originalurheber geduldet werden müssen.[950] Fraglich ist also, welche Benachteiligungen der Originalurheber im Rahmen der Ausübung des Art. 39 LPI hinzunehmen hat.[951] Da dem Originalurheber die Kritik seines Werkes in der Regel nicht gefallen dürfte,[952] kommt es nicht auf seine subjektive Empfindlichkeit an.[953]

946 Siehe zum französischen Recht Gautier, Propriété littéraire et artistique, Rn. 202, der ebenfalls von einer Schädigung des Werks ausgeht, wenn ein Eingriff in das Urheberpersönlichkeitsrecht vorliegt.

947 Sánchez Aristi, La propiedad intelectual sobre las obras musicales, S. 494; Tactuk Retif, El derecho de transformación, S. 416 f.; López Sánchez, La transformación de la obra intelectual, S. 110.

948 Sol Muntañola, Parodia, S. 234; auf Art. 40bis LPI verweist auch Pérez Bes, La Ley 2008, 359, 371.

949 Bouza, RGD 675, 15133, 15143, der jedoch auch alle anderen „schädigenden Handlungen“ einbezieht, was zu einem Zirkelschluss führt; dabei seien die „soziale Wirklichkeit sowie die Merkmale des Werks und des Urhebers“ zu berücksichtigen.

950 Sol Muntañola, Parodia, S. 234, der von berechtigten Schäden spricht.

951 Sol Muntañola, Parodia, S. 233.

952 Pérez Bes, La Ley 2008, 359, 370.

953 Bercovitz, Obra plástica, S. 425; Pérez Bes, La Ley 2008, 359, 370, der daher auf eine „objektive Empfindlichkeit zu einem bestimmten Zeitpunkt“ abstellt.

Der Parodist wäre sonst in seiner Parodierfreiheit zu stark eingeschränkt. Vielmehr ist das Vorliegen eines Schadens nach objektiven Kriterien zu bestimmen.

(2) Nachteile aufgrund der Kritik nicht umfasst

Die aus der Kritik des Originalwerks erwachsenden Nachteile sind jedenfalls nicht als Schäden anzusehen, da der Originalurheber diese aufgrund der Meinungsfreiheit des Parodisten nach Art. 20 I a) CE und des öffentlichen Interesses an der Kritik hinzunehmen hat.[954] Zudem hat der Originalurheber in Ausübung seines Veröffentlichungsrechts nach Art. 14 Nr. 1 LPI die Entscheidung getroffen, sein Werk in die Öffentlichkeit und damit in die öffentliche Kritik zu entlassen, sodass er diese Kritik dulden muss. Jede Parodie „schädigt" in gewisser Weise das Originalwerk oder den Originalurheber durch ihre Kritik.[955] Der Schaden dürfe daher nicht in einem weiten Sinne verstanden werden.[956]

(3) Fehlende Vergütung durch den Parodisten ist kein Schaden

Auch das Ausbleiben einer Vergütung für die Nutzung des Originalwerks durch den Parodisten ist nicht als Schaden anzusehen.[957] Dies folgt daraus, dass Art. 39 LPI eine vergütungsfreie Verwendung des Originalwerks zulässt. Würde man aber nur im Falle einer Vergütung einen Schaden verneinen, wäre eine Parodie nach Art. 39 LPI nur bei Zahlung einer Vergütung zulässig. Zudem dürften die dadurch verursachten Mindereinnahmen im Vergleich zu den durch das Originalwerk generierten Gesamteinnahmen gering sein, da die Parodie sich in aller Regel auf ein sehr bekanntes Werk bezieht,[958] um ihren Adressatenkreis möglichst stark zu erweitern.[959]

cc) Schaden des Originalwerks

Der fehlende Schaden des Originalwerks schützt das wirtschaftliche Verwertungsinteresse des Originalurhebers an seinem Werk.

---

954 Bercovitz-Díaz Alabart, Comentarios, Art. 39 S. 661; Sánchez González, La parodia de obra flamenca, S. 143, 181.

955 Pérez Bes, La Ley 2008, 359, 370; Sol Muntañola, Parodia, S. 233; Bercovitz, Obra plástica, S. 425.

956 Sol Muntañola, Parodia, S. 233; a.A.: Bercovitz, Obra plástica, S. 425: der Schaden sei objektiv und weit auszulegen.

957 Sol Muntañola, Parodia, S. 234.

958 Sol Muntañola, Parodia, S. 234.

959 Siehe oben A) I. 4. a) cc) (1).

(1) Fehlen einer wirtschaftlichen Konkurrenz

Es soll eine wirtschaftliche Konkurrenz zwischen der Parodie und dem Originalwerk verhindert werden. Dabei müssen die Verbreitungskanäle, der Markt und das Publikum der Parodie und des Originalwerks einander gegenübergestellt werden.[960]

Diese Auslegung entspricht der zweiten Stufe des Dreistufentests, der eine Beeinträchtigung der normalen Verwertung, also der unmittelbaren und mittelbaren Verwertungsmöglichkeiten verbietet.[961] Die Parodie dürfe nicht den aktuellen oder potentiellen Markt des Originalwerks beeinträchtigen.[962] Eine Beeinträchtigung scheidet grundsätzlich aus, wenn die Parodie nicht veröffentlicht wird,[963] da sie den Markt des Originalwerks dann nicht beeinflussen kann.

Grundsätzlich sind die Parodie und das Originalwerk für unterschiedliche Zielgruppen[964] und unterschiedliche Absatzmärkte bestimmt.[965] Die Parodie erzeugt einen neuen Markt, der sich vom Markt des Originalwerks unterscheidet.[966] Es besteht also grundsätzlich nicht die Gefahr, dass die gewöhnlichen Abnehmer des Originalwerks stattdessen die Parodie kaufen. Zwar könne die Parodie den Markt des Originalwerks negativ beeinflussen.[967] Jedoch könne die Parodie nicht davon profitieren, da sie diesen Markt nicht einnehmen könne.[968] Die Parodie sei lediglich ein unvollkommener Ersatz für das Originalwerk.[969] Sie dürfe nicht den Konsum des Originalwerks überflüssig machen.[970] Da Parodie und Originalwerk aber unterschiedliche Märkte haben, kommt dies selten vor.[971]

Teilen sich aber die Parodie und das Originalwerk den gleichen Markt und stehen sie somit in Konkurrenz zueinander, zeugt dies entweder davon, dass die Parodie nicht gelungen ist, oder dass unter dem Vorwand einer Parodie lediglich

960 Espín Alba, La parodia de obras divulgadas, S. 292.
961 Siehe oben A) I. 4. b).
962 Sol Muntañola, Parodia, S. 243.
963 Sol Muntañola, Parodia, S. 225.
964 Sánchez González, La parodia de obra flamenca, S. 143, 180; Tapia-Martín Salamanca, Comentarios, Art. 39 S. 369.
965 Tapia-Martín Salamanca, Comentarios, Art. 39 S. 372.
966 Tapia-Martín Salamanca, Comentarios, Art. 39 S. 373.
967 Sol Muntañola, Parodia, S. 243.
968 Sol Muntañola, Parodia, S. 243.
969 Vgl. Tapia-Martín Salamanca, Comentarios, Art. 39 S. 372 f.; Sol Muntañola, Parodia, S. 243.
970 Sol Muntañola, Parodia, S. 243.
971 Tactuk Retif, El derecho de transformación, S. 417 f.; Sol Muntañola, Parodia, S. 243.

ein fremdes Werk ausgebeutet werden soll. Ein Schaden sei daher jedenfalls dann zu bejahen, wenn die Parodie das Originalwerk auf dem Markt ersetze[972] oder sie dem Originalwerk sein Publikum vorenthalte.[973]

Jedoch muss nicht die Schwelle einer vollständigen Ersetzung überschritten werden. Es reicht bereits, wenn der Absatz des Originalwerks aufgrund der Parodie sinkt. Die Parodie könne dazu führen, dass das Originalwerk in Verruf gerate und sein Absatz dadurch sinke.[974] Sofern dies jedoch aus der mit der Parodie verbundenen Kritik des Originalwerks resultiert, ist dies nicht als Schädigung des Originalwerks anzusehen.[975]

Andererseits könne die Parodie auch eine gute Werbung für das Originalwerk darstellen und den Erfolg desselben erhöhen.[976]

(2) Zusammenhang mit dem Merkmal der Verwechslungsgefahr

Der fehlende Schaden steht mit dem Merkmal der fehlenden Verwechslungsgefahr in Verbindung.[977] Sofern eine Verwechslungsgefahr zwischen dem Originalwerk und der Parodie besteht, stehen beide Werke im Wettbewerb zueinander[978] und es besteht die Gefahr, dass statt des Originalwerks die Parodie gekauft wird. Dies kann zu einem Vermögensschaden des Originalurhebers führen.[979] Die Verwechslungsgefahr stellt also einen der Fälle dar, in denen ein Schaden des Originalwerks eintreten kann.[980]

(3) Berücksichtigung kommerzieller Parodierzwecke?

In der Literatur wird im Rahmen des Schadens des Originalwerks teilweise die Auffassung vertreten, das eine etwaige Gewinnerzielungsabsicht des Parodisten

---

972 Tactuk Retif, El derecho de transformación, S. 418.

973 Bercovitz-Díaz Alabart, Comentarios, Art. 39 S. 661; Díaz Alabart, La parodia en la nueva Ley de Propiedad Intelectual, S. 212.

974 Tapia-Martín Salamanca, Comentarios, Art. 39 S. 373.

975 Sol Muntañola, Parodia, S. 233.

976 Sol Muntañola, Parodia, S. 244.

977 Sol Muntañola, Parodia, S. 232; vgl. Sánchez González, La parodia de obra flamenca, S. 143, 180.

978 Tapia-Martín Salamanca, Comentarios, Art. 39 S. 372; Tactuk Retif, El derecho de transformación, S. 417.

979 Tactuk Retif, El derecho de transformación, S. 417.

980 Díaz Alabart, La parodia en la nueva Ley de Propiedad Intelectual, S. 212; vgl. auch Sol Muntañola, Parodia, S. 232, der die Verwechslung als Voraussetzung eines Schadens ansieht.

berücksichtigt werden müsse.[981] Eine ausschließlich kommerzielle Parodie habe für die Gesellschaft keinen Nutzen und verursache daher einen unberechtigten Schaden.[982] Teilweise wird die Auffassung vertreten, eine Gewinnerzielungsabsicht führe zwar nicht notwendigerweise zu einem Schaden.[983] Jedenfalls eine Verwendung der Parodie zu Werbezwecken sei aber als Schädigung des Originalwerks anzusehen.[984]

Demgegenüber wird die überzeugende Gegenauffassung vertreten, dass der Schaden unabhängig von einem kommerziellen Zweck der Parodie zu beurteilen ist.[985] Dafür spricht, dass die meisten Werke einen mehr oder minder kommerziellen Vorteil anstreben.[986] Auch bereichert eine Parodie die Kultur unabhängig davon, ob der Parodist seine Parodie vermarktet.[987] Zudem wird die Kritik eines Werkes durch die Parodie unabhängig davon geäußert, ob die Parodie kommerzialisiert wird. Die Vermarktung der Parodie führt dazu, dass die Verbreitung der Kritik verbessert wird, was im öffentlichen Interesse liegt. Der Ausschluss einer Gewinnerzielungsabsicht würde die Parodierfreiheit zu weit einschränken und ist daher abzulehnen.

dd) Schaden des Originalurhebers

Bezüglich der Frage, wann ein Schaden des Originalurhebers vorliegt, gehen die Meinungen weit auseinander. So werden die Verletzung des Rufs des Originalurhebers oder seiner übrigen Werke,[988] eine Urheberschaftsanmaßung oder ein Prestigeverlust des Originalwerks als Beispiele genannt.[989] Der Parodist dürfe sich nicht der Parodie bedienen, um den Originalurheber zu verletzen oder das öffentliche Bild seines Werks zu schädigen.[990] Auch die Verletzung des Rechts der persönlichen Ehre aus LO 1/1982,[991] oder gar die Erfüllung des strafrechtlichen

---

981 Bouza, RGD 675, 15133, 15143.
982 Sol Muntañola, Parodia, S. 238.
983 Bouza, RGD 675, 15133, 15143.
984 Bouza, RGD 675, 15133, 15143.
985 Tactuk Retif, El derecho de transformación, S. 418 f.; Sol Muntañola, Parodia, S. 246.
986 Tactuk Retif, El derecho de transformación, S. 419; Sol Muntañola, Parodia, S. 246.
987 Sol Muntañola, Parodia, S. 246.
988 Bouza, RGD 675, 15133, 15143.
989 Erdozain, Propiedad intelectual en internet, S. 150, Fn. 32.
990 Bercovitz, Obra plástica, S. 425; Bouza, RGD 675, 15133, 15143; Pérez Bes, La Ley 2008, 359, 370.
991 Tactuk Retif, El derecho de transformación, S. 422; Díaz Alabart, La parodia en la nueva Ley de Propiedad Intelectual, S. 212; Pérez Bes, La Ley 2008, 359, 370.

Beleidigungstatbestandes werden als mögliche Schädigungen des Urhebers genannt.[992] Es müsse eine Abwägung zwischen dem Recht der persönlichen Ehre des Originalurhebers und der Meinungsfreiheit des Parodisten erfolgen, um festzustellen, in welchem Maße die Absicht bestehe, zu diffamieren oder zu beleidigen.[993]

Teilweise wird gefordert, dass die Parodie sich im Rahmen des „sozialen Brauchs" (*uso social*) halten müsse.[994] Dieses Erfordernis wird aus Art. 8 II b) LO 1/1982 hergeleitet,[995] der die Karikatur eines Bildnisses betrifft, und mit dem Erfordernis aus der französischen Parodieregelung aus Art. L. 122–5 Nr. 4 CPI[996] gleichgesetzt, die die Einhaltung der „lois du genre" fordert.[997]

Diese weiten, offenen Kriterien seien notwendig, um die Parodie nicht zu stark einzuschränken.[998]

Bei Betrachtung der genannten Auslegungskriterien fällt auf, dass ausschließlich immaterielle Schäden genannt werden,[999] während der Schaden des Originalwerks, wie oben festgestellt wurde, ausschließlich materielle Schäden betrifft. Teilweise wird die Unterscheidung zwischen dem Schaden des Originalurhebers und dem des Originalwerks infrage gestellt. Jeder Schaden des Werks betreffe auch den Urheber desselben oder den Inhaber der Verwertungsrechte.[1000]

---

992 Bercovitz-Díaz Alabart, Comentarios, Art. 39 S. 661; Tactuk Retif, El derecho de transformación, S. 421; Díaz Alabart, La parodia en la nueva Ley de Propiedad Intelectual, S. 212; Pérez Bes, La Ley 2008, 359, 371; a.A.: Sol Muntañola, Parodia, S. 254; Perdices Huetos, Pe.I. 2001, 9, 31.

993 Pérez Bes, La Ley 2008, 359, 371.

994 López Sánchez, La transformación de la obra intelectual, S. 110; Sol Muntañola, Parodia, S. 242; González Gozalo, RPJ 2003, 45, 85 spricht von üblichen Schranken „niveles usuales"; Pérez Bes, La Ley 2008, 359, 371.

995 Art. 8 II b) LO 1/1982: En particular, el derecho a la propia imagen no impedirá: La utilización de la caricatura de dichas personas, de acuerdo con el uso social – Insbesondere verhindert das Recht am eigenen Bild nicht die Benutzung der Karikatur der genannten Personen gemäß den sozialen Bräuchen, Übersetzung des Verf.

996 Art. L 122–5 Nr. 4 CPI: Lorsque l'oeuvre a été divulguée, l'auteur ne peut interdire: La parodie, le pastiche et la caricature, compte tenu des lois du genre – Nach der Veröffentlichung kann der Urheber nicht verbieten: Die Parodie, den Pastiche und die Karikatur unter Berücksichtigung der Gesetzmäßigkeiten des Genres, Übersetzung des Verf.

997 González Gozalo, RPJ 2003, 45, 85; Sol Muntañola, Parodia, S. 242.

998 Sol Muntañola, Parodia, S. 242.

999 Vgl. Tactuk Retif, El derecho de transformación, S. 422.

1000 Sol Muntañola, Parodia, S. 235.

Auch wird die Auffassung vertreten, das Tatbestandsmerkmal des fehlenden Schadens des Originalurhebers sei überflüssig, da das Urheberpersönlichkeitsrecht bereits durch das Entstellungsverbot aus Art. 14 Nr. 4 LPI ausreichend geschützt werde[1001] und der Dreistufentest aus Art. 40bis LPI ohnehin eine Schädigung ausschließe.[1002] Im Falle sonstiger immaterieller Schäden könne auf die entsprechenden strafrechtlichen oder zivilrechtlichen Vorschriften zurückgegriffen werden.[1003]

Den weit gefächerten Auslegungskriterien und den Unsicherheiten bezüglich der Auslegung kann entnommen werden, dass das Tatbestandsmerkmal der fehlenden Schädigung des Originalurhebers nur ein grobes Korrektiv darstellen soll. Die Parodie darf sich ihren Spaß nicht um jeden Preis erlauben, sondern muss gewisse Grenzen einhalten. Es soll verhindert werden, dass die Parodie lediglich den Sinn verfolgt, den Originalurheber zu verletzen oder zu schmähen bzw. seinen Ruf zu zerstören. Hierbei bietet es sich an, die dritte Stufe des Dreistufentests zur Auslegung heranzuziehen. Demnach darf die Parodie nicht ungebührlich berechtigte Interessen des Originalurhebers verletzen. Dabei ist eine Einzelfallentscheidung vorzunehmen. Jedoch muss die dritte Stufe mit der Einschränkung angewendet werden, dass die Zahlung einer Vergütung nicht eine Schädigung des Originalurhebers verhindert. Eine Diffamierung des Originalurhebers kann also nicht durch eine Vergütung gerechtfertigt werden.

5. *Musikalische Parodien*

Fraglich ist, ob die musikalische Parodie von Art. 39 LPI umfasst ist. Dabei ist zwischen musikalischen Parodien zu unterscheiden, die die Musik humoristisch abwandeln und solchen, die die Musik unverändert übernehmen und nur den Liedtext verändern. Erstere sind im spanischen Recht von der Parodieschranke umfasst, da Art. 39 LPI alle Werkgattungen gleich behandelt. Sofern also das Musikwerk humoristisch umgestaltet wird, kann der Parodist sich auf Art. 39 LPI berufen.

In der Praxis kommen jedoch häufiger Parodien vor, die die Musik unverändert übernehmen und nur den Liedtext humoristisch abwandeln. Teilweise wird die Auffassung vertreten, dass solche Parodien nicht von Art. 39 LPI umfasst seien. Im Falle der Parodie nur eines Bestandteils eines Werkes sei Art. 39 LPI nur auf den entsprechenden Bestandteil anwendbar, während der unveränderte Teil

---

1001 Tactuk Retif, El derecho de transformación, S. 422.

1002 Sánchez González, La parodia de obra flamenca, S. 143, 180.

1003 Tactuk Retif, El derecho de transformación, S. 422.

nicht von Art. 39 LPI gedeckt sei.[1004] Auch bestehe eine Verwechslungsgefahr mit dem Originalwerk, da die Musik identisch sei.[1005] Zudem bestehe die Gefahr, dass diese Art von Parodie das Originalwerk ersetze.[1006]

Die überzeugende Rechtsprechung und ein Teil der Literatur sehen demgegenüber Parodien als zulässig an, die nur den Liedtext verändern und die Musik unverändert übernehmen.[1007] Dies ermögliche eine Parodienart, die im öffentlichen Interesse sei und die sonst durch die Originalurheber nicht erlaubt würde.[1008] Diese Parodien seien eine historisch begründete, soziale Wirklichkeit und entsprächen auch dem Parodiebegriff nach dem allgemeinen Sprachgebrauch.[1009] Auch bildeten der Liedtext und die Musik ein gemeinschaftlich geschaffenes Musikwerk nach Art. 7 LPI,[1010] und müssten daher als Einheit betrachtet werden.[1011] Auch der Wortlaut des Art. 10 I b) LPI, der musikalische Kompositionen mit oder ohne Text nennt, spricht für die gemeinsame Prüfung des Liedtextes und der Musik und damit für die Zulässigkeit solcher Parodien nach Art. 39 LPI.

II. Recht auf Achtung der Werkintegrität, Art. 14 Nr. 4 LPI

Fraglich ist, ob der Originalurheber aufgrund des Rechts auf Achtung der Werkintegrität *(derecho de respeto a la integridad de la obra)* aus Art. 14 Nr. 4 LPI gegen eine Parodie vorgehen kann. Nach Art. 14 Nr. 4 LPI steht dem Urheber das Recht zu, die Achtung der Werkintegrität zu verlangen und jegliche Entstellung *(deformación)*, Änderung *(modificación)*, Verfälschung *(alteración)* oder

---

1004 Bercovitz, Obra plástica, S. 423; Sol Muntañola, Parodia, S. 230 f.; Tapias-Martín Salamanca, Comentarios, Art. 39 S. 369, der jedoch diese Ergebnis infrage stellt, da die Parodie dennoch möglicherweise das gesamte Werk verspotte.

1005 Sol Muntañola, Parodia, S. 230.

1006 Espín Alba, La parodia de obras divulgadas, S. 291 Fn. 42.

1007 SAP Madrid, 280/1998, 02.02.2000, Fundamentos de derecho, Tercero – La parodia nacional; Espín Alba, La parodia de obras divulgadas, S. 290 f.; Román Pérez, Obras musicales, S. 462 f.; Sánchez Aristi, La propiedad intelectual sobre las obras musicales, S. 560, der aber trotz der Zulässigkeit der Parodie dennoch für den Musikteil wohl eine Zustimmung verlangt; Espín Alba, La parodia de obras divulgadas, S. 291 mit der Einschränkung „grundsätzlich“.

1008 Román Pérez, Obras musicales, S. 463.

1009 SAP Madrid, 280/1998, 02.02.2000, Fundamentos de derecho, Tercero – La parodia nacional.

1010 Espín Alba, La parodia de obras divulgadas, S. 290 f.

1011 Espín Alba, La parodia de obras divulgadas, S. 290 f.

Angriff *(atentado)* auf das Werk, die die berechtigten Interessen des Urhebers beeinträchtigen oder seinen Ruf gefährden, zu verbieten.[1012]

1. Sinn und Zweck

Das Recht auf Achtung der Werkintegrität nach Art. 14 Nr. 4 LPI bildet - zusammen mit dem Recht auf Anerkennung der Urheberschaft nach Art. 14 Nr. 3 LPI - den Kern des Urheberpersönlichkeitsrechts.[1013] Es schützt die besondere Beziehung des Urhebers zu seinem bestimmten Werk.[1014]

Das Werk soll im ursprünglichen Zustand erhalten bleiben, den der Urheber durch sein Erstveröffentlichungsrecht festgelegt hat.[1015] Der Urheber hat ein schützenswertes Interesse daran, dass sein Werk nicht verändert oder entstellt wird.[1016] Auch die Gesellschaft soll das Werk in seiner authentischen Gestalt kennenlernen.[1017]

2. Voraussetzungen

a) Entstellung, Änderung, Verfälschung oder Angriff auf das Werk

Aus diesem Grunde schützt Art. 14 Nr. 4 LPI das Werk vor allen Änderungen, selbst wenn diese eine objektive Verbesserung des Werks zur Folge haben.[1018] Die Änderungen können entweder das Werk selbst betreffen oder den Zusammenhang, in dem dasselbe dargestellt wird.[1019] So kann die Veränderung des Ortes eines Werkes der Bildenden Kunst die Bedeutung und Rezeption desselben verändern und aufgrund dessen die Werkintegrität beeinträchtigen.[1020] Bei der

---

1012 Übersetzung nach Müller, GRURInt 1997, 337, 339.

1013 Tapia-Plaza Penadés, Comentarios, Art. 14 S. 165; Preinfalk Lavagni, Derecho moral del autor de programas informáticos, S. 72; zur historischen Entwicklung des Entstellungsverbots im spanischen Urheberrecht vgl. Cámara Águila, El derecho moral del autor, S. 267 ff.

1014 Bercovitz-Martínez Espín, Comentarios, Art. 14 S. 223.

1015 Bercovitz-Martínez Espín, Comentarios, Art. 14 S. 222.

1016 Vgl. López Sánchez, La transformación de la obra intelectual, S. 34.

1017 López Sánchez, La transformación de la obra intelectual, S. 34; Bercovitz-Martínez Espín, Comentarios, Art. 14 S. 222.

1018 Cámara Águila, El derecho moral del autor, S. 274; STS 7596/1998, 15.12.1998, Fundamentos de derecho, Cuarto.

1019 Cámara Águila, El derecho moral del autor, S. 282.

1020 Zur Verletzung des Art. 14 Nr. 4 LPI durch die Aufstellung einer Skulptur an einem anderen Ort vgl. eingehend STS 371/2013, 18.01.2013, Fundamentos de derecho, Tercero.

Beurteilung der Veränderungen ist grundsätzlich lediglich auf das Werk als immaterielles Gut abzustellen.[1021] Eine Veränderung des Trägers ist nur relevant, sofern sie ein Unikat betrifft.[1022]

Als Angriff auf das Werk gelte jede Art von Manipulation oder Verwendung eines Werkes, die seinen Wert verringere oder den Ruf des Urhebers schädige.[1023] Da eine Parodie die Schwächen eines Werkes kritisiere, nehme sie in gewisser Weise stets einen Angriff auf das Originalwerk vor.[1024]

Eine Abgrenzung der Begriffe der Entstellung, Änderung, Verfälschung oder des Angriffs auf das Werk ist im Falle der Parodie nicht notwendig, da jede Parodie jedenfalls das Werk selbst oder den Zusammenhang, in dem dasselbe dargestellt wird, verändert. Diese Änderungen sind notwendig, um einen antithematischen Kontrast zum Originalwerk herzustellen und ermöglichen eine Unterscheidung vom Originalwerk. Dadurch schließen sie eine Verwechslungsgefahr mit dem Originalwerk gemäß Art. 39 LPI aus. Aus diesem Grunde stelle jede Parodie eine Entstellung, Änderung, Verfälschung oder einen Angriff auf das Werk dar.[1025]

b) Beeinträchtigung der berechtigen Interessen oder Rufgefährdung

Der Schwerpunkt liegt daher in der Prüfung, ob die Entstellung, Änderung, Verfälschung oder der Angriff die berechtigten Interessen des Originalurhebers beeinträchtigt oder seinen Ruf gefährdet.

aa) Beeinträchtigung der berechtigten Interessen

Als berechtigte Interessen sind die Gesamtheit der ästhetischen und geistigen Elemente zu verstehen, die die Stellung und den Wert des Urhebers in einem bestimmten historischen Moment in dem Gesellschaftstyp, dem er angehört, bestimmen.[1026] Dabei werden lediglich die persönlichen und geistigen Interessen geschützt.[1027]

1021 Bercovitz-Martínez Espín, Comentarios, Art. 14 S. 223; Preinfalk Lavagni, Derecho moral del autor de programas informáticos, S. 77; Cámara Águila, El derecho moral del autor, S. 281.

1022 Bercovitz-Martínez Espín, Comentarios, Art. 14 S. 223; Cámara Águila, El derecho moral del autor, S. 281 f.

1023 López Sánchez, La transformación de la obra intelectual, S. 34.

1024 Tactuk Retif, El derecho de transformación, S. 424.

1025 Sol Muntañola, Parodia, S. 250.

1026 Bercovitz-Martínez Espín, Comentarios, Art. 14 S. 223.

1027 Bercovitz-Martínez Espín, Comentarios, Art. 14 S. 223; Cámara Águila, El derecho moral del autor, S. 274.

Die Rechtsprechung beantwortet das Vorliegen einer Beeinträchtigung der berechtigten Interessen uneinheitlich. Sie stellt auf die Wesentlichkeit der Änderungen ab,[1028] ihre Tragweite,[1029] darauf, ob das zugrundeliegende künstlerische Konzept geändert wird,[1030] oder prüft, ob die Änderungen für die Verwertung des Werks notwendig sind.[1031]

Die Literatur knüpft das Vorliegen einer Beeinträchtigung der berechtigten Interessen überwiegend an die Wesentlichkeit der Änderungen.[1032] Das berechtigte Interesse bestehe darin, die Integrität des wesentlichen Kerns des Werkes zu gewährleisten.[1033] Wesentliche Änderungen betreffen also diejenigen Werkteile, die das Werk im Vergleich zu anderen Werken charakterisieren und individualisieren.[1034] Änderungen seien nur wesentlich, wenn sie geeignet seien, ein anderes Gefühl hervorzurufen, als dasjenige, das der Urheber vermitteln wollte.[1035]

Allerdings wird eingeräumt, dass das Kriterium der Wesentlichkeit sehr unbestimmt und die Abgrenzung zwischen einer wesentlichen und unwesentlichen Änderung oft schwierig sei.[1036] Aus diesem Grunde wird auch vorgeschlagen, eine Interessenabwägung durchzuführen.[1037]

Die Anwendung des Wesentlichkeitskriteriums würde bei der Parodie dazu führen, dass in aller Regel eine Beeinträchtigung der berechtigten Interessen vorläge. Die Parodie muss gerade den Kern des Werkes angreifen und verändern, denn gerade dieser enthält die Eigenheiten und die Individualität, die Essenz des Originalwerkes. Nur die Bezugnahme auf diesen individuellen Kern

---

1028 STS 2544/1998, 22.04.1998, Fundamentos de derecho, Cuarto, Quinto; STS 4940/2008, 17.07.2008, Fundamentos de derecho, Undécimo; vgl. STS 371/2013, 18.01.2013, Fundamentos de derecho, Tercero.

1029 STS 4940/2008, 17.07.2008, Fundamentos de derecho, Undécimo.

1030 STS 7596/1998, 15.12.1998, Fundamentos de derecho, Cuarto; STS 4940/2008, 17.07.2008, Fundamentos de derecho, Undécimo.

1031 STS 2544/1998, 22.04.1998, Fundamentos de derecho, Cuarto.

1032 López Sánchez, La transformación de la obra intelectual, S. 37; Preinfalk Lavagni, Derecho moral del autor de programas informáticos, S. 77; Cámara Águila, El derecho moral del autor, S. 275 ff.

1033 Preinfalk Lavagni, Derecho moral del autor de programas informáticos, S. 76; vgl. STS 2544/1998, 22.04.1998, Fundamentos de derecho, Cuarto.

1034 Bercovitz-Martínez Espín, Comentarios, Art. 14 S. 223; Preinfalk Lavagni, Derecho moral del autor de programas informáticos, S. 77; Cámara Águila, El derecho moral del autor, S. 278.

1035 Bercovitz-Martínez Espín, Comentarios, Art. 14 S. 223; Cámara Águila, El derecho moral del autor, S. 281.

1036 López Sánchez, La transformación de la obra intelectual, S. 37.

1037 López Sánchez, La transformación de la obra intelectual, S. 36.

erlaubt eine Erkennbarkeit des Originalwerks, die für die parodistische Wirkung notwendig ist.

Dies hätte jedoch zur Folge, dass der Originalurheber eine Parodie nach Art. 14 Nr. 4 LPI verbieten und eine unerwünschte Kritik seines Werkes auf diese Weise verhindern könnte. Dann würde aber die Schranke des Art. 39 LPI obsolet, denn der Originalurheber könnte sie durch die Geltendmachung des Art. 14 Nr. 4 LPI unterlaufen.

Im Ergebnis wird daher eine Verletzung des Art. 14 Nr. 4 LPI im Falle der Parodie mit unterschiedlicher Argumentation einhellig verneint. Durch die Anwendung des Art. 39 LPI sei bereits gewährleistet, dass Art. 14 Nr. 4 LPI grundsätzlich nicht verletzt werde, denn Art. 39 LPI setze einen fehlenden Schaden des Urhebers voraus.[1038] Dadurch soll Art. 39 LPI auch eine mögliche Berufung des Originalurhebers auf die Integrität seines Werkes vermeiden.[1039]

Art. 39 LPI wurde mit dem Ziel geschaffen, einen Ausgleich zwischen den Interessen des Originalurhebers sowie denen des Parodisten zu schaffen. Die Lösung dieses Konfliktes wird durch die Beschränkung der Verwertungsrechte und des Urheberpersönlichkeitsrechts des Originalurhebers auf der einen Seite, und durch die Beschränkung der Parodierfreiheit auf der anderen Seite erreicht. Der Originalurheber behält grundsätzlich die Möglichkeit, sein Entstellungsverbot nach Art. 14 Nr. 4 LPI geltend zu machen, selbst wenn der Parodist sich auf die Schranke aus Art. 39 LPI beruft.[1040] Jedoch ist eine Interessenabwägung durchzuführen. Zwar beeinträchtige die Parodie die berechtigten Interessen des Originalurhebers, sofern sie ihrem Ziel gerecht werde.[1041] Da die Entstellung aber ein Wesensmerkmal der Parodie sei, trete das Urheberpersönlichkeitsrecht insoweit grundsätzlich hinter die berechtigten Interessen des Parodisten zurück.[1042] Da der Dreistufentest aus Art. 40bis LPI nur eine ungebührliche Verletzung berechtigter Interessen durch die Anwendung der Schranken verbiete, könne Art. 14 Nr. 4 LPI durch eine Parodie daher erst dann verletzt werden, wenn der Parodist die zumutbaren zulässigen Nachteile überschritten habe.[1043] Dies bedarf einer Entscheidung im Einzelfall.[1044]

1038 González López, El derecho moral del autor, S. 188, der auch den Schaden des Originalwerks nennt.

1039 Bercovitz, Obra plástica, S. 421.

1040 Sánchez Aristi, La propiedad intelectual sobre las obras musicales, S. 573.

1041 Sol Muntañola, Parodia, S. 250.

1042 Espín Alba, La parodia de obras divulgadas, S. 282.

1043 Sol Muntañola, Parodia, S. 250; Tactuk Retif, El derecho de transformación, S. 425.

1044 Tactuk Retif, El derecho de transformación, S. 426.

bb) Gefährdung des Rufs

Die Entstellung, Änderung, Verfälschung oder der Angriff kann auch zu einer Gefährdung des Rufs des Originalurhebers führen.

Teilweise wird der Ruf als persönliches Gefühl des Urhebers über seine eigenen kreativen Fähigkeiten in Bezug auf ein bestimmtes Werk definiert.[1045] Zutreffend wird hingegen der Ruf als Auffassung der Gesellschaft über den Urheber verstanden.[1046] Auf das persönliche Empfinden des Originalurhebers kann es nicht ankommen, da objektivierbare Maßstäbe gelten müssen. Maßgeblich sei die Auffassung bezüglich des künstlerischen und beruflichen Rufs des Urhebers.[1047] Sofern der allgemeine Ruf unabhängig des ausgeübten Berufes betroffen ist, sind lediglich die Bestimmungen des LO 1/1982[1048] über den Schutz des Rufs anwendbar.[1049]

Die Gefährdung des Rufs ist von der Öffentlichkeitswirkung des Werkes abhängig. Sofern das veränderte Werk nicht veröffentlicht wird, ist eine Gefährdung des Rufs ausgeschlossen,[1050] da die Auffassung der Öffentlichkeit nicht beeinflusst werden kann. Erfolge hingegen eine starke Verbreitung des veränderten Werks über das Internet oder andere Massenmedien, könne eine wesentliche Beeinträchtigung des Rufs verursacht werden.[1051]

Eine Gefährdung des Rufs setzt voraus, dass das veränderte Werk mit dem Originalurheber in Verbindung gebracht und seinem Werkschaffen zugerechnet wird. Ist jedoch erkennbar, dass es sich nicht um ein Werk des Originalurhebers handelt, wird sein Ruf durch das geänderte Werk nicht betroffen. Sofern die Parodie daher erkennbar die Unterschiede zum Originalwerk hervorhebt, setzt sie sich vom Werkschaffen des Originalurhebers ab. Aus diesem Grunde kann der Ruf im Falle einer Parodie nur gefährdet werden, wenn dem Parodisten der

1045 Bercovitz-Martínez Espín, Comentarios, Art. 14 S. 223.

1046 Sol Muntañola, Parodia, S. 250; Preinfalk Lavagni, Derecho moral del autor de programas informáticos, S. 81 f.

1047 Bercovitz-Martínez Espín, Comentarios, Art. 14 S. 223; Preinfalk Lavagni, Derecho moral del autor de programas informáticos, S. 81 f.

1048 Ley Orgánica 1/1982, de 5 de mayo, de protección civil del derecho al honor, a la intimidad personal y familiar, y a la propia imagen (Gesetz zum zivilrechtlichen Schutz des Rechts der persönlichen Ehre, des Rechts auf persönliche und familiäre Intimität und des Rechts am eigenen Bild, Übersetzung des Verf.).

1049 Bercovitz-Martínez Espín, Comentarios, Art. 14 S. 223; Sol Muntañola, Parodia, S. 250 f.

1050 Preinfalk Lavagni, Derecho moral del autor de programas informáticos, S. 82, die dennoch eine geringe Gefährdung für möglich hält.

1051 Preinfalk Lavagni, Derecho moral del autor de programas informáticos, S. 82.

antithematische Kontrast nicht gelingt und die Parodie misslingt. Im Übrigen kann der Ruf nur durch die Kritik der Parodie negativ beeinflusst werden. Da der Originalurheber aber diese Kritik und die daraus resultierenden Nachteile dulden muss, ist eine Gefährdung des Rufs, die aus der Kritik resultiert, nicht relevant.

B) Leistungsschutz am Beispiel des Rechts des Tonträgerherstellers und des Herstellers audiovisueller Aufnahmen

Das spanische Urheberrechtsgesetz regelt neben dem Schutz von Werken in Art. 1 ff. LPI (Libro I: de los derechos de autor) auch den Schutz verwandter Schutzrechte in Art. 105 ff. LPI (Libro II: de los otros derechos de propiedad intelectual). Die verwandten Schutzrechte sind fragmentarisch und uneinheitlich geregelt, sodass eine Darstellung der Rechtslage bezüglich aller Leistungsschutzrechte den Rahmen dieser Untersuchung überschreiten würde. Parallel zum deutschen Recht ist daher die parodistische Verwendung einer Vorlage darzustellen, die durch das Tonträgerherstellerrecht oder das Recht des Herstellers audiovisueller Aufnahmen geschützt ist.

Da weder das Recht des Tonträgerherstellers noch das Recht des Herstellers audiovisueller Aufnahmen eigene Regelungen zum Schutz der Werkintegrität enthalten und auch die Verweisungsnorm des Art. 132 LPI den Art. 14 Nr. 4 LPI nicht für entsprechend anwendbar erklärt, können beide Hersteller sich nicht auf ein Recht auf Achtung der Werkintegrität berufen.

I. Sinn und Zweck, Systematik

Das Recht des Tonträgerherstellers (productor de fonogramas) aus Art. 114 ff. LPI und das Recht des Herstellers audiovisueller Aufnahmen (productor de grabaciones audiovisuales) aus Art. 120 ff. LPI gewähren dem Hersteller ein absolutes Schutzrecht. Geschützt wird keine schöpferische, sondern eine rein wirtschaftliche, unternehmerische Tätigkeit und Investition,[1052] die der Massenproduktion kultureller Güter dient.[1053]

1052 Bercovitz-González Gozalo, Art. 120 S. 1571; Tapia-Rodríguez Tapia, Comentarios, Art. 114 S. 704; Fernández-Albor Baltar, ADIDA 1996, S. 105, 121, 127.

1053 Fernández-Albor Baltar, ADIDA 1996, S. 105, 119.

Nach Art. 114 I LPI ist unter einem Tonträger jede ausschließlich aus Tönen bestehende Festlegung eines Werkes oder anderer Klänge zu verstehen.[1054] Ähnlich definiert Art. 120 I LPI audiovisuelle Aufnahmen als die Festlegung einer Szene oder Bildfolge mit oder ohne Ton, und zwar unabhängig davon, ob sie als audiovisuelle Werke qualifizierte Schöpfungen im Sinne von Art. 86 LPI sind.[1055] Das absolute Schutzrecht entsteht also durch die Erstfixierung auf einem körperlichen Träger[1056] und unabhängig davon, ob der Träger ein Musikwerk bzw. audiovisuelles Werk enthält, Art. 114 I, 120 I LPI.[1057]

Hersteller eines Tonträgers bzw. einer audiovisuellen Aufnahme ist die natürliche oder juristische Person, unter deren Initiative und Verantwortung die körperliche Festlegung erstmalig erfolgt, Art. 114 II LPI bzw. Art. 120 II LPI.[1058]

II. Parodie des Tonträgers und der audiovisuellen Aufnahme, Art. 132, 39 LPI

Da Art. 114 ff. LPI bzw. §§ 120 ff. LPI keine Sonderregelungen für die parodistische Verwendung von Tonträgern bzw. audiovisuellen Aufnahmen enthalten, ist die analoge Anwendung des Art. 39 LPI gemäß Art. 132 LPI zu prüfen. Hierzu ist bisher noch keine Literatur oder Rechtsprechung vorhanden, sodass nachfolgend lediglich die entsprechende Anwendung der oben dargestellten Kriterien für Werke auf das Recht des Tonträgerherstellers und des Herstellers audiovisueller Aufnahmen dargestellt werden kann.[1059]

1. Ausdrückliche Anordnung der Analogie in Art. 132 LPI

Nach Art. 132 LPI sind u.a. die Schrankenregelungen der Art. 31-40bis LPI subsidiär und entsprechend auf die verwandten Schutzrechte anzuwenden. Fraglich ist daher, ob die Anwendung des Art. 39 LPI auf das Recht des Tonträgerherstellers und des Herstellers audiovisueller Aufnahmen sachgemäß ist. Dagegen könnte sprechen, dass das Umgestaltungsrecht nach Art. 21 LPI beiden Herstellern nicht gewährt wird,[1060] Art. 39 LPI aber eine Ausnahme von Art. 21 LPI

1054 Übersetzung nach Müller, GRURInt 1997, 337 ff.
1055 Übersetzung nach Müller, GRURInt 1997, 337 ff.
1056 Bercovitz-González Gozalo, Art. 120 S. 1571 f.
1057 Tapia-Rodríguez Tapia, Comentarios, Art. 114 S. 703, Art. 120 S. 723.
1058 Übersetzung nach Müller, GRURInt 1997, 337 ff.
1059 Siehe oben A) 4. a)-d).
1060 Vgl. Bercovitz-González Gozalo, Art. 120 S. 1571 zum Recht des Herstellers audiovisueller Aufnahmen.

darstellt.[1061] Zwar verweist Art. 132 LPI auf den entsprechenden Titel, der auch Art. 21 LPI enthält. Jedoch gewähren Art. 115 ff. bzw. 121 ff. LPI dem Tonträgerhersteller bzw. dem Hersteller audiovisueller Aufnahmen nicht alle Verwertungsrechte aus Art. 17 ff. LPI. Zudem sei eine Umgestaltung nur sinnvoll, wo eine Schöpfung in eine andere Schöpfung übergehe.[1062] Da jedoch das Recht des Herstellers audiovisueller Aufnahmen unabhängig von ihrer Schöpfungshöhe geschützt werde, sei eine Anwendung des Art. 21 LPI nicht gerechtfertigt.[1063] Vielmehr stelle eine Aufnahme, die auf einer vorhandenen aufbaue, eine teilweise oder vollständige Wiedergabe der Originalaufnahme dar.[1064] Da Art. 39 LPI aber auch die teilweise Wiedergabe des Originaltonträgers bzw. der Originalaufnahme umfasst, beschränkt er auch das Vervielfältigungsrecht des Tonträgerherstellers bzw. des Herstellers audiovisueller Aufnahmen aus Art. 115 S. 1 LPI bzw. Art. 121 S. 1 LPI. Somit findet Art. 39 LPI auch auf die verwandten Schutzrechte des Tonträgerherstellers und des Herstellers audiovisueller Aufnahmen entsprechende Anwendung.[1065]

2. *Voraussetzungen und ihre analoge Anwendung*

a) Vorliegen einer Parodie i.S.d. Art. 39 LPI und Verwendung eines veröffentlichten Werks

Bezüglich der Frage nach dem Vorliegen einer Parodie kann vollumfänglich auf die obigen Darstellungen im Rahmen der Parodierung von Werken verwiesen werden.[1066] Die Parodie ahmt also eine Vorlage nach, und stellt einen Kontrast zu ihr her. Die humoristische Wirkung resultiert auch hier aus der Erkennbarkeit der Vorlage und des Kontrastes. Die einzige Besonderheit besteht darin, dass die Vorlage keinen Werkschutz, sondern einen Schutz als Tonträger oder audiovisuelle Aufnahme genießt. An die Stelle der Verwendung eines veröffentlichten Werks[1067] tritt die Verwendung einer Vorlage, die durch das Tonträgerherstellerrecht oder das Recht des Herstellers audiovisueller Aufnahmen geschützt ist.

1061 Siehe oben A) I. 2.

1062 Bercovitz-González Gozalo, Art. 120 S. 1571.

1063 Bercovitz-González Gozalo, Art. 120 S. 1571.

1064 Bercovitz-González Gozalo, Art. 120 S. 1571.

1065 Bouza, RGD 675, 15133, 15142; vgl. Tapia-Ventura Ventura, Comentarios, Art. 132 S. 769: Das Verwertungsrecht eines Leistungsschutzberechtigten müsse notwendigerweise genauso beschränkt sein wie das gleiche Verwertungsrecht eines Urhebers.

1066 Siehe oben A) I. 4. a).

1067 Siehe oben A) I. 4. b).

b) Fehlen einer Verwechslungsgefahr

Zudem darf zwischen dem geschützten Tonträger bzw. der audiovisuellen Aufnahme und der Parodie keine Verwechslungsgefahr bestehen. Die fehlende Verwechslungsgefahr soll vor wirtschaftlichen Einbußen schützen, die durch eine mögliche Verwechslung und eine daraus resultierende Konkurrenz auf dem Markt entstehen könnten. Insoweit kann auf die diesbezüglichen Ausführungen im Rahmen der Parodie von Werken verwiesen werden.[1068] Auch bei der Entlehnung von geschützten Teilen aus Tonträgern oder audiovisuellen Aufnahmen müssen objektive Änderungen an den entlehnten Teilen vorgenommen werden oder die unveränderten Teile in einem geänderten Zusammenhang dargestellt werden.

Wie bei der Parodie von Werken stellt sich daher auch hier die Frage, ob die Entlehnung unveränderter Teile zulässig ist.[1069] Hierbei wurde oben auf Art. 65 RPI verwiesen, der die Entlehnung wörtlicher Teile und Melodien verbot, sowie auf die widersprüchlichen Übergangsregelungen.[1070] Fraglich ist daher ebenfalls ob Art. 65 RPI dem LPI widerspricht. Dafür spricht, dass das Verbot der Übernahmen wörtlicher Teile oder Melodien auch bei Tonträgern oder audiovisuellen Aufnahmen in vielen Fällen Parodien erschweren oder unmöglich machen würde, wie in der Gesetzesbegründung befürchtet. Die Entlehnung wörtlicher Teile und Melodien ist daher auch aus Tonträgern und audiovisuellen Aufnahmen zulässig.

Die Parodie leistungsschutzrechtlich geschützter Vorlagen muss ebenfalls aufgrund der durchgeführten Änderungen zu einem antithematischen Kontrast zur Vorlage führen.[1071] Die Verwechslungsgefahr erfordert zudem die Erkennbarkeit der Unterschiede.[1072] Das Erforderlichkeitskriterium ist auch im Rahmen der Entlehnung aus Tonträgern und audiovisuellen Aufnahmen abzulehnen, da es die Parodiefreiheit zu stark einschränken würde, zu unbestimmt ist und daher zu Rechtsunsicherheit führt.[1073]

Fraglich ist, ob die fehlende Verwechslungsgefahr voraussetzt, dass die Parodie sich durch ihre Schöpfungshöhe und Originalität von dem Original abhebt, wie dies bei Werken – entgegen der hier vertretenen Auffassung – befürwortet wird. Der Wortlaut des Art. 39 LPI setzt dies ebenso wenig voraus wie Art. 5 III k)

1068 Siehe oben A) I. 4. c) aa).
1069 Siehe oben A) I. 4. c) bb) (2).
1070 Siehe oben A) I. 4. c) bb) (2).
1071 Siehe oben A) I. 4. c) cc).
1072 Siehe oben A) I. 4. c) dd).
1073 Vgl. oben A) I. 4. c) ee).

Multimedia-RL. Zudem kann von der Parodie keine Schöpfungshöhe verlangt werden, die die Vorlage gerade nicht aufweist. Schließlich hat der Hersteller lediglich ein schützenswertes Interesse daran, dass die Parodie nicht die Verwertung seines Tonträgers bzw. seiner audiovisuellen Aufnahme beeinträchtigt, was bereits durch die Unterschiede zum Original und den dadurch erreichten Abstand erreicht wird. Die Schöpfungshöhe ist hingegen nicht notwendig, um eine Verwechslung auszuschließen. Sie rechtfertigt sich nur durch das moderne Dogma, dass nur das Originelle, Selbstständige die Kultur bereichert. Daher ist in der Postmoderne auch und insbesondere im Rahmen der Entlehnung aus Tonträgern oder audiovisuellen Aufnahmen die Werkqualität der Parodie als Relikt des modernen Originalitätsdogmas abzulehnen.

Zusammenfassend kann festgestellt werden, dass das Tatbestandsmerkmal der fehlenden Verwechslungsgefahr auch beim Recht des Tonträgerherstellers und des Herstellers audiovisueller Aufnahmen unverändert Anwendung finden kann. Da es das wirtschaftliche Verwertungsinteresse schützt, harmoniert es mit den genannten verwandten Schutzrechten, da diese ebenfalls dem Schutz wirtschaftlicher Interessen und der getätigten Investitionen der Hersteller dienen.

c) Fehlen eines Schadens für das Originalwerk oder dessen Urheber

Schließlich setzt Art. 39 LPI voraus, dass die Parodie das Originalwerk oder dessen Urheber nicht schädigt.

aa) Schaden des Originalwerks

Da durch das Tonträgerherstellerrecht und das Recht des Herstellers audiovisueller Aufnahmen nur materielle, nicht aber ideelle Interessen geschützt werden, ist die oben dargestellte Schadensdefinition anzupassen.[1074] Bei der entsprechenden Anwendung des Art. 39 LPI ist also als Schaden jede Verletzung der berechtigten materiellen Interessen des Herstellers anzusehen. Auch hier sind Nachteile, die sich aus der Kritik durch die Parodie oder die fehlende Vergütung durch den Parodisten ergeben, nicht als Schaden aufzufassen.[1075]

Die Parodie darf nicht den aktuellen oder potentiellen Markt der Vorlage beeinträchtigen. Dabei sind die Verbreitungskanäle und das Publikum des Originals und der Parodie einander gegenüberzustellen. Eine Substitutionskonkurrenz zur Vorlage ist unzulässig, wobei eine vollständige Ersetzung nicht eintreten muss. Auch bei einer „gelungenen“ Parodie eines Tonträgers oder einer

1074 Siehe oben A) I. 4. d) bb) (1).
1075 Siehe oben A) I. 4. d) bb) (2), (3).

audiovisuellen Aufnahme sind jedoch die Absatzmärkte der Parodie und der Vorlage grundsätzlich verschieden, sodass ein Schaden des Originals grundsätzlich ausscheidet.[1076] Das Kriterium des fehlenden Schadens soll daher einer Missbrauchsgefahr durch vermeintliche Parodien vorbeugen.

Bezüglich des Zusammenhangs mit dem Merkmal der Verwechslungsgefahr und der Unbeachtlichkeit kommerzieller Parodierzwecke gilt das für Werke Dargestellte entsprechend. Auf die obigen Ausführungen wird insoweit verwiesen.[1077]

Auch das Erfordernis des fehlenden Schadens für das Originalwerk harmoniert mit dem Recht des Tonträgerherstellers und dem Recht des Herstellers audiovisueller Aufnahmen, da diese Tatbestandsvoraussetzung ebenfalls das wirtschaftliche Verwertungsinteresse schützt.

bb) Schaden des Originalurhebers

Fraglich ist schließlich, ob im Rahmen der entsprechenden Anwendung des Art. 39 LPI gemäß Art. 132 LPI die Voraussetzung des fehlenden Schadens des Originalurhebers anzuwenden ist. Wie die obige Darstellung gezeigt hat, dient dieses Tatbestandsmerkmal ausschließlich dem Schutz ideeller, immaterieller Interessen des Originalurhebers gegenüber dem Parodisten.[1078] Da das Tonträgerherstellerrecht und das Recht des Herstellers audiovisueller Aufnahmen aber ausschließlich materielle Interessen schützen, ist eine entsprechende Anwendung der Voraussetzung des fehlenden Schadens des Originalurhebers abzulehnen.

1076 Siehe oben A) I. 4. d) cc) (1).

1077 Siehe oben A) I. 4. d) cc) (2), (3).

1078 Siehe oben A) I. 4. d) dd).

4. Kapitel: Rechtsvergleichung

A) Methode

Im Anschluss an die dargestellten Länderberichte ist eine Rechtsvergleichung durchzuführen. Die Vergleichung bietet eine ergiebige Quelle neuer Erkenntnisse[1079] und fördert den Wettbewerb der Rechtsordnungen.[1080]

Die vorherrschende funktionelle Methode[1081] legt zunächst das zugrundeliegende soziale Sachproblem fest.[1082] Danach sind diejenigen Rechtsnormen miteinander zu vergleichen, die die gleiche Funktion erfüllen,[1083] also dasselbe Sachproblem lösen.[1084] Die kommentarlose Gegenüberstellung der Ergebnisse der Rechtsordnungen stellt jedoch ebenso wenig eine Rechtsvergleichung dar[1085] wie die katalogmäßige Darstellung der Gemeinsamkeiten und Unterschiede.[1086] Vielmehr sind die Lösungen von den systematischen Begriffen der jeweiligen Rechtsordnung zu befreien und eigene, die gemeinsame Funktion umfassende Oberbegriffe zu bilden.[1087]

Verschiedene Rechtsordnungen kommen in den gleichen Fragen oft zu verblüffend ähnlichen Ergebnissen.[1088] Diese Vermutung für die Ähnlichkeit der Lösungen (praesumtio similitudinis) kann für die Kontrolle der Richtigkeit der Ergebnisse herangezogen werden.[1089] Während diese moderne Rechtsvergleichung die Gemeinsamkeiten der Rechtsordnungen erforscht, sucht die postmoderne Rechtsvergleichung das Trennende und damit die Unterschiede zwischen den Rechtsordnungen.[1090]

1079 Constantinesco, Rechtsvergleichung, Band II, S. 281.

1080 Jayme, Rechtsvergleichung und kulturelle Identität, S. 38.

1081 Zweigert/Kötz, Rechtsvergleichung, S. 33; zu den Prüfungsschritten der funktionellen Methode vgl. Jayme, Gesammelte Schriften, Band 2, S. 13; vgl. zur Kritik der funktionellen Methode Piek, ZEuP 2013, S. 60 ff.

1082 Jayme, Gesammelte Schriften, Band 2, S. 13.

1083 Zweigert/Kötz, Rechtsvergleichung, S. 33.

1084 Zweigert/Kötz, Rechtsvergleichung, S. 11.

1085 Zweigert/Kötz, Rechtsvergleichung, S. 42.

1086 Zweigert/Kötz, Rechtsvergleichung, S. 43.

1087 Ebert, Rechtsvergleichung, S. 29; Zweigert/Kötz, Rechtsvergleichung, S. 43 f.

1088 Jayme, Rechtsvergleichung und kulturelle Identität, S. 12; Zweigert/Kötz, Rechtsvergleichung, S. 38; Bartels, Intersystemare Rechtsvergleichung, S. 59.

1089 Zweigert/Kötz, Rechtsvergleichung, S. 39.

1090 Jayme, Gesammelte Schriften, Band 2, S. 103 f., 107; Jayme, Rechtsvergleichung und kulturelle Identität, S. 12 f.; Weller, JZ 2013, 1021, 1030.

Im Anschluss an den eigentlichen Vergleich ist eine kritische Bewertung der Ergebnisse vorzunehmen. Diese wird teilweise nicht mehr der Rechtsvergleichung, sondern der Rechtskritik zugerechnet.[1091] Dabei ist die zugrundeliegende Wertung im Rahmen der Kritik vom Ziel der rechtsvergleichenden Untersuchung abhängig.[1092] Ziel der vorliegenden Vergleichung ist, Erkenntnisse darüber zu gewinnen, wie die Parodie im deutschen Recht geregelt werden kann, da mit den bestehenden Rechtsinstrumenten dieses Sachproblem nicht zufriedenstellend gelöst wird. Hierbei ist zu prüfen, welche Lösung sich am besten in das eigene Recht integrieren lässt, wobei die Besonderheiten der eigenen Rechtsordnung zu berücksichtigen sind.[1093] Die kritische Bewertung der Ergebnisse kann nicht nur die Überlegenheit einer Lösung aufzeigen, sondern auch zu dem Ergebnis führen, dass erst die Kombination von Teilen verschiedener nationaler Lösungen eine neue, überlegene Lösung ist.[1094]

Häufig werden dieselben „rechtlichen Elementarteilchen" in verschiedenen Rechtsordnungen unterschiedlich interpretiert und kombiniert[1095] und kehren zudem an unterschiedlichen systematischen Stellen in den zu vergleichenden Rechtssystemen wieder. So wird etwa die Frage des zulässigen Höchstumfangs der Entlehnungen durch die Parodie sowohl im deutschen als auch im spanischen Urheberrecht behandelt. Jedoch wird sie an systematisch unterschiedlichen Stellen geprüft: im Rahmen des Tatbestandsmerkmals der freien Benutzung in § 24 I UrhG, im Tatbestandsmerkmal des durch den Zweck gerechtfertigten Umfangs in § 51 UrhG sowie im Tatbestandsmerkmal der fehlenden Verwechslungsgefahr und im fehlenden Schaden des Originalwerks in Art. 39 LPI.

Während in den Länderberichten im 2. und 3. Teil der vorliegenden Untersuchung die „rechtlichen Elementarteilchen" im Rahmen des jeweiligen nationalen Systems dargestellt wurden, stellt die nachfolgende Darstellung diese einander gegenüber.

B) Die wesentlichen Merkmale einer Parodie im Vergleich

Im spanischen Urheberrecht ist die Parodie ein Tatbestandsmerkmal des Art. 39 LPI und stellt damit einen Rechtsbegriff dar. Darüber hinaus findet sich im LPI

1091 Rabel, Gesammelte Aufsätze, Band III, S. 3, der damit jedoch nicht den Verzicht des Rechtsvergleichers auf diese Bewertung verband.

1092 Constantinesco, Rechtsvergleichung, Band II, S. 324 f.

1093 Ebert, Rechtsvergleichung, S. 162.

1094 Zweigert/Kötz, Rechtsvergleichung, S. 46.

1095 Constantinesco, Rechtsvergleichung, Band II, S. 91.

jedoch keine weitere Konkretisierung des Parodiebegriffs. Das deutsche UrhG erwähnt die Parodie hingegen nicht. In beiden Rechtsordnungen haben daher Rechtsprechung und Lehre den Begriff der Parodie konkretisiert.[1096]

Wesentlich für die Parodie ist in beiden Rechtsordnungen der Bezug zu einer bestimmten Vorlage, die dem Rezipienten durch ihre Nachahmung in Erinnerung gerufen wird. Durch die Nachahmung ermöglicht der Parodist also die Erkennbarkeit der Vorlage. Die Nachahmung alleine würde jedoch nicht den humoristischen Effekt hervorrufen. Daher verfremdet der Parodist zudem die Vorlage oder stellt sie in einen anderen Zusammenhang und erzeugt dadurch einen Kontrast zu ihr. Diesen Kontrast hebt er zudem erkennbar hervor. Indem der Rezipient in der Parodie die Vorlage einerseits, die Unterschiede und den Kontrast zu dieser andererseits wiedererkennt, tritt die erwünschte humoristische Wirkung ein.

Die überraschend übereinstimmende Konkretisierung beruht darauf, dass die Parodie eine Kunstgattung ist, die bestimmten Regeln folgt, um ihre Wirkung zu entfalten. Diese Regeln sind aber nicht an eine bestimmte Rechtsordnung gebunden, sondern bilden die tatsächliche Grundlage ihrer Funktionsweise.

C) Die rechtliche Bewertung der Parodie im Vergleich

Während das spanische Urheberrecht in Art. 39 LPI die Parodie ausdrücklich regelt, findet sich im deutschen Urheberrecht keine Regelung. Die urheberrechtliche Beurteilung der Parodie richtet sich daher im deutschen Urheberrecht nach der freien Benutzung gemäß § 24 I UrhG oder nach dem Zitatrecht gemäß § 51 UrhG. Überwiegend wird die Parodie nach § 24 I UrhG beurteilt, der im Gegensatz zu § 51 UrhG keine Schranke darstellt, sondern eine Inhaltsbestimmung. Dies bedeutet, dass eine Parodie, die in freier Benutzung erstellt wird, nicht den Schutzbereich der Vorlage berührt. Art. 39 LPI regelt die Parodie hingegen als Urheberrechtsschranke, sodass die Parodie zwar den Schutzbereich der Vorlage betrifft, jedoch durch diese Schranke gerechtfertigt ist.

Dabei wird im Folgenden die Parodie von Werkvorlagen vergleichend dargestellt. Sofern sich Unterschiede zur Beurteilung der Parodie von Ton- und Filmträgern[1097] ergeben, werden diese jeweils erläutert. Da in der spanischen

---

1096 Siehe oben 2. Kap. A) I. zum deutschen Urheberrecht und 3. Kap. A) I. 4. a) zum spanischen Urheberrecht.

1097 Im Folgenden wird der Begriff des Filmträgers bzw. Filmherstellers einheitlich auch für den Träger audiovisueller Aufnahmen bzw. den Hersteller audiovisueller Aufnahmen i.S.d. spanischen Urheberrechts verwendet.

Rechtsprechung und Lehre die Parodie von Ton- oder Filmträgern bisher nicht behandelt wurde, beschränkt sich der Vergleich auf die oben dargestellte entsprechende Anwendung der für Werke geltenden Grundsätze im Rahmen des Art. 39 LPI. Dabei wird sich zeigen, dass die spanische Lösung aus Art. 39 LPI – im Gegensatz zur deutschen Lösung – sowohl bei Werken als auch bei Ton- oder Filmträgern widerspruchsfrei anwendbar ist.

I. Die Kriterien zur Beurteilung der Zulässigkeit von Parodien

Im Folgenden werden Kriterien für die urheberrechtliche Beurteilung der Parodie, die im deutschen und spanischen Recht herangezogen werden, einander gegenübergestellt und verglichen. Diese „rechtlichen Elementarteilchen" erscheinen zwar an verschiedenen Stellen der nationalen Systematik, haben jedoch einen ähnlichen Inhalt, sodass sich eine vergleichsweise Gegenüberstellung anbietet.

1. Verwendung einer Vorlage

Jede Parodie ist auf die Möglichkeit zur Nachahmung einer Vorlage angewiesen. Dabei ist nur die Verwendung urheberrechtlich geschützter Fragmente des Werks urheberrechtlich relevant. Die Verwendung ungeschützter Teile des Originalwerks ist in beiden Rechtsordnungen nicht zustimmungsbedürftig und bedarf daher keines Rückgriffs auf eine Entlehnungsfreiheit. Obwohl Art. 39 LPI, § 24 I UrhG und § 51 UrhG dies nicht ausdrücklich voraussetzen, beziehen sie sich dennoch grundsätzlich auf die Verwendung fremder Werke, da sonst fremde Verwertungsrechte nicht betroffen sind. In beiden Rechtsordnungen ist jedoch auch der Fall umfasst, dass der Urheber sein eigenes Werk parodiert, an dem er die Verwertungsrechte auf einen Dritten übertragen hat.[1098]

Im Gegensatz zu § 24 I UrhG[1099] setzen § 51 S. 1, S. 2 Nr. 1–3 UrhG[1100] sowie Art. 39 LPI[1101] zusätzlich voraus, dass das Originalwerk veröffentlicht oder erschienen ist. Da zu einem unveröffentlichten und daher für Dritte unbekannten Werk jedoch nur schwerlich ein humoristischer Kontrast durch die Parodie hergestellt werden kann, ergeben sich daraus keine praktischen Konsequenzen.

1098 Siehe oben 2. Kap. B) I. 3. a) zu § 24 I UrhG sowie 3. Kap. A) I. 4. b) aa) zu Art. 39 LPI.
1099 Siehe oben 2. Kap. B) I. 3. a).
1100 Siehe oben 2. Kap. B) II. 2. a).
1101 Siehe oben 3. Kap. A) I. 4. b).

2. Umfang der Entlehnungen – Erforderlichkeit?

a) Werk

Ein weiteres mögliches Beurteilungskriterium stellt der Umfang der Entlehnungen aus dem Originalwerk dar.

Im Hinblick auf § 24 I UrhG hat die deutsche Rechtsprechung im Rahmen des Tatbestandsmerkmals der freien Benutzung zunächst die Parodie auf erforderliche Entlehnungen beschränkt und schließlich das Erforderlichkeitskriterium verworfen, während die herrschende deutsche Literatur diesem Kriterium von Anfang an kritisch gegenüberstand.[1102] Das Zitatrecht nach § 51 UrhG beschränkt nach wie vor den Umfang der zulässigen Entlehnungen durch den Zitatzweck, das Erfordernis der Stellen oder einzelnen Stellen sowie das ungeschriebene Tatbestandsmerkmal der anständigen Gepflogenheiten. Ähnlich dem genannten Erforderlichkeitskriterium aus § 24 I UrhG schränkt § 51 S. 1 UrhG die Zitatlänge auf dasjenige ein, das für die Erfüllung des Zitatzwecks erforderlich ist. Die Einschränkung des Zitatumfangs durch die anständigen Gepflogenheiten wird im Rahmen der Berücksichtigung wirtschaftlicher Kriterien weiter unten behandelt.

Auch im Rahmen des Art. 39 LPI wird teilweise eine Begrenzung auf erforderliche Entlehnungen befürwortet.[1103] Zulässig sei eine Entlehnung derjenigen Stellen, die erforderlich seien, um eine erkennbare Bezugnahme zum Originalwerk zu ermöglichen und das Originalwerk in Erinnerung zu rufen. Jedoch wird – wie im deutschen Recht – das Erforderlichkeitskriterium zunehmend als zu starr angesehen. Der Wortlaut des Art. 39 LPI setzt eine Erforderlichkeit nicht voraus. Die Entlehnung zu weniger Elemente des Originalwerks kann zudem zu einer fehlenden Erkennbarkeit des Originalwerks führen und eine humoristische Wirkung verhindern. Entscheidend sei daher nicht, ob die Entlehnungen erforderlich seien, sondern ob die entlehnten Teile schöpferisch verarbeitet würden und in der Parodie ein neues Werk entstehe.[1104]

b) Ton- oder Filmträger

Im deutschen Recht vertreten die Rechtsprechung und ein Teil der Literatur bei der Entlehnung aus Ton- oder Filmträgern die Auffassung, eine freie Benutzung nur zuzulassen, wenn die Entlehnung erforderlich ist. Dabei beziehen sie sich jedoch nicht auf den Umfang der Entlehnungen, sondern auf die Qualität der entnommenen Stellen. Nur wenn ein durchschnittlicher Benutzer die entnommene

---

1102 Siehe oben 2. Kap. B) I. 3. b) dd) (1).
1103 Siehe oben 3. Kap. A) I. 4. c) ee).
1104 Siehe oben 3. Kap. A) I. 4. c) ee).

Sequenz nicht selbst herstellen könne, könne er sich auf die freie Benutzung berufen. Die Entlehnung sei dann erforderlich. Eine Beschränkung auf die Entlehnung nur im erforderlichen Umfang wurde durch die deutsche Rechtsprechung wie bei Werkvorlagen aufgegeben. Im spanischen Recht wird eine Einschränkung auf nicht selbst herstellbare Teile hingegen nicht diskutiert.

3. *Werkeigenschaft der Parodie*

a) Werk

Die Frage, ob die Parodie die für ein Werk notwendige Schöpfungshöhe aufweisen muss, wird im spanischen Recht – entgegen der hier vertretenen Auffassung – befürwortet. Während der Tatbestand des § 24 I UrhG ausdrücklich voraussetzt, dass die Entlehnung in einem Werk erfolgt, enthält der Wortlaut des Art. 39 LPI diese Voraussetzung nicht. Die Werkeigenschaft wird dennoch zur Konkretisierung des Tatbestandsmerkmals der fehlenden Verwechslungsgefahr in Art. 39 LPI herangezogen. Die Originalität und damit die Schöpfungshöhe der Parodie gewährleiste die Unterscheidung vom Originalwerk und verhindere eine Verwechslungsgefahr.[1105] Im Rahmen des § 51 UrhG wird das Werkerfordernis des Zitatsubjekts seit der Neufassung durch den Zweiten Korb zunehmend infrage gestellt. Der BGH hat diese Frage seitdem offen gelassen. Da das Werkerfordernis in § 51 S. 1 UrhG nicht mehr genannt wird und auch Art. 5 III d) Multimedia-RL dieses nicht voraussetzt, wird in der Literatur teilweise nicht mehr gefordert, dass das Zitat in einem Werk erfolgt.

b) Ton- oder Filmträger

Im deutschen Recht wird auch im Rahmen der Entlehnung aus Ton- oder Filmträgern durch die Rechtsprechung und die überwiegende Lehre gefordert, dass die freie Benutzung nach § 24 I UrhG zu einem neuen Werk führen müsse. Teilweise wird hingegen die Werkeigenschaft nicht für erforderlich gehalten.[1106] Im spanischen Recht setzt der Wortlaut des Art. 39 LPI hingegen nicht die Werkeigenschaft der Parodie voraus.

4. *Ausreichende Entfernung zur Vorlage*

a) Werk

In beiden Rechtsordnungen wird für die Zulässigkeit der Parodie eine ausreichende Entfernung zur Vorlage, ein Abstand zum Originalwerk, vorausgesetzt.

1105 Siehe oben 3. Kap. A) I. 4. c) ff).
1106 Siehe oben 2. Kap. C) II. 2. b).

Nach allgemeiner Auffassung hängt im Rahmen des § 24 I UrhG der einzuhaltende Abstand von der Schöpfungshöhe der Vorlage ab. Je höher diese ist, desto höher muss auch die Gestaltungshöhe der Parodie sein und einen umso größeren Abstand muss die Parodie zur Vorlage einhalten. Bei einem ausreichenden Abstand wird ein Verblassen der eigenpersönlichen Züge des Originalwerks angenommen. Das Verblassen bildet die Grundlage der Beurteilung einer freien Benutzung. Gleichzeitig wird dann auch die von § 24 I UrhG tatbestandlich vorausgesetzte Selbstständigkeit der Parodie im Vergleich zur Vorlage bejaht. Dabei führt eine Auseinandersetzung mit dem Originalwerk oder dessen thematischem Umfeld nach der Rechtsprechung und der herrschenden Lehre zu einem „inneren Abstand" und zum Verblassen „in einem weiteren Sinne", sodass auch weitgehende wörtliche Entlehnungen möglich sind.[1107] Bei dieser Beurteilung kommt es auf die Übereinstimmungen, nicht aber auf die Unterschiede zwischen den entlehnten Werkteilen und den entsprechenden Teilen der Parodie an.

Im Rahmen des Art. 39 LPI wird demgegenüber nicht nach den Übereinstimmungen gefragt, also danach, welche geschützten Merkmale aus dem Originalwerk entlehnt wurden, sondern vielmehr, ob Veränderungen im Vergleich zum Original bestehen. Die Unterschiede zum Originalwerk müssen zudem erkennbar sein. Erst die Erkennbarkeit der Veränderungen schließt die Gefahr einer Verwechslung aus, da der Rezipient die Unterschiede zwischen der Parodie und dem Originalwerk dann erkennen kann. Auch wird – im Gegensatz zum deutschen Recht – die Schöpfungshöhe der Vorlage nicht zur Beurteilung der Zulässigkeit der Parodie herangezogen. Zwar wird teilweise ebenfalls auf einen erforderlichen Abstand hingewiesen. Da Art. 39 LPI jedoch auf die Parodie zugeschnitten ist, die ihrer Natur nach auf die Nähe zum Originalwerk angewiesen ist, wird dieser Abstand anders bestimmt. Maßgeblich ist nicht wie im deutschen Recht eine positiv vorhandene Selbstständigkeit oder ein Verblassen, sondern negativ die nicht vorhandene Verwechslungsgefahr. Die Parodie darf sich also soweit der Vorlage annähern, bis die Gefahr einer Verwechslung besteht.

Der unterschiedliche Ansatzpunkt liegt darin begründet, dass die Parodie im deutschen Recht vorwiegend nach einer Vorschrift beurteilt wird, die den Schutzumfang des Urheberrechts bestimmt (§ 24 I UrhG), während im spanischen Recht die Parodie nach einer Vorschrift beurteilt wird, die nicht den Schutzumfang selbst berührt, sondern denselben beschränkt (Art. 39 LPI). Während die Parodie also im deutschen Recht nicht mehr in ein fremdes

1107 Siehe oben 2. Kap. B) I. 3. b) dd) (2).

Verwertungsrecht eingreift, da sie als freie Benutzung außerhalb desselben agiert,[1108] greift die Parodie im spanischen Recht zwar in ein fremdes Verwertungsrecht ein, ist aber durch die Parodieschranke gerechtfertigt. Bildlich gesprochen wird im deutschen Recht der Umfang (Schutzumfang) des Kuchens verkleinert, und die Parodie ist nicht mehr Teil dieses Kuchens, während im spanischen Recht der Parodist ein Stück (Schranke) des unverkleinerten Kuchens erhält. Da aber der Schutzumfang eines Werks von seiner Schöpfungshöhe abhängt und § 24 I UrhG den Schutzumfang mitbestimmt, muss das deutsche Recht die Zulässigkeit der Parodie ebenfalls nach der Schöpfungshöhe des Originalwerks beurteilen.

Im Ergebnis werden die Auswirkungen dieses dogmatisch unterschiedlichen Ansatzpunktes jedoch durch die Prüfung einer Antithematik abgemildert. In § 24 I UrhG führt nämlich eine vorhandene Antithematik der Parodie zu einem inneren Abstand und zu einem Verblassen der eigenpersönlichen Züge, sodass eine freie Benutzung möglich ist, sofern man der Rechtsprechung und einem Teil der Literatur – entgegen der hier vertretenen Auffassung – folgt.[1109] Im spanischen Urheberrecht hat die Antithematik der Parodie eine fehlende Verwechslungsgefahr zur Folge[1110] und führt in der Regel auch zu einem fehlenden Schaden des Originalwerks, da sich die Adressatenkreise eines humoristischen Werkes und des Originalwerkes unterscheiden und eine Konkurrenz zum Originalwerk nicht besteht.

Im Rahmen des § 51 UrhG ist hingegen das Herstellen des für die Parodie erforderlichen antithematischen Kontrasts zum Originalwerk in der Regel nicht möglich, da § 62 I 1 UrhG grundsätzlich eine Änderung der entlehnten Stellen verbietet. Auch eine Zitierung der Werkteile in einem anderen Zusammenhang ist nicht ohne Weiteres möglich, da eine sinnentstellende Zitierweise nach § 62 I 2 i.V.m. § 39 II UrhG unzulässig ist. Dies führt dazu, dass der Parodist sich in aller Regel nicht auf § 51 UrhG berufen kann.

b) Ton- oder Filmträger

Im deutschen Recht wenden die Rechtsprechung und die überwiegende Lehre auch bei Entlehnungen aus Ton- und Filmträgern den unveränderten Grundsatz an, dass der einzuhaltende Abstand der Parodie von der Schöpfungshöhe der Vorlage abhängt. Dieser Ansatzpunkt stößt jedenfalls dann an seine Grenzen,

---

1108 Stuhlert, Behandlung der Parodie, S. 261.

1109 Siehe oben 2. Kap. B) I. 3. b) dd) (3).

1110 Siehe oben 3. Kap. A) I. 4. c) cc).

wenn unschöpferische Tonfolgen oder Laufbilder enthalten sind. Um eine Missbrauchsgefahr durch eine uneingeschränkte Entlehnungsmöglichkeit zu vermeiden, wird eine Schöpfungshöhe der enthaltenen Laufbilder bzw. Tonfolgen fingiert. Teilweise wird diese Auffassung daher kritisiert und es werden bei der analogen Anwendung des § 24 I UrhG wirtschaftliche Kriterien vorgeschlagen, auf die weiter unten in einem gesonderten Punkt einzugehen ist.[1111]

Da im spanischen Recht bereits bei Werken die Schöpfungshöhe der Vorlage nicht für die Beurteilung der Entlehnungsfreiheit nach Art. 39 LPI maßgeblich ist, kann auch bei Entlehnungen aus Ton- und Filmträgern das Kriterium der fehlenden Verwechslungsgefahr widerspruchsfrei angewendet werden.

5. *Kritik des Originalwerks*

Sowohl im deutschen als auch im spanischen Urheberrecht wird zwischen Parodien unterschieden, die das Originalwerk selbst bzw. einen Gegenstand, der damit in Verbindung steht, kritisieren (direkte Parodien) und solchen, die das Originalwerk lediglich als Vehikel für eine Kritik gegen einen anderen Gegenstand verwenden, der mit dem Originalwerk nicht in Verbindung steht (indirekte Parodien).[1112] Überwiegend werden in beiden Rechtsordnungen lediglich die direkten Parodien ohne Zustimmung des Originalurhebers als zulässig angesehen. Nur bei diesen sei die Zustimmung des Originalurhebers unwahrscheinlich, da dieser betroffen sei, und eine zustimmungsfreie Entlehnung daher gerechtfertigt. Bei der indirekten Parodie sei hingegen das Originalwerk nur Mittel zum Zweck und somit austauschbar. Dem Parodisten könne daher die Einholung einer Zustimmung zugemutet werden. Im Rahmen des § 24 I UrhG wird diese Voraussetzung im Rahmen der Antithematik und des inneren Abstandes geprüft. Bei § 51 UrhG wird eine innere Verbindung zum Originalwerk gefordert, die in der Kritik bestehen kann. Im Rahmen des Art. 39 LPI wird diese Einschränkung im Rahmen des Tatbestandsmerkmals der Parodie *eines Werks* erörtert.

6. *Berücksichtigung wirtschaftlicher Auswirkungen der Parodie*

a) Werk

Die wirtschaftlichen Auswirkungen der Parodie auf das Originalwerk werden bei der Anwendung des § 24 I UrhG durch die herrschende Lehre und

---

1111 Siehe unten 4. Kap. C) I. 6. b).

1112 Siehe 2. Kap. A) I. 2. zum deutschen Urheberrecht und 3. Kap. A) I. 4. a) bb) zum spanischen Urheberrecht.

Rechtsprechung vollkommen außer Acht gelassen.[1113] Nur einzelne Stimmen fordern die Berücksichtigung einer Konkurrenz und möglicher Auswirkungen auf die Verwertung des Originalwerks im Rahmen der freien Benutzung.[1114]

§ 51 UrhG wird hingegen gemäß dem Dreistufentest ausgelegt, indem das ungeschriebene Tatbestandsmerkmal der anständigen Gepflogenheiten vorausgesetzt wird. Dieses erlaubt keine Zitierung in einem solchen Umfang, dass ein Ersatz für das Originalwerk geschaffen wird und die Verwertungsmöglichkeiten des Originalurhebers geschmälert werden. Indirekte Beeinträchtigungen durch eine Kritik bleiben dabei außer Betracht. Das Originalwerk soll nicht durch das Zitat ersetzt werden. Es darf keine direkte Substitutionskonkurrenz zwischen der Parodie und dem Originalwerk eintreten.[1115]

Im Rahmen des Art. 39 LPI wird die wirtschaftliche Konkurrenz der Parodie zum Originalwerk durch das Tatbestandsmerkmal des fehlenden Schadens für das Originalwerk ausgeschlossen. Die Parodie darf nicht den aktuellen oder potentiellen Markt des Originalwerks beeinträchtigen oder gar das Originalwerk auf dem Markt ersetzen. Wie im deutschen Recht sind Nachteile aufgrund der durch die Parodie bewirkten Kritik nicht umfasst. Da die Parodie aber aufgrund ihrer Antithematik einen anderen Markt als das Originalwerk hat, ist eine Konkurrenz zum Originalwerk grundsätzlich ausgeschlossen. Durch ihre Kritik kann die Parodie zwar den Markt des Originalwerks schädigen, diesen jedoch nicht selbst einnehmen. Sofern eine Konkurrenz vorliegt, spricht dies vielmehr dafür, dass unter dem Vorwand einer Parodie das Originalwerk ausgebeutet werden soll.

b) Ton- oder Filmträger

Auch bei der Entlehnung aus Ton- oder Filmträgern werden die wirtschaftlichen Auswirkungen der Parodie auf das Originalwerk durch die deutsche Rechtsprechung und einem Teil der Lehre im Rahmen des § 24 I UrhG nicht berücksichtigt. Teilweise wird in der Literatur hingegen die Auffassung vertreten, wirtschaftliche Kriterien zu berücksichtigen.[1116]

Im spanischen Recht wird die wirtschaftliche Konkurrenz ohnehin bereits im Rahmen des Tatbestandsmerkmals des fehlenden Schadens für das Originalwerk geprüft, sodass dieses Kriterium auch bei der Entlehnung aus Ton- und Filmträgern unverändert Anwendung finden kann.

1113 Siehe oben 2. Kap. B) 5.

1114 Siehe oben 2. Kap. B) I. 3. b) ee) (3).

1115 Schricker-Schricker/Spindler, § 51 Rn. 23.

1116 Siehe oben 2. Kap. C) II. 2. c) bb).

7. Schutz der Werkintegrität?

a) Werk

Sowohl im deutschen als auch im spanischen Urheberrecht wird problematisiert, ob eine Parodie, die nach § 24 I UrhG oder § 51 UrhG bzw. Art. 39 LPI zulässig ist, das Entstellungsverbot aus § 14 UrhG bzw. das Recht auf Achtung der Werkintegrität aus Art. 14 Nr. 4 LPI verletzen kann.

Jede Parodie stellt tatbestandlich jedenfalls eine Beeinträchtigung i.S.d. § 14 UrhG bzw. eine Änderung i.S.d. Art. 14 Nr. 4 LPI dar, da sie Veränderungen entweder an den entlehnten Werkteilen oder an dem Zusammenhang, in dem dieselben dargestellt werden, vornimmt. Die Verletzung des Integritätsschutzes hängt daher in beiden Rechtsordnungen von der Frage ab, ob diese Beeinträchtigung bzw. Änderung die berechtigten Interessen beeinträchtigt. Während die Rechtsprechung und herrschende Literatur zu Art. 14 Nr. 4 LPI auf die Wesentlichkeit und Tragweite der Änderungen abstellt, wird im deutschen Recht und teilweise auch im spanischen Recht eine Interessenabwägung vorgenommen. Im Ergebnis wird nämlich in beiden Ländern anerkannt, dass der Integritätsschutz dem Grundsatz nach nicht eingreifen kann, da sonst der Originalurheber dadurch jede Parodie verhindern könnte und die Parodiefreiheit dann ausgehöhlt würde. Aus diesem Grunde wird in beiden Rechtsordnungen teilweise die Auffassung vertreten, dass eine sonst zulässige Parodie § 14 UrhG bzw. Art. 14 Nr. 4 LPI nicht verletzen kann. Die persönlichkeitsrechtlichen Interessen seien bereits in der Auslegung des § 24 I UrhG und § 51 UrhG bzw. des Art. 39 LPI berücksichtigt. Andererseits findet sich die Auffassung, dass eine Integritätsverletzung auch im Falle der Parodie grundsätzlich möglich sei, jedoch von einer Einzelfallentscheidung abhänge.

b) Ton- oder Filmträger

Im spanischen Recht können weder der Tonträger- noch der Filmhersteller sich auf einen Integritätsschutz berufen. Im deutschen Recht genießt der Filmhersteller hingegen einen Integritätsschutz nach § 94 I 2 UrhG, der jedoch nur im Ausnahmefall eingreift.[1117] Dem Tonträgerhersteller steht kein entsprechendes Recht zu.

II. Kritische Bewertung

Der Vergleich der rechtlichen Bewertung der Parodie im deutschen und spanischen Recht hat gezeigt, dass teilweise ähnliche Kriterien herangezogen werden

---

1117 Siehe oben 2. Kap. C) IV.

(Verwendung einer Vorlage, Entfernung zur Vorlage, Kritik des Originalwerks) bzw. ähnliche Problemfelder erörtert werden (Umfang der Entlehnungen, Werkeigenschaft der Parodie, Auswirkungen des Werkintegritätsschutzes).

Ein wesentlicher Unterschied in der rechtlichen Beurteilung besteht jedoch darin, dass nur das spanische Recht die fehlenden wirtschaftlichen Auswirkungen der Parodie auf das Originalwerk berücksichtigt, die zugleich – zusammen mit der fehlenden Konkurrenz zum Originalwerk – den Dreh- und Angelpunkt der rechtlichen Beurteilung der Parodie im spanischen Recht bilden. Die deutsche Rechtsprechung und überwiegende Lehre ziehen hingegen die Schöpfungshöhe der Vorlage als Beurteilungsbasis heran und lassen die wirtschaftlichen Auswirkungen der Parodie außer Acht. Dieser dogmatische Unterschied ist darin begründet, dass die Parodie im deutschen Recht nach einer Inhaltsbestimmung (§ 24 I UrhG) beurteilt wird, während im spanischen Recht die Parodie als Schranke (Art. 39 LPI) geregelt ist. Da der Schutzumfang eines Werkes aber von seiner Schöpfungshöhe abhängt, muss § 24 I UrhG auch an die Schöpfungshöhe als Beurteilungsbasis anknüpfen. Die Regelung des Art. 39 LPI kann hingegen die Schöpfungshöhe der Vorlage unberücksichtigt lassen und lediglich an die fehlenden wirtschaftlichen Auswirkungen auf das Originalwerk und die fehlende Verwechslungsgefahr anknüpfen, da sie den Schutzumfang nicht betrifft, sondern erst nachrangig denselben beschränkt.

Während dieser Unterschied bei Werken in der Regel dennoch zu gleichen Ergebnissen führt,[1118] unterscheiden sich die spanische und deutsche Lösung bei der Beurteilung von Parodien, die Ton- oder Filmträger als Vorlage verwenden. Indem die spanische Lösung nicht an die Schöpfungshöhe der Vorlage anknüpft, kann sie – im Gegensatz zur deutschen Lösung – auch auf Ton- und Filmträger angewendet werden. Die deutsche Rechtsprechung und überwiegende Lehre wenden die am schöpferischen Gehalt des Originals orientierte Beurteilung hingegen auch auf parodistische Entlehnungen aus Ton- oder Filmträgern unterschiedslos an, obwohl dies zu Auslegungsschwierigkeiten führt. Die Größe des durch die Parodie einzuhaltenden Abstandes vom Original wird also wie bei Werken durch die Schöpfungshöhe der Vorlage bestimmt. Da Leistungsschutzrechte aber unabhängig von ihrer Schöpfungshöhe geschützt werden und Film- bzw. Tonträger jedenfalls im Falle enthaltener Laufbilder bzw. unschöpferischer Klänge keine Schöpfungshöhe haben, würde dies zu dem Ergebnis führen, dass Entlehnungen meist als freie Benutzung möglich wären, da der einzuhaltende Abstand gegen null tendieren würde. Die Rechtsprechung versucht vergeblich,

1118 Siehe oben 4. Kap. C) I. 4.

diese Missbrauchsgefahr durch die Fiktion einer geringen Schöpfungshöhe des Trägers zu überwinden.

Der Ansatzpunkt des schöpferischen Abstandes vom Original im Rahmen des § 24 I UrhG führt zudem dazu, dass im deutschen Recht für die Parodie eine Werkqualität i.S.d. § 2 II UrhG vorausgesetzt wird: Wenn das Original eine Schöpfungshöhe aufweist, wird der schöpferische Abstand in aller Regel auch nur erreicht werden, wenn ein Werk entsteht. Dieser Ansatzpunkt führt aber jedenfalls bei Laufbildern bzw. unschöpferischen Klängen in Film- bzw. Tonträgern zu widersprüchlichen Ergebnissen, da der schöpferische Abstand zu diesen dann keine Werkqualität erfordern würde, die Rechtsprechung und überwiegende Lehre aber dennoch ein Werk voraussetzen. Dieses Werkerfordernis wird durch die verfehlte, moderne Vorstellung begründet, nur Werke könnten zur kulturellen Bereicherung beitragen und so dem Sinn und Zweck des § 24 I UrhG bzw. des § 51 UrhG entsprechen. Die postmoderne Wiederholungskunst beweist aber das Gegenteil. Nicht das Schöpferische, Originelle steht im Vordergrund, sondern die Wiederholung und Variation von Bestehendem. Das moderne Originalitätsdogma lebt also in dem Werkerfordernis des § 24 I UrhG weiter. Zudem soll die geforderte Werkqualität auch verhindern, dass die Vorlage nur verwendet wird, um sich eine eigene Leistung zu ersparen und die Vorlage wirtschaftlich auszubeuten.

Indem das spanische Recht bereits bei Werken nicht an die Schöpfungshöhe der Vorlage anknüpft, kann auch bei Parodien von Ton- und Filmträgern unterschiedslos und widerspruchsfrei Art. 39 LPI zur Anwendung kommen. Die spanische Parodieregelung stellt nämlich auf die fehlenden wirtschaftlichen Auswirkungen und die fehlende Verwechslungsgefahr der Parodie auf das Originalwerk ab. Die spanische Lösung hat also einen Weg gefunden, vom modernen Originalitätszwang Abschied zu nehmen und zugleich einer Missbrauchsgefahr wirksam vorzubeugen. Zwar wird auch im spanischen Recht gefordert, dass die Parodie ein Werk darstellen müsse. Diese Voraussetzung findet jedoch weder in Art. 39 LPI noch in Art. 5 III k) Multimedia-RL eine Stütze. Vielmehr kann eine kritische, parodistische Auseinandersetzung auch unterhalb der für den Werkschutz erforderlichen Schöpfungshöhe stattfinden und ist genauso schutzwürdig. Das Werkerfordernis ist somit im Rahmen des Art. 39 LPI nicht notwendig.[1119]

Ein weiterer wesentlicher Unterschied besteht in der rechtlichen Beurteilung der musikalischen Parodie. Die Parodierung des Musikwerks ist nur im deutschen Recht aufgrund des starren Melodienschutzes des § 24 II UrhG und der

1119 Siehe oben 3. Kap. A) I. 4. c) ff).

engen Regelung des § 51 S. 2 Nr. 3 UrhG nicht zulässig. Das spanische Recht, das keinen starren Melodienschutz kennt, ermöglicht in Art. 39 LPI hingegen auch die Parodierung des Musikwerkes. Die unterschiedliche Behandlung der Kunstgattungen und die Bevorzugung von Werken der Musik im deutschen Recht ist nicht gerechtfertigt, da alle Werkgattungen den gleichen Schutz verdienen.[1120] Zudem sind im deutschen Recht musikalische Parodien nicht zulässig, die nur den Liedtext humoristisch abwandeln, da der Liedtext und der Musikteil zwei getrennt zu beurteilende Werke darstellen und eine freie Benutzung des Musikwerks nach § 24 UrhG daher ausscheidet. Die spanische Rechtsprechung und ein Teil der spanischen Literatur sehen jedoch überzeugend auch Parodien als zulässig an, die lediglich den Liedtext abwandeln. Das Musikwerk wird als Einheit mit dem Liedtext behandelt und gemeinsam nach Art. 39 LPI beurteilt.

Insbesondere verfügt aber nur das spanische Urheberrecht über eine wirksame Entlehnungsfreiheit zur Schaffung von Parodien. Im deutschen Recht hat das Fehlen einer Regelung für die Parodie im UrhG nämlich zur Folge, dass die Parodie nach zwei Entlehnungsfreiheiten beurteilt werden muss, die beide für die Parodie ungeeignet sind. Die Parodie ahmt eine Vorlage nach und stellt zu dieser einen Kontrast her, indem sie Veränderungen vornimmt. Indem der Rezipient sowohl die Vorlage als auch den Kontrast bzw. die Veränderungen erkennt, entsteht die humoristische Wirkung.[1121] Während § 24 I UrhG seinem Grundgedanken nach so starke **Veränderungen** erfordert, dass die Vorlage **nicht** mehr **erkennbar** ist und verblasst, erlaubt § 51 UrhG aufgrund des Änderungsverbots nach § 62 I 1 UrhG **nicht** die antithematische **Veränderung** der Entlehnungen und lässt durch das Gebot der Quellenangabe nach § 63 I 1 UrhG die **Erkennbarkeit** der Entlehnungen zu. Die Voraussetzungen der beiden Entlehnungsfreiheiten im deutschen Urheberrecht stehen sich also diametral gegenüber, ohne den Kern der Parodie zu treffen.

Um diesen Auslegungsschwierigkeiten zu begegnen, überdehnen die Rechtsprechung und herrschende Lehre als „Notlösung" die naheliegendste Regelung des § 24 I UrhG über ihren Wortlaut und ihre ursprüngliche Konzeption hinaus, um die gesellschaftlich erwünschte Kunstform der Parodie zu ermöglichen. Ausgehend von der richtigen, allgemeinen Überzeugung, dass die Parodie schützenswert ist und daher zustimmungsfrei zulässig sein muss, werden offensichtlich fehlerhafte Subsumtionen durchgeführt. So müsste das Verblassen der eigenpersönlichen Züge des Originalwerkes, die für eine freie Benutzung auch

1120 Siehe oben 2. Kap. B) I. 4. b).
1121 Siehe oben 2. Kap. A) I.

bei der Parodie vorausgesetzt wird, verneint werden, da die Parodie diese Züge erkennbar hervorhebt. Die Kunstfigur des „inneren Abstandes" führt ebenfalls nicht weiter, denn jedenfalls das Tatbestandsmerkmal der Selbstständigkeit verhindert eine Anwendung der freien Benutzung auf Parodien. Parodien sind nämlich gerade von ihrer Vorlage abhängig und ohne diese unverständlich. Sie sind daher ihrem Wesen nach unselbstständig. Die äußerst konstruierte Lösung der Rechtsprechung und herrschenden Lehre ist in der fehlenden Regelung für Parodien im deutschen Urheberrecht begründet, widerspricht aber dem klaren Wortlaut des § 24 I UrhG. Zwar werden im deutschen Recht teilweise im Rahmen des § 24 I UrhG alternative wirtschaftliche Kriterien befürwortet. Auch diese führen jedoch nicht am Selbstständigkeitserfordernis des § 24 I UrhG vorbei, das die Parodie unmöglich erfüllen kann.

Auch das Zitatrecht ist in seiner jetzigen Ausgestaltung nicht für parodistische Entlehnungen geeignet. Während das Änderungsverbot aus § 62 I 1 UrhG die Herstellung eines antithematischen Kontrastes stark erschwert oder gar unmöglich macht, nimmt das Zitiergebot aus § 63 I 1 UrhG der Parodie ihren Humor, da sie davon lebt, dass die Anspielung auf die Vorlage ohne ausdrücklichen Hinweis erkannt wird.

Das spanische Urheberrecht enthält hingegen – im Gegensatz zum deutschen Urheberrecht – eine ausdrückliche Regelung und damit eine wirksame Entlehnungsfreiheit für die Parodie in Art. 39 LPI. Grundlage des Art. 39 LPI bildet die Erkenntnis, dass die Parodie aufgrund ihrer Antithematik an einen anderen Konsumentenkreis und Markt gerichtet ist und daher weder wirtschaftliche Nachteile für die Verwertung des Originalwerks hervorruft, noch mit diesem in Konkurrenz steht. Darauf aufbauend, achtet Art. 39 LPI die besonderen Merkmale dieser Kunstgattung und dämmt gleichzeitig die Missbrauchsgefahr der Ausbeutung des Originalwerks unter Berufung auf die Parodieregelung durch vermeintliche Parodien wirksam ein. Sofern die „Parodie" nämlich eine wirtschaftliche Konkurrenz und Nachteile auf die Verwertung des Originalwerks bewirkt, spricht dies dafür, dass in Wahrheit keine Parodie vorliegt, sondern lediglich die Bekanntheit der Vorlage wirtschaftlich ausgebeutet werden soll. Die fehlende Verwechslungsgefahr schließt eine solche Konkurrenz aus. Zwar erlaubt das Merkmal der fehlenden Verwechslungsgefahr eine Erkennbarkeit der Entlehnungen, fordert aber zugleich auch die Erkennbarkeit der Unterschiede, um eine Verwechslung auszuschließen. Das Tatbestandsmerkmal des fehlenden Schadens für das Originalwerk verhindert Nachteile für die Verwertung des Originalwerks und wahrt somit die Rechte des Originalurhebers. Das Tatbestandsmerkmal des fehlenden Schadens für den Originalurheber aus Art. 39 LPI erscheint jedoch nicht notwendig, da das Urheberpersönlichkeitsrecht bereits durch das Recht auf Achtung der Werkintegrität nach Art. 14 LPI geschützt wird.[1122]

Sowohl im spanischen als auch im deutschen Recht wird anerkannt, dass der Werkintegritätsschutz des Originalurhebers nicht dazu führen darf, parodistische Entlehnungen stets verbieten zu können. Zustimmungswürdig wird der Integritätsschutz des Art. 14 Nr. 4 LPI bzw. § 14 UrhG lediglich als grobes Korrektiv, als äußerste Grenze des Zumutbaren, verstanden.

Die kritische Gegenüberstellung der spanischen und deutschen Lösung zeigt also, dass die spanische Regelung überlegen ist. Sie ermöglicht Parodien und wahrt zugleich die Rechte des Originalurhebers. Zudem ist sie auf Werke und Leistungsschutzrechte unterschiedslos und widerspruchsfrei anwendbar.

1122 Siehe oben 3. Kap. A) I. 4. d) dd).

5. Kapitel: Die Parodie de lege ferenda

A) Notwendigkeit einer Neuregelung

De lege lata besteht im deutschen Recht keine Entlehnungsfreiheit für Parodien, da die bestehenden Regelungen des § 24 UrhG und § 51 UrhG die Wesensmerkmale der Parodie nicht erlauben. Die Parodie ahmt einerseits eine Vorlage nach, stellt andererseits aber einen antithematischen Kontrast zu dieser her. Die notwendige komische Wirkung entfaltet sich, wenn der Betrachter in der Parodie einerseits die Vorlage, andererseits aber auch die Unterschiede und den Kontrast zu derselben wiedererkennt. Die durch die Rechtsprechung und herrschende Lehre vertretene Auffassung, Parodien als freie Benutzung nach § 24 I UrhG anzusehen, ist nicht vertretbar, da jedenfalls das Tatbestandsmerkmal der Selbstständigkeit nicht erfüllt werden kann. Eine Parodie wäre nämlich ohne die Vorlage unverständlich und ist daher ihrem Wesen nach immer unselbstständig. Auch kann ein Verblassen der eigenpersönlichen Züge nicht angenommen werden, da diese vielmehr erkennbar hervorgehoben werden. Ein vorhandener äußerer oder innerer Abstand führt ebenfalls zu keiner Selbstständigkeit der Parodie, da dieser Abstand nie so groß ist, dass die Vorlage entbehrlich wäre. Parodien können daher de lege lata nie als freie Benutzung nach § 24 I UrhG angesehen werden.

Eine zustimmungsfreie Entlehnung als Zitat nach § 51 UrhG scheitert bei Parodien, die die entlehnten Teile verändern. Das Änderungsverbot nach § 62 I 1 UrhG verhindert nämlich die für die Parodie wesensnotwendige Herstellung eines antithematischen Kontrastes durch Veränderung der Entlehnungen. Das Zitat kann daher nur Parodien rechtfertigen, die die entlehnten Teile unverändert in einen anderen, antithematischen Zusammenhang stellen, was die Herstellung der Parodie in den meisten Fällen unmöglich macht. Zudem lässt das Gebot der Quellenangabe nach § 63 I 1 UrhG die Parodie unhumoristisch wirken, da sie ihre Anspielung auf das Original erklären muss.

Da der Parodist sich im deutschen Recht einerseits nicht wirksam auf eine Entlehnungsfreiheit berufen kann, er aber andererseits auf eine solche angewiesen ist, da der Originalurheber in der Regel keine Zustimmung zur Verspottung seines Werkes gewähren würde, und die Parodie eine tradierte Kunstform ist, die nach Art. 5 I 1, III 1 GG eines rechtlichen Freiraums bedarf, ist eine Regelung de lege ferenda im deutschen Recht notwendig.

In Betracht käme die Einführung einer Schranke der Parodie in §§ 44a ff. UrhG. Art. 5 III k) Multimedia-RL erlaubt es den EU-Mitgliedsstaaten, eine entsprechende Schranke für Parodie, Pastiche und Karikatur zu erlassen, ohne dabei eine Konkretisierung der notwendigen Tatbestandsvoraussetzungen vorzunehmen. Eine Schranke der Parodie, die von keinen weiteren Tatbestandsvoraussetzungen abhängig wäre, würde hingegen nicht zu mehr Rechtssicherheit führen.

Vorzugswürdig ist daher eine Schranke, die die spanische Lösung aus Art. 39 LPI zum Vorbild nimmt, sich aber gleichzeitig bestmöglich in die bestehende Dogmatik des deutschen Urheberrechts einfügt.

Die spanische Lösung hat gegenüber der deutschen mehrere Vorteile: Erstens beruht sie auf einer ausdrücklichen Regelung für Parodien und führt dadurch zu mehr Rechtsicherheit. Die deutsche Lösung überdehnt hingegen § 24 I UrhG über seinen Wortlaut hinaus. Zweitens ermöglicht die spanische Regelung – im Gegensatz zum deutschen Recht – auch musikalische Parodien, die ebenso schützenswert sind wie andere Parodiearten. Drittens kann die spanische Lösung sowohl auf Werkvorlagen als auch auf Ton- und Filmträger einheitlich angewendet werden, da sie nicht an die Schöpfungshöhe der Vorlage anknüpft, sondern an die Erkenntnis, dass Parodien nicht in Konkurrenz zur Vorlage stehen und auf die wirtschaftliche Verwertung derselben keinen Einfluss haben. Die gegenwärtige, durch die deutsche Rechtsprechung und herrschende Lehre vertretene Lösung ist hingegen vor allem bei der Verwendung von Ton- und Filmträgern widersprüchlich, weil sie durch ihre Einschränkung auf selbst herstellbare Teile wertlose Teile stärker schützt als wertvolle. Vor allem führt sie aber zu einer Missbrauchsgefahr, da bei ihrer konsequenter Anwendung eine freie Benutzung von Film- oder Tonträgern aufgrund ihrer geringen Schöpfungshöhe in aller Regel, bei enthaltenen Laufbildern oder unschöpferischer Klänge gar stets möglich wäre.

B) Eigener Entwurf de lege ferenda

Beim Vergleich der Auslegung der Regelungen des § 51 UrhG einerseits und des Art. 39 LPI andererseits ergeben sich interessante Parallelen, die eine Regelung der Parodie de lege ferenda im Rahmen des § 51 UrhG als sinnvoll erscheinen lassen. Die bisherige Auslegung des § 51 UrhG und die zugrundeliegende Dogmatik harmonieren in weiten Teilen mit den Grundsätzen, die im Rahmen des Art. 39 LPI für die Parodie zur Anwendung kommen. So setzen sowohl Art. 39 LPI als auch § 51 UrhG voraus, dass keine wirtschaftliche Konkurrenz zum Originalwerk besteht. Das Selbstständigkeitskriterium, das in § 24 I UrhG Parodien verhindert, ist in § 51 S. 1 UrhG ebenso wenig enthalten wie in Art. 39 LPI. Auch die Werkeigenschaft des Zitatsubjekts wird in § 51 S. 1 UrhG seit der Neufassung nicht mehr vorausgesetzt. Beide Regelungen erfordern zudem die Verwendung eines veröffentlichten Werks.

I. Regelungsvorschlag

Vorzugswürdig erscheint daher eine Regelung der Parodie im Rahmen des Zitatrechts in § 51 UrhG. Jedoch machen das Änderungsverbot und das Gebot der Quellenangabe eine Anwendung auf Parodien unmöglich, wie oben festgestellt wurde. Hier erscheint es sinnvoll, durch eine Gesetzesänderung einen angemessenen Freiraum für Parodien zu schaffen, ohne die Regelung für die Zitatfreiheit zu erweitern, bei der die Quellenangabe und das Änderungsverbot sinnvoll sind. Erstrebenswert wäre die Ergänzung einer Alternative für Parodien in § 51 UrhG gemäß folgendem Gesetzesvorschlag:

§ 51 Zitate und Parodien
Zulässig ist die Vervielfältigung, Verbreitung und öffentliche Wiedergabe eines veröffentlichten Werkes zum Zweck des Zitats oder der Parodie, sofern die Nutzung durch den besonderen Zweck gerechtfertigt ist und den anständigen Gepflogenheiten entspricht. Eine Parodie entspricht den anständigen Gepflogenheiten, wenn sie die Verwertung des Originalwerks nicht unzumutbar beeinträchtigt und keine Verwechslungsgefahr mit demselben hervorruft; §§ 62, 63 UrhG finden keine Anwendung.

Da sich in den §§ 85 IV, 94 IV, 95 i.V.m. 94 IV UrhG Regelungen über die entsprechende Anwendung der Schranken aus §§ 44a ff. UrhG finden, ist eine entsprechende Anwendung des § 51 UrhG auf die Leistungsschutzrechte des Tonträger- und Filmherstellers gewährleistet.

II. Begründung des Änderungsvorschlags

1. Ergänzung des Parodiezwecks

Neben den Zitatzweck tritt der Parodiezweck. Diese Änderung erscheint geboten, da der Zitatzweck voraussetzt, dass Zitate als Beleg oder, nach neuerer Rechtsprechung, als Mittel des künstlerischen Ausdrucks und der künstlerischen Gestaltung eingesetzt werden. Der Belegzweck kann nur schwer erfüllt werden, da das Original die Parodie wie ein Gerüst über weite Teile trägt und daher nicht nur als Hilfsmittel der eigenen Darstellung dient.[1123] Der Einsatz des Zitats als Mittel des künstlerischen Ausdruck und der künstlerischen Gestaltung erfordert, dass das Zitat Kunst i.S.d. Art. 5 III 1 GG darstellt. Da Parodien Kunst sein können, jedoch nicht alle Parodien Kunst sind, erscheint die Klarstellung, dass Parodien auch dann zulässig sind, wenn sie keine Kunst

1123 Siehe oben 2. Kap. B) II. 7.

sind, aus Gründen der Rechtssicherheit für den Parodisten geboten. Auch erübrigt sich dadurch die schwierige Prüfung, ob die Parodie im Einzelfall Kunst i.S.d. Art. 5 III 1 GG ist.

Die Hinzufügung des Parodiezwecks stellt zudem klar, dass Parodien keine Zitate darstellen, sondern eine eigene Schranke neben der Zitatschranke bilden, die lediglich ähnliche Voraussetzungen hat und daher eine gemeinsame Regelung erfährt. Dem gleichen Zweck dient auch die Änderung des Titels des § 51 UrhG in „Zitate und Parodien". Art. 5 III d) Multimedia-RL sieht nämlich für die Zitatschranke bestimmte Einschränkungen wie das Gebot der Quellenangabe vor, die für Zitate sinnvoll sind, Parodien jedoch unnötig erschweren würden. Demgegenüber sieht Art. 5 III k) Multimedia-RL keinerlei Einschränkungen für die Schranke der Parodie vor. Die Klarstellung stellt daher sicher, dass Parodien nicht den Einschränkungen der Zitatschranke aus Art. 5 III d) Multimedia-RL unterliegen, sondern Art. 5 III k) Multimedia-RL.

2. *Kodifizierung der anständigen Gepflogenheiten*

a) Keine unzumutbare Beeinträchtigung der Verwertung

Im Rahmen des § 51 UrhG setzen die deutsche Rechtsprechung und Literatur als ungeschriebenes Tatbestandsmerkmal voraus, dass das Zitat den anständigen Gepflogenheiten entspricht. Dieses ergibt sich aus der richtlinienkonformen Auslegung des § 51 UrhG, da Art. 5 III d) Multimedia-RL diese Einschränkung nennt. Die Verwertungsmöglichkeiten des Originalurhebers sollen nicht geschmälert werden oder gar das Originalwerk durch das Zitat ersetzt werden. Es soll keine direkte Substitutionskonkurrenz eintreten.[1124]

Vergleichend dazu setzt das Tatbestandsmerkmal des fehlenden Schadens für das Originalwerk in Art. 39 LPI voraus, dass durch die Parodie keine wirtschaftliche Konkurrenz für das Originalwerk geschaffen wird. Die Parodie darf nicht den aktuellen oder potentiellen Markt des Originalwerks beeinträchtigen oder gar eine Substitutionskonkurrenz bewirken. Dabei müssen die Verbreitungskanäle, der Markt und das Publikum des Originalwerks und der Parodie miteinander verglichen werden.[1125]

In beiden Regelungen ist eine wirtschaftliche Beeinträchtigung infolge der durch die Parodie bewirkten Kritik unbeachtlich.

1124 Schricker-Schricker/Spindler, § 51 Rn. 23; siehe oben 2. Kap. B) II. 2. d) cc).
1125 Siehe oben 3. Kap. A) I. 4. d).

Durch die Kodifizierung des bisher ungeschriebenen Tatbestandsmerkmals der anständigen Gepflogenheiten lässt sich daher das Tatbestandsmerkmal des fehlenden Schadens des Originalwerks aus Art. 39 LPI in das deutsche Recht integrieren. Das Merkmal gewährleistet, dass nicht unter dem Vorwand einer vermeintlichen Parodie der Erfolg des Originalwerks wirtschaftlich ausgebeutet wird. Die Parodie und das Originalwerk haben nämlich grundsätzlich verschiedene Märkte. Zwar kann die Parodie durch ihre Kritik die Verwertung des Originalwerks beeinträchtigen, dessen Markt jedoch nicht einnehmen.

Durch die Konkretisierung auf **unzumutbare** Beeinträchtigungen wird klargestellt, dass Beeinträchtigungen, die aus der Kritik des Originalwerks resultieren, zumutbar und daher hinzunehmen sind.

b) Keine Verwechslungsgefahr

Zudem ist die fehlende Verwechslungsgefahr als zweites Korrektiv neben der fehlenden unzumutbaren Beeinträchtigung der Verwertung einzuführen, um eine Missbrauchsgefahr durch vermeintliche Parodien auszuschließen. Erforderlich erscheint daher die Konkretisierung, dass die anständigen Gepflogenheiten im Falle der Parodie zusätzlich das Fehlen einer Verwechslungsgefahr voraussetzen. Die Voraussetzung der Verwechslungsgefahr ist ein geeigneteres Kriterium, um den gleichen Zweck der Abstandswahrung vom Originalwerk zu erreichen. Dabei ist es flexibler als das deutsche Kriterium des äußeren und inneren Abstands und der Selbstständigkeit im Rahmen des § 24 I UrhG. Ein ausreichender Abstand führt zwar dazu, dass keine wirtschaftlichen Auswirkungen auf das Originalwerk eintreten. Jedoch verhindert das Kriterium Schöpfungen, die bewusst mit der Erkennbarkeit des Originalwerks arbeiten oder sogar darauf angewiesen sind, wie etwa die Parodie. Die Verwechslungsgefahr harmoniert hingegen mit dem Abstandskriterium. Wenn ein ausreichender Abstand eingehalten wird, besteht keine Verwechslungsgefahr. Jedoch geht das Kriterium der Verwechslungsgefahr über das Abstandskriterium hinaus. Selbst wenn kein ausreichender Abstand für eine Selbstständigkeit eingehalten wird, weil das Originalwerk noch erkennbar ist, besteht keine Verwechslungsgefahr, wenn gleichzeitig erkennbar ist, dass es sich um ein anderes Werk handelt.

Das Kriterium der Verwechslungsgefahr ermöglicht daher die Kunstform der Parodie, die zwar auf eine Erkennbarkeit des Originalwerks angewiesen ist, mit demselben jedoch nicht konkurriert, weil sie die Unterschiede so hervorhebt, dass sie erkennbar werden, und das Publikum erkennt, dass es sich um zwei unterschiedliche Werke handelt. Dadurch kann eine Missbrauchsgefahr durch vermeintliche Parodien verhindert werden, ohne zugleich die Parodiefreiheit zu beschränken.

3. *Entfernung des Umfangs der Nutzung*

Obwohl die Tatbestandsvoraussetzungen des Zitats und der Parodie weitgehend harmonisiert werden können, ist dennoch die Entfernung des Umfangs der Nutzungen aus der bisherigen Regelung des § 51 S. 1 UrhG notwendig. Dies verhindert, dass das Erforderlichkeitskriterium bei der Parodie zur Anwendung kommt, da Parodien häufig mehr entlehnen müssen, als strikt erforderlich wäre.[1126] Der Umfang der Entlehnungen ist bereits durch die anständigen Gepflogenheiten eingeschränkt. Im Falle des Zitatrechts können die anständigen Gepflogenheiten zudem richtlinienkonform dahingehend ausgelegt werden, dass der Umfang durch den besonderen Zitatzweck beschränkt wird.

4. *Entfernung des Änderungsverbots und des Gebots der Quellenangabe*

Das Änderungsverbot und das Gebot der Quellenangabe aus §§ 62, 63 UrhG stellen bedeutende Hindernisse für die Parodie dar.[1127] Damit die Parodierfreiheit gewährleistet ist, ist es somit notwendig, §§ 62, 63 UrhG im Falle der Parodie für unanwendbar zu erklären.

Jedoch werden dadurch die durch das Änderungsverbot und das Gebot der Quellenangabe geschützten Interessen nicht ungebührlich eingeschränkt, denn diese werden durch die Parodie in aller Regel nicht berührt. So dient das Änderungsverbot der Achtung des Entstellungsverbots aus § 14 UrhG bzw. § 94 I 2 UrhG. § 14 UrhG schützt den Originalurheber insbesondere davor, dass ihm fremde Gestaltungen zugerechnet werden und das Publikum infolgedessen einen falschen Eindruck von seinem Werkschaffen erhält. Da die Parodie sich durch den Kontrast aber erkennbar von dem Originalwerk abhebt, wird für den Betrachter ersichtlich, dass die Parodie und das Originalwerk zwei verschiedene Werke sind, die von zwei verschiedenen Urhebern stammen. Dann wird dem Originalurheber aber nicht die Parodie als sein eigenes Werk zugerechnet.[1128] Das Publikum erhält also keinen falschen Eindruck vom Werkschaffen des Originalurhebers, sodass das Entstellungsverbot nach § 14 UrhG insoweit nicht berührt ist. Auch das Entstellungsverbot des § 94 I 2 UrhG wird nicht wesentlich berührt, da die Änderungen keine nennenswerten wirtschaftlichen Auswirkungen auf die Verwertung des Originals haben.

Das Gebot der Quellenangabe schützt das Recht des Originalurhebers auf Anerkennung der Urheberschaft nach § 13 UrhG. Diese Urheberschaft wird durch

---

1126 Siehe oben 4. Kap. C) I. 2.

1127 Siehe oben 2. Kap. B) II.

1128 Siehe oben 2. Kap. B) III. 3. c).

die Parodie jedoch nicht infrage gestellt. Die Parodie gibt zwar keine Quelle des Originalwerks wieder. Jedoch enthält die Parodie einen erkennbaren Bezug auf das Originalwerk. Ihr Humor lebt davon, dass das Publikum die Anspielung auf das Originalwerk versteht und somit die Quelle derselben wiedererkennt. Der Parodist muss daher nicht dazu verpflichtet werden, die Quelle zu nennen, da es in seinem eigenen Interesse liegt, zwar nicht die Quelle anzugeben, jedoch eine erkennbare Anspielung auf die Quelle vorzunehmen.

Schließlich enthält auch die Regelung der Parodie aus Art. 5 III k) Multimedia-RL nicht die Einschränkungen der Quellenangabe und des Änderungsverbots, sodass diese auch nicht in die vorliegende Parodieregelung aufgenommen werden müssen.

5. *Abschaffung der bisherigen Regelbeispiele*

Im Rahmen der Gesetzesänderung kann gleichzeitig die Gelegenheit dazu genutzt werden, die Regelbeispiele des § 51 S. 2 Nr. 1–3 UrhG abzuschaffen, die zusätzliche, in § 51 S. 1 UrhG und in Art. 5 III d) Multimedia-RL nicht enthaltene Voraussetzungen enthalten (Stellen/einzelne Stellen,[1129] selbstständiges Werk, Erscheinen) und daher im Widerspruch zur Generalklausel des § 51 S. 1 UrhG und zu Art. 5 III d) Multimedia-RL stehen. Der Gesetzesbegründung zufolge wurden die früheren Regelungen des § 51 Nr. 1–3 UrhG a.F. in den Regelbeispielen des § 51 S. 2 Nr. 1–3 UrhG beibehalten, um klarzustellen, dass die bisherig zulässigen Zitate auch weiterhin zulässig bleiben.[1130] Diese Rechtsfolge ergibt sich jedoch bereits aus der Generalklausel des § 51 S. 1 UrhG, die weiter ist als die bisherigen Regelungen. Insbesondere die enge Regelung für Werke der Musik in § 51 S. 2 Nr. 3 UrhG ist nicht gerechtfertigt, da diese nicht schutzwürdiger sind als andere Werkarten.[1131]

III. Vereinbarkeit des Regelungsvorschlags mit der EuGH-Entscheidung Vrijheidsfonds/Vandersteen

Abschließend ist die Vereinbarkeit des Regelungsvorschlags mit den Grundsätzen der EuGH-Entscheidung Vrijheidsfonds/Vandersteen[1132] zur Parodie gemäß Art. 5 III k) Multimedia-Richtlinie zu untersuchen.

1129 Vgl. die Argumente gegen eine analoge Anwendung der § 51 S. 2 Nr. 2, 3 UrhG auf das Tonträger- und Filmherstellerrecht unter 2. Kap. C) III. 2. d) bb).

1130 RegE, BT-Drs. 16/1828, S. 25.

1131 Siehe oben 2. Kap. B) I. 4. b).

1132 EuGH GRUR 2014, 972 – Vrijheidsfonds/Vandersteen.

1. Übereinstimmungen

a) Parodiedefinition

Der EuGH definiert die Parodie durch dieselben vier Elemente (Nachahmung, Kontrast, Erkennbarkeit und humoristische Wirkung) wie die vorliegende Arbeit[1133]: *„(...) die wesentlichen Elemente der Parodie darin bestehen, zum einen an ein* ***bestehendes Werk*** *[Nachahmung einer Vorlage]* ***zu erinnern*** *[Erkennbarkeit der Vorlage], gleichzeitig aber ihm gegenüber* ***wahrnehmbare*** *[Erkennbarkeit des Kontrastes]* ***Unterschiede*** *[Kontrast] aufzuweisen und zum anderen einen Ausdruck von* ***Humor*** *[humoristische Wirkung] oder eine Verspottung darzustellen."*[1134].

b) Werkeigenschaft der Parodie

Entgegen der BGH-Rechtsprechung und der herrschenden Auffassung in der Literatur setzt der EuGH die Werkeigenschaft der Parodie nicht voraus. Dies entspricht der vorliegend vertretenen Auffassung und ist ein richtiger Schritt zur postmodernen Auslegung des Urheberrechts. Gleichzeitig wird dadurch eine Anwendung des § 24 I UrhG auf Parodien, die keine ausreichende Schöpfungshöhe nach § 2 II UrhG aufweisen, unmöglich, da eine freie Benutzung nur vorliegt, wenn ein Werk entsteht.

c) Quellenangabe und Umfang der Entlehnungen

Weitere Gemeinsamkeiten zur vorliegenden Auffassung bestehen darin, dass eine Quellenangabe nicht notwendig ist und der Umfang der zulässigen Entlehnungen der Parodie nicht eingeschränkt wird.

2. Unterschiede

a) Indirekte Parodien

Entgegen der vorliegenden Auffassung sieht der EuGH auch indirekte Parodien als zulässig an. Diese Ansicht ist abzulehnen, da die Parodie in diesem Fall nicht darauf angewiesen ist, gerade das Originalwerk zu verwenden bzw. dem Originalurheber die Einholung einer Zustimmung zugemutet werden kann.[1135] Da der Lösungsvorschlag die Parodie nicht definiert, können jedoch auch indirekte Parodien darunter subsumiert werden.

1133 Siehe oben 2. Kap. A) I., 3. Kap. A) I. 4. a), 4. Kap. B).

1134 EuGH GRUR 2014, 972 Vrijheidsfonds/Vandersteen, Hervorhebungen und Ergänzungen durch Verf.

1135 Siehe oben 3. Kap. A) I. 4. a) bb).

b) Keine notwendige Zuschreibung an eine andere Person

Zudem vertritt der EuGH die Auffassung, dass die Parodie grundsätzlich nicht notwendigerweise einer anderen Person als dem Originalurheber zugeschrieben werden müsse.[1136] Dies gelte jedoch nicht, wenn das Originalwerk aufgrund der Parodie mit einer diskriminierenden Aussage in Verbindung gebracht werde.[1137]

Diese Auslegung ist zwar mit dem Wortlaut des Regelungsvorschlages vereinbar, verstößt jedoch gegen das Entstellungsverbot aus § 14 UrhG. Dieses schützt den Urheber vor jeder Zurechnung fremder Gestaltungen als eigene.[1138] Da nach dem 19. Erwägungsgrund der Multimedia-RL das Urheberpersönlichkeitsrecht nicht Gegenstand der Multimedia-RL ist, stellt auch der Generalanwalt fest, dass die Beurteilung einer Verletzung des Urheberpersönlichkeitsrechts ausschließlich dem nationalen Gericht obliege.[1139]

c) Allgemeine Interessenabwägung im Einzelfall

Dem EuGH zufolge ist eine Parodie nach Art. 5 III k) Multimedia-RL zulässig, wenn sie die vier wesenstypischen Merkmale erfüllt. Diese sind jedoch nur für die Funktionsweise der Parodie als Kunstform entscheidend und besagen noch nichts über den erforderlichen Ausgleich zwischen den widerstreitenden Interessen des Originalurhebers und des Parodisten. Diesen Ausgleich überlässt der EuGH einer Abwägung im Einzelfall. Der vorliegende Lösungsvorschlag führt zu mehr Rechtssicherheit, indem er dasselbe Abwägungsergebnis durch die Tatbestandsmerkmale der fehlenden unzumutbaren Beeinträchtigung der Verwertung sowie der fehlenden Verwechslungsgefahr konkretisiert.

Abschließend kann festgestellt werden, dass die neue Regelung der Parodie im Rahmen des § 51 UrhG sich in die bestehende Dogmatik einfügt, die Parodiefreiheit sowohl bei Werkvorlagen als auch bei Ton- oder Filmträgern ermöglicht, die Rechte des Originalurhebers nicht mehr als notwendig einschränkt und zudem mit der EuGH-Rechtsprechung vereinbar ist.

1136 EuGH GRUR 2014, 972, 973 – Vrijheidsfonds/Vandersteen.

1137 EuGH GRUR 2014, 972, 974 – Vrijheidsfonds/Vandersteen.

1138 Siehe oben 2. Kap. B) III. 1.

1139 Generalanwalt, Schlussantrag vom 22.05.2014 – C-201/13, Rn. 28.

Literaturverzeichnis

Alonso Palma, Ángel Luis: Propiedad intelectual y derecho audiovisual, Madrid 2006, zit.: Alonso Palma, Propiedad intelectual y derecho audiovisual.

Apel, Simon: Bridgeport Music, Inc. v. Dimension Films (USA), Metall auf Metall (Germany) and Digital Sound Sampling - „Bright Line Rules"?, in: ZGE 2010, S. 331–350, zit.: Apel, ZGE 2010.

Arnecke, Henning: Reflexion über das Original, Wiederholung als Ritual, in: Mensger, Ariane (Hrsg.): Déjà-vu?, Die Kunst der Wiederholung von Dürer bis YouTube, S. 300, Bielefeld, Berlin 2012, zit.: Arnecke, Déjà-vu, Reflexion über das Original.

Bartels, Hans-Joachim: Methode und Gegenstand intersystemarer Rechtsvergleichung, Tübingen 1982, zit.: Bartels, Intersystemare Rechtsvergleichung.

Bayreuther, Frank: Beschränkungen des Urheberrechts nach der neuen EU-Urheberrechtsrichtlinie, in: ZUM 2001, S. 828–839, zit.: Bayreuther, ZUM 2001.

Becker, Berhard von: Grenzenlose Freiheit der Satire?, in: NJW 2001, S. 583–585, zit.: von Becker, NJW 2001.

Becker, Bernhard von: Parodiefreiheit und Güterabwägung - Das „Gies-Adler"-Urteil des BGH, in: GRUR 2004, S. 104–109, zit.: von Becker, GRUR 2004.

Becker, Sönke: Parodie und Kommerz: Eine Rechtsvergleichende Untersuchung des amerikanischen und deutschen Urheber- und Markenrechts, Heidelberg 2004, zit.: Becker, Parodie und Kommerz.

Benjamin, Walter: Das Kunstwerk im Zeitalter seiner technischen Reproduzierbarkeit, Berlin 2010, zit.: Benjamin, Das Kunstwerk im Zeitalter seiner technischen Reproduzierbarkeit.

Bercovitz Rodríguez-Cano, Rodrigo (Hrsg.)/ Díaz Alabart, Silvia/ u.a.: Comentarios a la Ley de propiedad intelectual: Real decreto legislativo 1/1996, de 12 de abril, por el que se aprueba el texto refundido de la Ley de propiedad intelectual, regularizando, aclarando y armonizando las disposiciones legales vigentes sobre la materia, 3. Aufl., Madrid 2007, zit.: Bercovitz-Bearbeiter.

Bercovitz Rodríguez-Cano, Rodrigo: Manual de Propiedad Intelectual, Valencia 2001, zit.: Bercovitz Rodríguez-Cano, Manual de Propiedad Intelectual.

Bercovitz, Germán: Obra plástica y derechos patrimoniales de su autor, Madrid 1997, zit.: Bercovitz, Obra plástica.

Bertand, André R.: Le droit d'auteur et les droits voisins, 2. Aufl., Paris 1999, zit.: Bertand: Le droit d'auteur et les droits voisins.

Blume Huttenlauch, Anna: Appropriation Art – Kunst an den Grenzen des Urheberrechts, Baden-Baden 2010, zit.: Blume Huttenlauch, Appropriation Art.

Betz, Juliane: Ein „Bedürfniß und Eigenthum Aller", Die Verbreitung von Kunst durch Reproduktionen im 19. Jahrhundert, in: Mensger, Ariane (Hrsg.): Déjà-vu? Die Kunst der Wiederholung von Dürer bis YouTube, S. 86–95, Bielefeld 2012, zit.: Betz, Déjà-vu, Verbreitung von Kunst durch Reproduktionen.

Bonneß, André: Der Schutz von Figuren durch das Urheberrechtsgesetz: Unter Berücksichtigung persönlichkeitsrechtlicher Aspekte, Hamburg 1999, zit.: Bonneß, Schutz von Figuren durch das Urheberrechtsgesetz.

Bouza, Miguel Ángel: ¿Parodia Nacional o Individual? Nota a la Sentencia de la Audiencia Provincial de Madrid (Sección 13ª), de 2 de febrero de 2000, in: RGD 675 (2000), S. 15133–15144, zit.: Bouza, RGD 675.

Brakensiek, Stephan: Maler und ihre Stecher – oder Von der Kunst, als Künstler nicht in Erscheinung zu treten, in: Kemmer, Barbara/ Brakensiek, Stephan (Hrsg.): Graphik als Spiegel der Malerei: Meisterwerke der Reproduktionsgraphik 1500 - 1830, S. 145–147, Mailand 2009, zit.: Brakensiek, Graphik als Spiegel der Malerei, Maler und ihre Stecher.

Brauns, Christian: Die Entlehnungsfreiheit im Urheberrechtsgesetz, Baden Baden 2001, zit.: Brauns, Entlehnungsfreiheit.

Bullinger, Winfried: Erweiterter Anwendungsbereich des urheberrechtlichen Zitatrechts nur bei Aufnahme in künstlerisches Werk – „Blühende Landschaften", in: GRUR-Prax 2012, S. 287, zit.: Bullinger, GRUR-Prax 2012.

Büscher, Wolfgang/ Dittmer, Stefan/ Schiwy, Peter: Gewerblicher Rechtsschutz, Urheberrecht, Medienrecht, Kommentar, 2. Aufl., Köln 2011, zit.: Büscher/ Dittmer/Schiwy-Bearbeiter.

Cámara Águila, María del Pilar: El derecho moral del autor (Con especial referencia a su configuración y ejercicio tras la muerte del autor), Granada 1998, zit.: Cámara Águila, El derecho moral del autor.

Chakraborty, Martin: Das Rechtsinstitut der freien Benutzung im Urheberrecht, Baden-Baden 1997, zit.: Chakraborty, Freie Benutzung.

Colombet, Claude: Propriété littéraire et artistique et droits voisins, 9. Aufl., Paris 1999, zit.: Colombet, Propriété littéraire et artistique.

Constantinesco, Léontin-Jean: Rechtsvergleichung, Band II: Die rechtsvergleichende Methode, Köln, Berlin, Bonn, München 1972, zit.: Constantinesco, Rechtsvergleichung, Band II.

Detten, Urban von: Kunstausstellung und das Urheberpersönlichkeitsrecht des bildenden Künstlers, Frankfurt am Main 2010, zit.: von Detten, Kunstausstellung und Urheberpersönlichkeitsrecht.

Díaz Alabart, Silvia: La parodia en la nueva Ley de Propiedad Intelectual, in: Reverte Navarro, Antonio (Hrsg.)/ u.a.: Homenaje al Profesor Juan Roca Juan, Murcia 1989, S. 193–213, zit.: Díaz Alabart, La parodia en la nueva Ley de Propiedad Intelectual.

Dierkes, Sven: Die Verletzung der Leistungsschutzrechte des Tonträgerherstellers, Baden-Baden 2000, zit.: Dierkes, Leistungsschutzrechte des Tonträgerherstellers.

Dieth, Mathias: Musikwerk und Musikplagiat im deutschen Urheberrecht, Baden-Baden 2000, zit.: Dieth, Musikwerk und Musikplagiat.

Dietz, Adolf: Das Urheberrecht in Spanien und Portugal. Rechtsvergleichende Studie erstellt im Auftrage der Kommission der Europäischen Gemeinschaften, 1. Aufl., Baden-Baden 1990, zit.: Dietz, Urheberrecht in Spanien und Portugal.

Dreier, Thomas: Original und Kopie im rechtlichen Bildregime, in: Mensger, Ariane (Hrsg.): Déjà-vu? Die Kunst der Wiederholung von Dürer bis YouTube, S. 146–155, Bielefeld 2012, zit.: Dreier, Déjà-vu, Original und Kopie.

Dreier, Thomas: Thumbnails als Zitate? Zur Reichweite von § 51 UrhG in der Informationsgesellschaft, in: Blaurock, Uwe (Hrsg.)/ Bornkamm, Joachim (Hrsg.)/ Kirchberg, Christian (Hrsg.): Festschrift für Achim Krämer zum 70. Geburtstag am 19. September 2009, Berlin 2009, S. 225–239, zit.: Dreier, FS Krämer.

Dreier, Thomas/ Schulze, Gernot: Urheberrechtsgesetz, Urheberrechtswahrnehmungsgesetz, Kunsturhebergesetz, Kommentar, 4. Aufl., München 2013, zit.: Dreier/Schulze-Bearbeiter.

Dreyer, Gunda/ Kotthoff, Jost/ Meckel, Astrid: Urheberrecht; Urheberrechtsgesetz, Urheberrechtswahrnehmungsgesetz, Kunsturhebergesetz, 3. Aufl., Heidelberg 2013, zit.: Dreyer/Kotthoff/Meckel-Bearbeiter.

Dünnwald, Rolf: Anmerkung [zu BGH NJW 1971, 2169 ff. – Disney-Parodie], in: AfP 1972, S. 274–275, zit.: Dünnwald, AfP 1972.

Dünnwald, Rolf: Zum Leistungsschutz an Tonträgern und Bildtonträgern, in: UFITA Band 76 (1976), S. 165–191, zit.: Dünnwald, UFITA 76 (1976).

Ebert, Kurt Hanns: Rechtsvergleichung, Einführung in die Grundlagen, Bern 1978, zit.: Ebert, Rechtsvergleichung.

Elmenhorst, Lucas/ Schmidt-Thomé, Bertold: Anmerkung zu einer Entscheidung des BGH, Urt. v. 30.11.2011 (I ZR 212/10; ZUM 2012, 681) - Zur Frage der Grenzen der Zitierfreiheit im Rahmen literarischer Collagen, in: ZUM 2012, S. 684–686, zit.: Elmenhorst/Schmidt-Thomé, ZUM 2012.

Erdozain, José Carlos/ Bercovitz Rodríguez-Cano, Rodrigo: Derechos de autor y propiedad intelectual en Internet, Madrid 2002, zit.: Erdozain, Propiedad intelectual en Internet.

Espín Alba, Isabel: La parodia de obras divulgadas, in: Rogel Vide, Carlos: Los límites de derecho de autor, S. 275–294, Madrid 2006, zit.: Espín Alba, La parodia de obras divulgadas.

Fernández-Albor Baltar, Ángel: Los derechos afines a los derechos de autor en el texto refundido de Ley de Propiedad Intelectual, in: Actas de Derecho Industrial y Derecho de Autor, Band XVII (1996), S. 105–140, zit.: Fernández-Albor Baltar, ADIDA 1996.

Franzen, Martin: Privatrechtsangleichung durch die Europäische Gemeinschaft, Berlin, New York 1999, zit.: Franzen, Privatrechtsangleichung durch die Europäische Gemeinschaft.

Garrote Fernández-Díez, Ignacio: El derecho de autor en Internet – La Directiva sobre derechos de autor y derechos afines en la sociedad de la información, Granada 2001, zit.: Garrote Fernández-Díez, Derecho de autor en Internet.

Gärtner, Sebastian: Was die Satire darf: eine Gesamtbetrachtung zu den rechtlichen Grenzen einer Kunstform, Berlin 2009, zit.: Gärtner, Was die Satire darf.

Gautier, Pierre-Yves: Propriété littéraire et artistique, 4. Aufl., Paris 2001, zit.: Gautier, Propriété littéraire et artistique.

González Gozalo, Alfonso: El uso de secuencias audiovisuales ajenas en los programas de televisión, in: RPJ 2003, S. 45–86, zit.: González Gozalo, RPJ 2003.

González López, Marisela: El derecho moral del autor en la Ley Española de Propiedad Intelectual, Madrid 1993, zit.: González López, El derecho moral del autor.

Gregor, Nikolas: Der Produzent und die Rechte am Filmwerk, Köln 2010, zit.: Gregor, Rechte am Filmwerk.

Hefti, Ernst: Die Parodie im Urheberrecht, Berlin 1977, zit.: Hefti, Parodie im Urheberrecht.

Hernando Collazos, Isabel: Productos multimedia y derechos de autor, San Sebastián 1997, zit.: Hernando Collazos, Productos multimedia.

Hertin, Paul W.: Das Musikzitat im deutschen Urheberrecht, in: GRUR 1989, S. 159–167, zit.: Hertin, GRUR 1989.

Hess, Gandolf: Urheberrechtsprobleme der Parodie, Baden-Baden 1993, zit.: Hess, Urheberrechtsprobleme der Parodie.

Hillig, Hans-Peter: Anmerkung zu OLG Frankfurt am Main, Urteil vom 25.1.2005 - 11 U 25/04 - TV-Total, in: ZUM 2005, S. 482–483, zit.: Hillig, ZUM 2005.

Hillig, Hans-Peter: Anmerkung zum Urteil des LG Frankfurt am Main vom 25.11.2003 - TV-Total, in: ZUM 2004, S. 397–399, zit.: Hillig, ZUM 2004.

Hoeren, Thomas (Hrsg.)/ Sieber, Ulrich (Hrsg.)/ Holznagel, Bernd (Hrsg.)/ u.a.: Handbuch Multimedia-Recht, 38. Ergänzungslieferung, März 2014, zit.: Hoeren/Sieber-Bearbeiter, Multimedia-Recht.

Hoeren, Thomas: Anmerkung [zu BGH GRUR 2008, 693 ff. - TV-Total], in: MMR 2009, S. 257–258, zit.: Hoeren, MMR 2009.

Hoeren, Thomas: Sounds von der Datenbank – Zur urheber- und wettbewerbsrechtlichen Beurteilung des Samplings in der Popmusik, in: GRUR 1989, S. 11–16, zit.: Hoeren, GRUR 1989.

Honscheck, Sebastian: Der Schutz des Urhebers vor Änderungen und Entstellungen durch den Eigentümer, in: GRUR 2007, S. 944–950, zit.: Honscheck, GRUR 2007.

Huttenlauch, Anna Blume: Appropriation Art – Kunst an den Grenzen des Urheberrechts, Baden-Baden 2010, zit.: Huttenlauch, Appropriation Art.

Jayme, Erik: Gesammelte Schriften, Band 2. Rechtsvergleichung: Ideengeschichte und Grundlagen; von Emerico Amari zur Postmoderne; Vorträge, Aufsätze, Rezensionen, Heidelberg 2000, zit.: Jayme, Gesammelte Schriften, Band 2.

Jayme, Erik: Kunstersatzprodukte im Kaufrecht, in: Weller, Matthias (Hrsg.): Das Recht des Theaters - Das Recht der Kunst auf Reisen, Tagungsband des Vierten Heidelberger Kunstrechtstags am 1. und 2. Oktober 2010, S. 113–130, Baden-Baden 2011, zit.: Jayme, Kunstersatzprodukte im Kaufrecht.

Jayme, Erik: Original und Fälschung – Beiträge des Rechts zu den Bildwissenschaften, in: Reichelt, Gerte (Hrsg.), Original und Fälschung im Spannungsfeld von Persönlichkeitsschutz, Urheber-, Marken-, und Wettbewerbsrecht, Symposium Wien 12. Mai 2006, S. 23–39, Wien 2007, zit.: Jayme, Original und Fälschung.

Jayme, Erik: Rechtsvergleichung und kulturelle Identität – zugleich ein Blick in das italienische Risorgimento, Tübingen 2012, zit.: Jayme, Rechtsvergleichung und kulturelle Identität.

Jayme, Erik: Rezension zu Anna Blume Huttenlauch, Appropriation Art – Kunst an den Grenzen des Urheberrechts, in: UFITA 2011/II, S. 590–592, zit.: Jayme, UFITA 2011/II.

Kettner, Jasper: Innovation durch Reproduktion – Neuerungen in den Drucktechniken vor 1818, in: Kemmer, Barbara/ Brakensiek, Stephan (Hrsg.): Graphik als Spiegel der Malerei: Meisterwerke der Reproduktionsgraphik 1500–1830, S. 15–21, Mailand 2009, zit.: Kettner, Graphik als Spiegel der Malerei, Innovation durch Reproduktion.

Klatt, Heiko: Zur Reichweite des Laufbildschutzes bei der Frage der freien Benutzung i.S. des § 24 Abs. 1 UrhG, in: AfP 2008, S. 350–354, zit.: Klatt, AfP 2008.

Knies, Bernhard: Die Rechte der Tonträgerhersteller in internationaler und rechtsvergleichender Hinsicht, München 1999, zit.: Knies, Rechte der Tonträgerhersteller.

Krätschmer, Oliver: Neucodierung, Parodie, Reinszenierung, in: Mensger, Ariane (Hrsg.): Déjà-vu?, Die Kunst der Wiederholung von Dürer bis YouTube, S. 270, Bielefeld, Berlin 2012, zit.: Krätschmer, Déjà-vu, Reinszenierung.

Krüger, Tatjana: Die Freiheit des Zitats im Multimedia-Zeitalter: eine Untersuchung zur Vereinbarkeit des deutschen, französischen und britischen Rechts mit der europäischen „Multimedia-Richtlinie" vom 22. Mai 2001, Berlin 2004, zit.: Krüger, Freiheit des Zitats.

Larenz, Karl: Methodenlehre der Rechtswissenschaft, 6. Aufl., Berlin, Heidelberg, New York, London, Paris, Tokyo, Hong Kong, Barcelona, Budapest 1991, zit.: Larenz, Methodenlehre.

Lindhorst, Hermann: Anmerkung [zu BGH GRUR 2009, 403 ff. – Metall auf Metall], in: GRUR 2009, S. 406–407, zit.: Lindhorst, GRUR 2009.

Loewenheim, Ulrich (Hrsg.)/ Becker, Bernhard von/ Mees, Hans-Kurt: Handbuch des Urheberrechts, München 2010, zit.: Loewenheim-Bearbeiter, Handbuch des Urheberrechts.

López Sánchez, Cristina: La transformación de la obra intelectual, Madrid 2008, zit.: López Sánchez, La transformación de la obra intelectual.

Marco Molina, Juana: La Propiedad Intelectual en la legislación española, Madrid 1995, zit.: Marco Molina, Propiedad Intelectual.

Martens, Sebastian A. E.: Methodenlehre des Unionsrechts, Tübingen 2013, zit.: Martens, Methodenlehre des Unionsrechts.

Mauch, Kerstin: Die rechtliche Beurteilung von Parodien im nationalen Urheberrecht der Mitgliedstaaten der EU, Frankfurt a.M., Berlin, Brüssel, New York, Oxford, Wien 2003, zit.: Mauch, Beurteilung von Parodien.

Mensger, Ariane: Déjà-vu, Von Kopien und anderen Originalen, in: Mensger, Ariane (Hrsg.): Déjà-vu?, Die Kunst der Wiederholung von Dürer bis YouTube, S. 30–45, Bielefeld, Berlin 2012, zit.: Mensger, Déjà-vu, Von Kopien und anderen Originalen.

Mestmäcker, Ernst-Joachim (Hrsg.)/ Hertin, Paul W. (Hrsg.): Kommentar zum deutschen Urheberrecht, unter Berücksichtigung des internationalen Rechts und des Gemeinschaftsrechts in den Mitgliedstaaten der EU, 48. Ergänzungslieferung, Köln 2008, zit.: UrhK-Bearbeiter.

Möhring, Philipp/ Nicolini, Käte (Hrsg.), Ahlberg, Hartwig (Hrsg.): Urheberrechtsgesetz, 2. Aufl., München 2000, zit.: Möhring/Nicolini-Bearbeiter.

Müller-Tamm, Pia: Die Kunst der Wiederholung und das Museum, in: Mensger, Ariane (Hrsg.): Déjà-vu?, Die Kunst der Wiederholung von Dürer bis YouTube, S. 19–23, Bielefeld, Berlin 2012, zit.: Müller-Tamm, Déjà-vu, Kunst der Wiederholung.

Müller, Stefanie: Das neue spanische Urheberrecht im Vergleich zum deutschen Recht unter besonderer Berücksichtigung der europäischen Urheberrechtsharmonisierung, München 1997, zit.: Müller, Das neue spanische Urheberrecht.

Müller, Stefanie: Übersetzung des spanischen Urheberrechtsgesetzes, Königliches Dekret Nr. 1/1996 vom 12. April, GRURInt 1997, 337 ff., zit.: Müller, GRURInt 1997.

Münker, Reiner: Urheberrechtliche Zustimmungserfordernisse beim Digital Sampling, Frankfurt am Main, Berlin, Bern, New York, Paris, Wien 1995, zit.: Münker, Digital Sampling.

Nordemann, Wilhelm: Anmerkung [zu BGH NJW 1971, 2169 ff. – Disney-Parodie], S. 590–591, zit.: Nordemann, GRUR 1971.

Oebbecke, Johannes S.: Der „Schutzgegenstand“ der Verwandten Schutzrechte – Eine einheitliche Lösung für die Probleme des Teilschutzes, der Bearbeitung und der freien Benutzung unter em Blickwinkel immaterialgüterrechtlicher Gemeinsamkeiten, Frankfurt, Berlin, Bern, Brüssel, New York, Oxford, Wien 2011, zit.: Oebbecke, Verwandte Schutzrechte.

Olenhusen, Albrecht Götz von/ Ling, Peter: Parodie und Urheberrechtsverletzung in der Schweiz und in Deuschland, insbesondere im Bereich der bildenden Künste, in: UFITA 2003/III, S. 695–724, zit.: von Olenhusen/Ling, UFITA 2003/III.

Pense, Andreas: Der urheberrechtliche Filmherstellerbegriff des § 94 UrhG, in: ZUM 1999, 121–126, zit.: Pense, ZUM 1999.

Perdices Huetos, Antonio B.: La muerte juega al gin rummy (la parodia en el derecho de autor y de marcas), Revista de Proviedad Intelectual 2001(PeI), S. 9–53, zit.: Perides Huetos, Pe.I. 2001.

Pérez Bes, Francisco: Aproximación a la figura de la parodia en el derecho de la propiedad intelectual, in: La Ley 2008, S. 359–382, zit.: Pérez Bes, La Ley 2008.

Piek, Sarah: Die Kritik an der funktionellen Rechtsvergleichung, in: ZEuP 2013, S. 60–87, zit.: Piek, ZEuP 2013.

Pierrat, Emmanuel: Le droit du livre, Paris 2000, zit.: Pierrat, Le droit du livre.

Platho, Rolf: Die Parodie: Eine „freie Bearbeitung" nach § 23 UrhG, in: GRUR 1992, S. 360–365, zit.: Platho, GRUR 1992.

Preinfalk Lavagni, Ivonne: El derecho moral del autor de programas informáticos, Valencia 2010, zit.: Preinfalk Lavagni, Derecho moral del autor de programas informáticos.

Prengel, Timo: Bildzitate von Kunstwerken als Schranke des Urheberrechts und des Eigentums mit Bezügen zum Internationalen Privatrecht, Frankfurt am Main 2012, zit.: Prengel: Bildzitate von Kunstwerken.

Rabel, Ernst: Gesammelte Aufsätze, Band III, Tübingen 1967, zit.: Rabel, Gesammelte Aufsätze, Band III.

Rehbinder, Manfred: Urheberrecht, ein Studienbuch, 16. Aufl., München 2010, zit.: Rehbinder, Urheberrecht.

Reinhart, Gert: Rechtsvergleichung und richterliche Rechtsfortbildung auf dem Gebiet des Privatrechts, in: Festschrift der Juristischen Fakultät zur 600-Jahr-Feier der Ruprecht-Karls-Universität Heidelberg, Heidelberg 1986, zit.: Reinhart, FS Heidelberg.

Reschke, Johannes: Die verfassungs- und dreistufentestkonforme Auslegung der Schranken des Urheberrechts - zugleich eine Überprüfung von § 52b UrhG, Göttingen 2010, zit.: Reschke, Auslegung der Schranken.

Reupert, Christine: Der Film im Urheberrecht: neue Perspektiven nach hundert Jahren Film, Baden-Baden 1995, zit.: Reupert, Film im Urheberrecht.

Rodríguez Tapia, José Miguel/ Bondía Román, Fernando/ u.a.: Comentarios a la Ley de Propiedad Intelectual, Madrid 2009, zit.: Tapia-Bearbeiter, Comentarios.

Román Pérez, Raquel de: Obras musicales, compositores, intérpretes y nuevas tecnologías, Madrid 2003, zit.: Román Pérez, Obras musicales.

Ruijsenaars, Heijo E.: Comic-Figuren und Parodien. Ein urheberrechtlicher Streifzug – Teil II: Beurteilungskriterien für die zulässige Parodie, in: GRUR Int 1993, S. 918–933, zit.: Ruijsenaars, GRUR Int 1993.

Runge, Philipp: Die Vereinbarkeit einer Content-Flatrate für Musik mit dem Drei-Stufen-Test, in: GRUR Int 2007, 130 ff., zit.: Runge, GRUR Int 2007.

Rütz, Christian: Die Parodie in der Informationsgesellschaft, zugleich Anmerkung zu BGH WRP 2003, S. 1235 (Gies-Adler), in: WRP 2004, 323–330, zit.: Rütz, WRP 2004.

Sacco, Rodolfo: Rechtsvergleichung; Aus dem Italienischen übersetzt von Jacob Joussen, 1. Aufl., Baden-Baden 2001, zit.: Sacco, Rechtsvergleichung.

Sánchez Aristi, Rafael: La propiedad intelectual sobre las obras musicales, Granada 1999, zit.: Sánchez Aristi, La propiedad intelectual sobre las obras musicales.

Sánchez González, María Paz: Los límites del derecho de autor: El derecho de cita de una obra flamenca en otra musical o audiovisual. La Parodia de obra flamenca, S. 143–184, in: Costilla Barea, Margarita (Hrsg.)/ u.a.: El flamenco y los derechos de autor, Madrid 2010, zit.: Sánchez Gonzáles, La parodia de obra flamenca.

Schack, Haimo: Anmerkung [zu BGH JZ 2009, 471 ff. – Metall auf Metall], in: JZ 2009, S. 475–477, zit.: Schack, JZ 2009.

Schack, Haimo: Appropriation Art und Urheberrecht, in: Loewenheim, Ulrich (Hrsg.): Urheberrecht im Informationszeitalter: Festschrift für Wilhelm Nordemann zum 70. Geburtstag am 8. Januar 2004, München 2004, S. 107–113, zit.: Schack, FS Nordemann.

Schack, Haimo: Kunst und Recht: Bildende Kunst, Architektur, Design und Fotografie im deutschen und internationalen Recht, 2. Aufl., Tübingen 2009, zit.: Schack, Kunst und Recht.

Schack, Haimo: Urheber- und Urhebervertragsrecht, 5. Aufl., Tübingen 2010, zit.: Schack, Urheberrecht.

Scheibeler, Elke: Begriffsbildung durch den Europäischen Gerichtshof – autonom oder durch Verweis auf die nationalen Rechtsordnungen?, Berlin 2004, zit.: Scheibeler, Begriffsbildung durch den Europäischen Gerichtshof.

Schmieder, Hans-Heinrich: Anmerkung [zu BGH NJW 1971, 2169 ff. – Disney-Parodie], in: NJW 1971, S. 2169–2170, zit.: Schmieder, NJW 1971.

Schmieder, Hans-Heinrich: Der Wettbewerbsgedanke im Urheberrecht, dargestellt an Fragen der Werkfortsetzung, des Selbstplagiats und der Parodie, in: UFITA 80 (1977), S. 127–141, zit.: Schmieder, UFITA 80 (1977).

Schricker, Gerhard (Hrsg.)/ Dreier, Thomas/ Lewinski, Silke von/ u.a.: Urheberrecht auf dem Weg zur Informationsgesellschaft, Baden-Baden 1997, zit.: Schricker-Bearbeiter, Urheberrecht auf dem Weg zur Informationsgesellschaft.

Schricker, Gerhard/ Loewenheim, Ulrich (Hrsg.)/ u.a.: Urheberrecht, Kommentar, 4. Aufl., München 2010, zit.: Schricker-Bearbeiter.

Seipel, Wilfried: Original – Kopie – Fälschung, in: Reichelt, Gerte (Hrsg.), Original und Fälschung im Spannungsfeld von Persönlichkeitsschutz, Urheber-, Marken-, und Wettbewerbsrecht, Symposium Wien 12. Mai 2006, S. 5–17, Wien 2007, zit.: Seipel, Original – Kopie – Fälschung.

Senftleben, Martin: Der kulturelle Imperativ des Urheberrechts, in: Weller, Matthias (Hrsg.)/ u.a.: Kunst im Markt - Kunst im Recht: Tagungsband des Dritten Heidelberger Kunstrechtstags am 09. und 10. Oktober 2009, Baden-Baden 2010, S. 75–105, zit.: Senftleben, Kunst im Markt.

Senftleben, Martin: Grundprobleme des urheberrechtlichen Dreistufentests, in: GRUR Int 2004, S. 200–211, zit.: Senftleben, GRUR Int 2004.

Senn, Mischa Charles: Satire und Persönlichkeitsschutz, Zur rechtlichen Beurteilung satirischer Äußerungen auf der Grundlage der Literatur- und Rezeptionsforschung, Bern 1998, zit.: Senn, Satire und Persönlichkeitsschutz.

Simon, Gesa: Persönlichkeitsschutz gegen herabsetzende Karikaturen in Deutschland und Frankreich, Frankfurt a.M., Berlin, Bern, New York, Paris, Wien 1995, zit.: Simon, Persönlichkeitsschutz gegen herabsetzende Karikaturen in Deutschland und Frankreich.

Sol Muntañola, Mario A.: El Régimen Jurídico de la Parodia, Barcelona, Madrid 2005, zit.: Sol Muntañola, Parodia.

Spindler, Gerald (Hrsg.)/ Schuster, Fabian/ u.a.: Recht der elektronischen Medien, Kommentar, 2. Aufl., München 2011, zit.: Spindler/Schuster-Bearbeiter.

Stieper, Malte: Anmerkung zu BGH, Urteil vom 20. November 2008 – I ZR 112/06 – Metall auf Metall, in: ZUM 2009, S. 223–225, zit.: Stieper, ZUM 2009.

Stuhlert, Sabine: Die Behandlung der Parodie im Urheberrecht – eine vergleichende Untersuchung der Behandlung von Parodien im Urheberrecht der Bundesrepublik Deutschland und der Vereinigten Staaten von Amerika, München 2002, zit.: Stuhlert, Behandlung der Parodie.

Tactuk Retif, Aurora Marlene: El derecho de transformación. Especial referencia a la parodia, Getafe 2009, zit.: Tactuk Retif, El derecho de transformación.

Ullmann, Eike: Anmerkung zu OLG Hamburg vom 07.06.2006 - 5 U 48/05, Rechte des Herstellers von Tonträgern gegen das Sound-Sampling, in: jurisPR-WettbR 10/2006, Anm. 3, zit.: Ullmann, jurisPR-WettbR 10/2006, Anm. 3.

Ullrich, Wolfgang: Ein Original vom Original, in: Mensger, Ariane (Hrsg.): Déjà-vu?, Die Kunst der Wiederholung von Dürer bis YouTube, S. 25–27, Bielefeld, Berlin 2012, zit.: Ullrich, Déjà-vu, Ein Original vom Original.

Ullrich, Wolfgang: Rituale der Wiederholung, Zum wiedererwachten Interesse zeitgenössischer Künstler an Formen der Kopie, in: Mensger, Ariane (Hrsg.): Déjà-vu?, Die Kunst der Wiederholung von Dürer bis YouTube, S. 136–145, Bielefeld, Berlin 2012, zit.: Ullrich, Déjà-vu, Rituale der Wiederholung.

Ulmer, Eugen: Urheber- und Verlagsrecht, 3. Aufl., Berlin, Heidelberg, New York 1980, zit.: Ulmer, Urheber- und Verlagsrecht.

Ulmer, Eugen: Zitate in Filmwerken – Urheberrecht, in: GRUR 1972, S. 323–328, zit.: Ulmer, GRUR 1972.

Ungern-Sternberg, Joachim von: Die Rechtsprechung des Bundesgerichtshofs zum Urheberrecht und zu den verwandten Schutzrechten in den Jahren 2008 und 2009 (Teil II), in: GRUR 2010, 386–394, zit.: von Ungern-Sternberg, GRUR 2010.

Vinck, Kai: Parodie und Urheberschutz, in: GRUR 1973, 251–254, zit.: Vinck, GRUR 1973.

Vogel, Martin: Überlegungen zum Schutzumfang der Leistungsschutzrechte des Filmherstellers – angestoßen durch die TV-Total-Entscheidung des BGH, in: Hilty, Reto M. (Hrsg.)/ u.a.: Schutz von Kreativität und Wettbewerb, Festschrift für Ulrich Loewenheim zum 75. Geburtstag, München 2009, S. 367–376, zit.: Vogel, FS Loewenheim.

Völzmann-Stickelbrock, Barbara: Anmerkung zu BGH vom 30.11.2011, I ZR 212/10 (Zur Frage des Anwendungsbereichs des Zitatrechts bei Kunstwerken), in: LMK 2012, 334799, zit.: Völzmann-Stickelbrock, LMK 2012.

Wandtke, Artur-Axel (Hrsg.)/ Czernik, Ilja/ u.a.: Medienrecht, Praxishandbuch, Band 2: Schutz von Medienprodukten, Berlin, Boston 2011, zit.: Wandtke-Bearbeiter, Medienrecht, Bd. 2.

Wandtke, Artur-Axel: Die Rechtsfigur „gröbliche Entstellung" und die Macht der Gerichte, in: Ohly, Ansgar (Hrsg.)/ u.a.: Perspektiven des geistigen Eigentums und Wettbewerbsrechts, Festschrift für Gerhard Schricker zum 70. Geburtstag, München 2005, zit.: Wandtke, FS Schricker.

Wandtke, Artur-Axel/ Bullinger, Winfried: Praxiskommentar zum Urheberrecht, 4. Aufl., München 2011, zit.: Wandtke/Bullinger-Bearbeiter.

Weber, Annette: Die urheberrechtliche Stellung des unabhängigen Film- und Fernsehproduzenten: eine Untersuchung der deutschen Rechtslage sowie ein vergleichender Blick auf die Rechtslage in Frankreich und Großbritannien, Baden-Baden 2007, zit.: Weber, Urheberrechtliche Stellung des Filmproduzenten.

Wehler, Philipp: Die freie Benutzung im digitalen Zeitalter: neue Herausforderungen für § 24 UrhG unter besonderer Berücksichtigung der Problematik des Abklammerns von Vorlagen unter urheberrechtlichem Leistungsschutz, Hamburg 2012, zit.: Wehler, Freie Benutzung.

Weller, Marc-Philippe: Das Privatrecht in Frankreich und Deutschland: Einflüsse und Resistenzen nach 50 Jahren Elysée-Vertrag, in: JZ 2013, S. 1021–1030, zit.: Weller, JZ 2013.

Würtenberger, Thomas: Karikatur und Satire aus strafrechtlicher Sicht, in: NJW 1982, S. 610–616, zit.: Würtenberger, NJW 1982.

Zweigert, Konrad/ Kötz, Hein: Einführung in die Rechtsvergleichung, 3. Aufl., Tübingen 1996, zit.: Zweigert/Kötz, Rechtsvergleichung.

Schriftenreihe zum Urheber- und Kunstrecht

Herausgegeben von Thomas Hoeren

Band 1 Stefan Baufeld: Kulturgutbeschlagnahmen in bewaffneten Konflikten, ihre Rückabwicklung und der deutsch-russische Streit um die so genannte Beutekunst. 2005.

Band 2 Alexandra Kruczek: Die Bewertung der Kabelweitersenderechte der Sendeunternehmen in Deutschland und den USA. 2005.

Band 3 Larissa Marrder: Verwertung von Filmrechten in der Insolvenz. 2006.

Band 4 Felix Heinz Siegfried: Internationaler Kulturgüterschutz in der Schweiz. Das Bundesgesetz über den internationalen Kulturgütertransfer (Kulturgütertransfergesetz, KGTG). 2006.

Band 5 Karsten Lisch: Das Abstraktionsprinzip im deutschen Urheberrecht. 2007.

Band 6 Thomas Meschede: Der Schutz digitaler Musik- und Filmwerke vor privater Vervielfältigung nach den zwei Gesetzen zur Regelung des Urheberrechts in der Informationsgesellschaft. 2007.

Band 7 Thomas Hoeren/Bernd Holznagel/Thomas Ernstschneider (Hrsg.): Handbuch Kunst und Recht. 2008.

Band 8 Michael Nielen: Interessenausgleich in der Informationsgesellschaft. Die Anpassung der urheberrechtlichen Schrankenregelungen im digitalen Bereich. 2009.

Band 9 Urban von Detten: Kunstausstellung und das Urheberpersönlichkeitsrecht des bildenden Künstlers. 2010.

Band 10 Timo Prengel: Bildzitate von Kunstwerken als Schranke des Urheberrechts und des Eigentums mit Bezügen zum Internationalen Privatrecht. 2011.

Band 11 Christine Altemark: Wahrnehmung von Online-Musikrechten im Europäischen Wirtschaftsraum. Unter besonderer Berücksichtigung des Systems der Rechtewahrnehmung seit der Empfehlung der Kommission vom 18. Oktober 2005. 2011.

Band 12 Donata von Gruben: Das urheberrechtliche Entstellungsverbot im Umgang mit Originalwerken der bildenden Kunst. Unter besonderer Berücksichtigung der Eigenarten zeitgenössischer Kunst. 2013.

Band 13 Kathrin-Lena Kriesel: Einheitlicher europäischer Werkbegriff und Herabsenkung der Anforderungen an die Gestaltungshöhe bei Werken der angewandten Kunst. 2014.

Band 14 Nico Brunotte: Urheberrechtliche Bewertung der Streamingfilmportale. Unter besonderer Berücksichtigung der Schrankenbestimmung zu ephemeren Vervielfältigungen und des digitalen Werkgenusses. 2014.

Band 15 Tudor Vlah: Parodie, Pastiche und Karikatur – Urheberrechte und ihre Grenzen. Eine rechtsvergleichende Untersuchung des deutschen und spanischen Urheberrechts. 2015.

www.peterlang.com

www.ingramcontent.com/pod-product-compliance
Ingram Content Group UK Ltd.
Pitfield, Milton Keynes, MK11 3LW, UK
UKHW022100051026
15623UKWH00003B/589

9 783631 662687